Kind Nr. 95

Lucia Engombe

Kind Nr. 95

Meine deutsch-afrikanische Odyssee

Aufgezeichnet von Peter Hilliges

Weltbild

Dieses Buch schildert Ereignisse, die sich wirklich zugetragen haben.
Alle im Buch vorkommenden Personen sind Personen des wirklichen Lebens.
Um ihre Privatsphäre zu schützen, werden sie unter einem anderen
Namen vorgestellt.

Besuchen Sie uns im Internet:
www.weltbild.de

Genehmigte Lizenzausgabe für Verlagsgruppe Weltbild GmbH,
Steinerne Furt, 86167 Augsburg
Copyright der deutschsprachigen Ausgabe
© 2004 by Ullstein Buchverlage GmbH, Berlin.
Erschienen im Ullstein Taschenbuch.
Umschlaggestaltung: Jarzina Kommunikations-Design, Köln
Umschlagmotive: Peter Hilliges; Privatarchiv der Autorin
Bildteil: S. 3 unten, S. 4 unten, S. 5 oben – National Archives of Namibia;
alle anderen Fotos stammen entweder aus dem Privatarchiv der Autorin
oder aus dem Archiv von Peter Hilliges
Gesamtherstellung: Oldenbourg Taschenbuch GmbH,
Hürderstraße 4, 85551 Kirchheim
ISBN 3-8289-8628-5

2009   2008   2007   2006
Die letzte Jahreszahl gibt die aktuelle Lizenzausgabe an.

*Für Tuahafifua Kaviva Engombe, deren Platz
in meinem Herzen unvergänglich ist*

Inhalt

Ein altes Foto	9
Als Mutter Bäume fällte	11
Hungerjahre	20
Ein Abenteuer, eine Reise!	28
Das Schloss der heimatlosen Kinder	40
Die letzte Laus aus Afrika	53
Indianer mögen keine Verräter	67
Der falsche Geburtstag	78
Die traurige Siegerin	89
Soldaten weinen nicht	97
Die artige Lucia	107
Tinos Kuss	120
Brüderlich geteilt	128
Milas Tränen	140
So weit wie zum Mond	150
Wieder ein Abschied	160
Torte durch zwölf gleich Mathe	169
Das Loch im Zaun	182
Verabredung im Dunkeln	190
Was hat die Schwarze denn?	205

Ein Stopp-Schild in meinem Kopf 214

Die Führer von morgen 225

Eingesperrt 233

Schöne Bescherung 245

Deutschland über alles 256

Kind Nr. 95 265

Die vergessene Elite 276

Das ist unsere Deutsche 287

Wieder vereint 299

Küss Onkel Sam auf den Mund! 309

Durchgefallen 323

Die netten Kapitalisten 332

Große Erwartungen 344

Eine zerstörte Familie 355

Mutters Geheimnis 369

Dank 373

Anhang

Wie sich die Schicksalslinien des deutschen und des
namibischen Volkes kreuzen 375

Literatur 381

Landkarte I: Wo Lucia in Afrika lebte 382

Landkarte II: Wo Lucia in Deutschland wohnte 383

Ein altes Foto

Als ich sieben Jahre alt war, fragte mich ein weißer Mann: »Willst du mit nach Deutschland fliegen?« Ich wusste nicht, was Deutschland ist. Ich kannte nichts anderes als den afrikanischen Urwald, in dem ich lebte. Aber ich wollte fort, weil ich im Flüchtlingslager hungerte. Beinahe elf Jahre blieb ich im Deutschland der damaligen DDR, wohnte anfangs sogar in einem Schloss und wurde oft verwöhnt.

Fast genauso plötzlich wie ich vom Busch nach Europa katapultiert wurde, musste ich mit siebzehn wieder zurück nach Afrika. Meine Mutter sah in mir die »Deutsche«, die nicht einmal das namibische Nationalgericht *Pap* kochen konnte. Sie blieb mir so fremd wie das Land, das sie so liebte. Ich sah die unerwartete Trockenheit und erlebte Armut, vor der die DDR mich beschützt hatte.

Bei der ersten sich bietenden Gelegenheit verließ ich Namibia in Richtung Deutschland. Als ich zurückkam, war meine Mutter sterbenskrank. Es war zu spät. Für sie. Für mich. Für uns. Mir blieben nur Erinnerungen und unbeantwortete Fragen.

Da gab mir meine Schwester eine alte Schwarzweiß-fotografie: Die Frau auf dem Bild neigt ihren Kopf ganz leicht nach rechts. Der Blick ihrer liebevollen Augen ist klar und offen. Ihre vollen Lippen lächeln weich, das glatte schwarze Haar fällt sanft in ihre Stirn. Wie eine Krone sitzt das weiße Häubchen einer Krankenschwester auf ihrem Kopf. Sie trägt eine hoch geschlossene helle Bluse, über der sich die Träger einer Schürze abzeichnen. Die schmale linke Hand deutet auf ihr Herz.

Jemand hat sich die Mühe gemacht, das Efeu mit zartem Grün einzufärben, vor dem die junge Frau so anmutig posiert. Ein dunkler Schatten umrahmt die Fotografie. Als stände die Abgebildete in einem dunklen Tunnel, weit von mir entfernt. Der Ausdruck in ihren warmen Augen ist gleichzeitig so intensiv, als wäre diese Frau mir ganz nah.

Auf der Rückseite steht auf Englisch: *Mutter Tuahafifua Katarina Kaviva als junge Krankenschwester.* So also hat meine Mutter ausgesehen, als mein Vater sich in sie verliebte. Aber so habe ich sie nie kennen gelernt. Ich nannte sie *Meme*, die traditionelle Bezeichnung meines Volkes, der Ovambo aus dem Norden Namibias, für eine Mutter. Aber ich hatte nie Gelegenheit, wirklich ihre Tochter zu werden.

Ich stand vor einem Spiegel, suchte ihre Züge in meinem Gesicht und spürte, dass ich nach den Spuren meines eigenen Lebens suchen musste. Damit ich die fast unbekannte Frau auf dem nachträglich eingefärbten Bild verstehen konnte. Und vielleicht so lieben, wie ich mich mein Leben lang nach ihrer Liebe gesehnt hatte.

Windhoek, im Juli 2004   *Lucia Panduleni Engombe*

Als Mutter Bäume fällte

Es war Winter in Afrika. Die kahlen Zweige des mächtigen Baums vor unserem Haus in einem Dorf mitten im Urwald schienen den Himmel zu berühren. Es hatte lange nicht geregnet, der Boden war steinhart, das Gras gelb. Ich hatte Hunger, wie immer.

»Lucia, geh spielen. Ich habe Besuch«, sagte meine Mutter. Eine fremde Frau war von weit her gekommen. Mutter und unsere Nachbarin Frieda zogen sich mit ihr in unser kleines weißes Haus zurück. Wenn Mutter die Tür hinter sich schloss, wollte sie ungestört sein. Doch plötzlich stürmte ein Mädchen in unser Haus und kam sofort wieder heraus. Die vielleicht Zehnjährige hielt eine Zeitung in der Hand und rannte blitzschnell davon. Ich sah ihr nicht mal nach. Wie konnte jemand eine Zeitung klauen? Etwas zum Essen, das hätte ich verstanden. Seit Tagen hatte ich selbst kaum etwas in meinen Magen bekommen.

Kurz darauf näherten sich einige Männer mit festem, energischem Schritt. Ihre ernsten Gesichter waren mir vertraut. Auf dem Dorfplatz hielten sie jeden Tag lange laute Reden, denen die Erwachsenen aufmerksam lauschten. Erstaunt sah ich zu, wie die Männer unser kleines weißes Haus betraten. Neugierig kamen auch meine Geschwister Jo und Martin näher.

Wir drei hörten, wie Mutter ausgeschimpft wurde und auch, was sie erwiderte: »Ich möchte wissen, wann mein Mann wieder nach Hause kommt.«

»Immanuel Engombe ist ein Spion! Er arbeitet mit dem Feind zusammen«, schrie nun einer der Männer.

Mutter erwiderte ruhig: »Mein Mann kämpft für ein freies Namibia. Niemals würde er mit den Rassisten in Südafrika gemeinsame Sache machen.«

»Engombe ist ein Verräter und du verteidigst ihn auch noch!« Die Männer stießen Mutter und ihre beiden Freundinnen aus dem Haus. Mutter trug Pena auf dem Arm, meine einjährige Schwester, unsere Nachbarin ihre gleichaltrige Tochter Mecky. Meme Frieda wurde Mecky bereits entrissen. Mutter schaffte es gerade noch, die wie am Spieß schreiende Pena unserer herbeieilenden Cousine Sonja in die Arme zu drücken. Schon trennte uns eine große Menge Schaulustiger von ihr.

Ich rief verzweifelt nach meiner Mutter: »Meme, Meme! Was machen die Männer mit dir? Wohin bringen sie dich? Meme, wir brauchen dich! Wir haben so großen Hunger! Bleib bei uns, geh nicht fort!«

»Geht spielen. Ich komme bald wieder«, antwortete Mutter, während die Männer sie ans andere Ende des Dorfes trieben. Ich stolperte hinterher, heulte und zitterte. Schließlich stand ich vor einem Zaun aus hohem Stacheldraht, hinter dem meine Mutter verschwunden war. Unerreichbar. Meine kleinen Hände umklammerten den spitzen Draht, spürten den Schmerz und zuckten zurück.

»Meme!«, rief ich noch einmal. Vergeblich.

Die barsche Stimme eines Mannes sagte dicht an meinem Ohr: »Das sind Verräter und Spione! Geht nach Hause! Alle.«

Ich sah mich um. Nur noch wir Kinder standen ratlos herum. Die Kleider, die wir auf dem Leib trugen, waren zu klein, unsere Bäuche vom Hunger dick aufgebläht. Da war Jo, meine vier Jahre alte Schwester. Martin, mein zwei Jahre alter Bruder. Das ein Jahr alte Baby Pena wurde von Cousine Sonja getragen. Sonja war etwa zehn. Und ich war drei.

Es war der Juli des Jahres 1976.

Ich war mit dem Hunger aufgewachsen. Er war da, wenn ich aufwachte, begleitete mich tagsüber und er war das Letzte, was ich spürte, wenn ich mich in den Schlaf weinte. Doch bislang hatte Mutter immer noch irgendwo und irgendwann etwas zum Essen aufgetrieben, das mich und meine Geschwister über den Tag gebracht hatte. Nun stand ich mit ihnen vor einem Zaun und wusste nicht weiter. Ich wartete, doch meine Meme kam nicht zurück. Ich verstand nicht warum und hatte keine Ahnung, dass es nicht das letzte Mal sein würde, dass man sie mir wegnahm.

Ständig suchte ich nach Essbarem. Im dichten Urwald gab es Bäume, in denen sich Insekten versteckten. Wenn ich Glück hatte, konnte ich einen dicken, schwarzen Käfer fangen, der mit seinen Flügeln lärmte. Ich machte es Jo nach und kletterte auf einen Baum. Aber ich stellte mich nicht so geschickt wie sie an, griff ins Leere und stürzte zu Boden. Meine Tränen halfen mir nicht weiter. Raupen zu fangen war einfacher. Die waren träger. Ich drückte so lange vorn auf ihre Körper, bis hinten der Kot rauskam. Sonja, unsere Aufpasserin, machte ein kleines Feuer und wir rösteten die im nahen Fluss gewaschenen Raupen. Das war eine Delikatesse, aber im Winter gab es nicht viele Raupen.

Immer wieder lief ich zu dem Zaun, hinter dem sich meine Mutter befand. Ich sah sie Bäume fällen, Äste abtrennen und die dicken schweren Wurzelballen aus dem sonnendurchglühten Erdreich graben. Gemeinsam mit Meme Frieda und anderen Frauen, deren Kinder so wie ich dem Geschehen hungrig und verzweifelt weinend zusahen, schleiften sie die Bäume über den Boden. An manchen Tagen wurden Ma, Meme Frieda und viele andere Frauen und Mütter von Männern begleitet aus dem umzäunten Gebiet herausgeführt. Dann durften sich die Frauen am Fluss waschen. Wir riefen: »Meme, wann kommst du? Wir haben solchen Hunger!« Sie wollte antworten, aber die Männer hinderten sie daran. In ihren abgerissenen Kleidern tat Mutter mir so Leid.

Niemand erklärte mir und meinen Geschwistern, dass Mutter zur Zwangsarbeit verurteilt worden war, weil ihre Freundin eine verbotene Zeitung mitgebracht hatte. Es zu wissen hätte mir auch nichts genutzt; ich hätte es nicht verstanden. Die Strafe, mit der sie belegt worden war, traf uns Kinder: Nachdem Mutter endlich freigelassen wurde, brachte sie mich sofort in die kleine Krankenstation unseres Dorfes. Ich musste mit einem Babyfläschchen aufgepäppelt werden; Tag und Nacht blieb meine Meme bei mir im Hospital. Denn nach ihrer Entlassung aus dem Gefangenenlager hatte sie wieder ihre Arbeit als Krankenschwester aufnehmen dürfen. Als ich kräftig genug war, durfte ich herumlaufen, musste jedoch Tabletten schlucken. Wie ich die Dinger hasste! Wenn Ma es nicht sah, buddelte ich flugs ein kleines Loch und schob sie dort hinein.

Ich fragte nicht, weshalb meine Mutter so lange von uns getrennt gewesen war. Möglicherweise nahm ich sogar an, dass es so sein musste. Denn ich erlebte, dass andere Familien noch viel schlechter dran waren als wir. Wir hatten unsere Ma wenigstens zurückbekommen. Im Gegensatz zu den Nachbarkindern Deo und Mecky. Deren Ma, Meme Frieda, wurde sogleich in das Gefängnis gesperrt, für dessen Bau Mutter die Bäume gerodet hatte. Ich hörte Mutter zu jemandem sagen, dass Frieda sich mit vielen Männern eine Zelle teilen musste. Ihr Sohn Deo wurde aus dem Dorf fortgebracht; ich sah ihn nicht wieder. Ihre Tochter Mecky wurde zu einer Pflegemutter gegeben. Auch meine kleine Schwester Pena wurde von uns getrennt: Eine Freundin meiner Mutter nahm sie auf und wir besuchten sie gelegentlich. Ich bockte, schrie und weinte, als auch ich bei dieser Meme bleiben sollte.

»Dann muss Sonja weiter auf dich aufpassen, während ich in der Krankenstation arbeite«, sagte Mutter. Ich mochte meine Cousine nicht. Sie schlug mich und versuchte mich zum Stehlen zu verleiten. Aber das nahm ich in Kauf, denn ich wollte bei Jo und Martin bleiben. Sie waren immer für mich da, während so viele andere Menschen mit großen Lastwagen aus unserem Dorf fortgebracht wurden. Dafür trafen ständig andere ein. Manche dieser Leute erzählten, dass es eine große Welt außerhalb unseres Dorfs gab, und ihre Geschichten waren so spannend, dass ich dachte: Ich will auch mal sehen, wie es da draußen aussieht. Vielleicht hoffte ich, dann meinen Vater wiederzusehen, der einige Zeit zuvor ebenfalls auf einen der Lastwagen gestiegen war.

Wenn ich an Vater dachte, sah ich diesen großen Mann, der andere Männer um eine Kopflänge überragte, mit schmerzverzerrtem Gesicht, aus dem Mund blutend. Wir Kinder waren zu ihm gestürzt: »Was hast du, Tate?« So nannten wir unseren Vater.

Tate Immanuel hatte kaum sprechen können und Mutter hatte uns gesagt: »Euer Vater hat mit anderen Männern eine Brücke über den Fluss gebaut. Ein Pfosten hat ihm einen Zahn ausgeschlagen. Ich bringe ihn ins Krankenhaus.« Auf der kleinen Dorfstation konnte man Vater aber nicht helfen und deshalb musste er uns verlassen.

Das war in jenem Sommer gewesen, bevor Mutter Bäume fällen musste. Seitdem warteten wir auf ihn und fragten unsere Mutter immer wieder: »Wann kommt Tate Immanuel wieder?«

Stets erhielten wir dieselbe hilflose Antwort: »Bald, Kinder, bald.« Mutter wirkte unendlich traurig, wenn sie uns vertröstete. Obwohl ich weder wusste, was Zeit ist oder gar wie man Zähne richtete, spürte ich doch, dass es seltsam war, dass Vater gar nicht mehr zurückkam.

Täglich hatten wir uns auf unserem Dorfplatz zu versammeln. In den vielen Reden, denen Mutter im Kreise hunderter anderer Menschen aufmerksam zuhörte, fiel immer wieder ein Wort, das mir seltsam vertraut war: Namibia.

»Was ist Namibia?«, fragte ich Mutter.

»Deine Heimat«, erwiderte sie.

Aber das erklärte nichts und so wollte ich wissen: »Können die Lastwagen uns dort hinbringen, Meme?«

Mutter sah mich voller Mitgefühl an. »Nein, Lucia, da sind Menschen, vor denen wir fliehen mussten. Deshalb leben wir jetzt hier in Sambia. Aber irgendwann werden wir wieder zurückkönnen.«

Ich hätte nicht verstanden, wenn Mutter gesagt hätte, dass die weißen Südafrikaner seit Jahrzehnten Namibia unterdrückten, um Diamanten und andere Bodenschätze zu stehlen. Dass Menschen mit dunkler Haut zu Armut verdammt waren. Dass sie sich dagegen wehrten und zur Strafe ausgepeitscht, gefoltert und getötet wurden. Deshalb waren Zehntausende aus Namibia geflohen, so wie wir.

Auf ihre Weise versuchte Mutter, uns Kindern nahe zu bringen, um was es ging. Sie tat es, indem sie uns Gruselgeschichten erzählte. Abends vor dem Haus am offenen Feuer, dessen hohe Flammen in den Nachthimmel griffen.

»Da war ein Albino und er sah kleine Kinder, wie sie spielten. Er hatte Bonbons mitgebracht für die Kinder.« Ma sah mir tief in die Augen. »Weil er sie jeden Tag gefüttert hatte, wurden die Kinder sooo dick.« Mutters Hände beschrieben unglaublich fette Kinder. Mir blieb die Luft fast weg vor Angst. Ma fuhr fort: »Dann packte der Albino die dicken Kinder in einen Sack und entführte sie und tötete eins nach dem anderen, um sie aufzuessen ...«

Vielleicht verband Ma mit diesen von mir so geliebten

17

Schauerstorys auch eine andere Absicht – uns von dem Hunger abzulenken, der uns quälte. So gingen wir zwar mit leerem Magen ins Bett, konnten aber wenigstens sicher sein, dass wir für die Albinos keine fette Beute darstellten.

Allerdings sah ich nie Albinos. Ich war jedoch sehr vorsichtig, vor allem, wenn Mutter uns zum Sammeln von Feuerholz in die weiten Wälder rings um unser Dorf schickte. Dort traf ich eines Tages auf ein seltsames Tier, das seine Farbe verändern konnte. Es wurde *Fimbifimbi* genannt. Manche Leute fingen ein *Fimbifimbi* und sperrten es in ihr Haus ein, damit es Fliegen und Moskitos fraß.

Meine Mutter hielt nichts davon. Ganz im Gegenteil: Sie warnte uns vor dem Chamäleon. »Es ist hinterlistig, ziemlich gefährlich und verzaubert Leute. Du musst seine Nähe meiden, denn die Macht des Chamäleons ist stark«, sagte Ma. Ich hielt mich an ihre Worte und raffte mein Feuerholz zusammen, sobald ich ein *Fimbifimbi* erblickte.

Inzwischen wusste ich, dass der Ort, den ich für unser Dorf hielt, Nyango hieß. Und ich verstand, dass die Versammlungen auf dem Dorfplatz Appelle genannt wurden. Dabei wurde geschrien: *»Free Namibia!«* Ich stieß auch die geballte Faust zum Himmel, wie es alle anderen taten, wenn man lauthals brüllte: *»Viva SWAPO!«* oder *»Viva Nujoma!«* Und: *»Down apartheid!«* Ich wollte nicht wissen, was SWAPO und Nujoma oder Apartheid war. Das lag weit hinter dem Horizont eines kleinen Mädchens. Mir gefiel einfach nur das laute Rufen, weil viele hundert Menschen dasselbe skandierten. Da fühlte man sich irgendwie viel stärker und hoffte, es würde gegen den niemals endenden Hunger helfen.

Gelegentlich fiel der Name meines Vaters während dieser Appelle. »Engombe ist ein Verräter!«, riefen die Männer, die Mutter wegen des Lesens einer Zeitung zum Fällen von Bäumen verurteilt hatten.

»Was heißt das, Meme?«, fragte ich.

Mutter meinte in sich gekehrt: »Ach, gar nichts, Lucia.«

Ich besuchte Mutter oft in der Krankenstation, wo sie viel zu tun hatte. Ich sah die vielen Babys, um die sie sich kümmerte. Doch sie wollte nicht, dass ich die länglichen Holzkisten entdeckte, die in einer Ecke versteckt standen.

»Da sind tote Menschen drin«, sagte mir ein Mädchen, das ich vor der Urwaldstation traf.

»Darf ich auch mal Tote sehen?«, fragte ich neugierig meine Mutter.

»Nein, Lucia, davon bekommst du schlechte Träume«, erwiderte sie. Diese Menschen waren nicht nur an Malaria gestorben. Sie waren verhungert. Mutter wollte nicht, dass ich das erfuhr.

Wenig später wurde für uns Kinder alles viel schlimmer. Der Tag kam, an dem unsere Mutter einen der Lastwagen besteigen musste, die Nyango verließen.

Hungerjahre

Eines Abends saßen wir vor unserem weißen Häuschen am offenen Feuer und hatten gerade etwas zu essen. Da sagte Mutter: »Ich werde morgen mit einem der Lastwagen wegfahren.«

Wir sahen sie ungläubig an. »Du willst uns verlassen?«, fragte Jo.

Mutter nickte. »Ich muss in die Sowjetunion gehen. Dort werde ich studieren, damit es uns hinterher allen besser geht. Aber Sonja wird auf euch aufpassen«, versuchte sie uns zu beruhigen.

Ich wies sie lieber nicht darauf hin, dass Sonja eine schlechte Aufpasserin war. Dafür hätte ich wenig später von ihr ganz schön Dresche bekommen! Mutter wird es mit Sicherheit gewusst haben, schließlich hatte sie die diebische Cousine schon selbst bestraft. Ihr blieb keine andere Wahl; besser eine diebische Cousine passte auf uns auf als niemand.

Jo wollte wissen, was das ist – Sowjetunion. Mutter sagte: »Das ist ein Land, das ganz weit weg ist. Dort leben Menschen, die uns helfen. Ich werde von ihnen lernen, wie man hier bei uns Hühner hält und Mais anbaut.«

Das gefiel mir! Denn ich hörte heraus, dass Mutter Essen mitbringen würde, wenn sie zurückkäme. Diese Aussicht wird mich wohl halbwegs über den Verlust meiner geliebten Meme hinweggetröstet haben, die uns bislang vor der rauen Wirklichkeit eines Flüchtlingslagers beschützt hatte. Auch Meme Frieda, die sich nach ihrem Gefängnisaufenthalt ab und zu um uns gekümmert hatte, wenn Mutter im Krankenhaus gearbeitet hatte, verließ Nyango kurz darauf. Sie sah ich niemals wieder.

Ich rechnete jeden Tag damit, dass Mutter mit Essen heimkehrte. Doch sie kam nicht; wir Kinder waren völlig auf uns gestellt, wenn wir nicht wie so viele andere verhungern wollten. Auf der ständigen Suche nach etwas Essbarem legten wir drei Geschwister – Pena wohnte noch bei ihrer Pflegemutter – rund um Nyango große Strecken zurück. Dabei erlebte ich Dinge, die mein Kinderherz schwer machten: Da war die Frau, von der alle sagten, sie wäre eine Hexe und würde Kinder schlachten. Um deren Haus machte ich einen großen Bogen. Oder der Mann, von dem ich glaubte, er sei verrückt, weil er nackt an einen Baum gebunden war. Wir lachten über Blinde und Lahme und wurden gewarnt, dies nicht zu tun, denn sonst würden wir verflucht und eines Tages auch blind und lahm sein.

Gelegentlich gaben mir die Eltern der gleichaltrigen Shelley etwas zu essen. Doch ich ging nicht mehr zu Shelley, nachdem ich dort ein Baby im Plumpsklo gefunden hatte. Ob es lebte oder bereits tot war, wusste ich nicht. Nie mehr benutzte ich dies Klo, sondern hockte mich in den Busch und reinigte mich mit Blättern oder Stöcken.

Die Welt schien mich mit kalten Augen anzuschauen, ohne Wärme und jegliche Liebe. Die Menschen starrten mich an und wollten wissen, was in mir vorging. Ich fühlte mich allein gelassen.

Monate vergingen, bis Mutter zurückkehrte. Zu meiner großen Enttäuschung ohne etwas Essbares, aber sie hatte jedem von uns etwas Hübsches zum Anziehen mitgebracht. Für mich ein weißes Kleidchen mit weißen Schuhen. Beides zog ich nach Möglichkeit gar nicht mehr aus.

Mutter fand schon bald heraus, dass ihre reichlich vernachlässigten Kinder einige Unsitten angenommen hatten. Ich war zur Bettnässerin geworden.

»Warum machst du das, Lucia?«, fragte mich Ma.

»Ich habe Angst, nachts aufs Plumpsklo zu gehen«, sagte ich und verschwieg den wahren Grund. Stets hatte ich das Bild des Babys vor Augen, das ich dort gefunden hatte. Mich unter Büsche zu hocken, traute ich mich nachts nicht; dort konnten Schlangen lauern.

»Sonja soll dich begleiten, wenn du musst«, meinte Mutter. Meine Cousine schlief mit unserer Meme in einem Bett, während Jo, Martin und ich uns das zweite im Zimmer nebenan teilten.

Wenn ich nachts rausmusste, hatte Sonja nicht immer Lust aufzustehen. So kam wieder die Pfütze ins Bett. Da wir zu dritt in einem Bett schliefen, konnte Mutter nicht ohne weiteres erkennen, wer der Übeltäter gewesen war. Also verpasste sie uns dreien Schläge auf den Po. Was das Problem natürlich nicht löste. Allenfalls wird Mutter ganz schön Schmerzen in den Händen gehabt haben. Das wird jedoch ihre kleinste Sorge gewesen sein ...

Denn viel Zeit hatte Ma für uns nicht: Sie richtete in Nyango eine Hühnerfarm ein und begann mit dem Anbau von Gemüse. Sie zeigte uns, wie man ein Maisfeld anlegte und schließlich ein Korn in den Boden steckte. Und dann musste man warten. Auf den Regen und das erste Grün. Das dauerte uns viel zu lange; jetzt hatten wir Hunger. Gleichzeitig strömten immer mehr hungrige Menschen ins Flüchtlingslager. Wir waren älter geworden und erschlossen uns neue Wege, um wenigstens etwas Nahrhaftes zu finden.

Mein Bruder Martin, obwohl ein Jahr jünger als ich, war ein findiger Bursche. Er lernte von Timmy, einem Jungen meines Alters, wie man Pfeil und Bogen bastelte. Später lehrten die beiden mich, wie man auf Vögel schießt. Ich traf nie! Stattdessen entdeckte ich ein buntes Tier, das ebenfalls flog, und rannte voller Angst weg.

Martin lachte mich aus. »Das war doch ein Schmetterling!«

Er und Timmy zeigten mir auch, wie sie mit Steinschleudern kleine Vögel von den Bäumen schossen. Damit stellte ich mich allerdings genauso ungeschickt an. Martin machte mir Mut: »Du wirst es schon noch lernen.«

Eines Abends fand ich ihn und Timmy vor unserem Haus um ein Feuer sitzen. Sie grillten ein kleines Stück Fleisch. »Es gab heute keine Vögel. Aber am Appellplatz lief eine weiße Maus herum, die wir so lange jagten, bis wir sie hatten«, sagte Martin. Als die Maus gar war, teilte mein Bruder sie zwischen uns auf. Ihr Fleisch war sehr zart und lecker. Ich beschloss, selbst auf Mäusejagd zu gehen, und entdeckte genau dort eine, wo Martin und Timmy das Abendbrot gefangen hatten. Die kleine Maus war jedoch viel flinker als ich. Nein, ich taugte wirklich nicht zur Jägerin. Dabei hatte ich ständig diesen nagenden Hunger in mir.

Überall suchte ich verzweifelt nach Raupen oder Früchten. Denn es gab viel zu wenig richtiges Essen für die 2000 Menschen, die in Nyango lebten. Während ich mit gesenktem Kopf dahintrottete, entdeckte ich einen Knopf. Ich hob ihn auf und begutachtete ihn von allen Seiten. Ob der den Hunger stillte? Er war immerhin ziemlich groß und fast schwarz. Ich steckte ihn in den Mund und schluckte ihn kurz entschlossen runter. Ich hoffte vergeblich darauf, satt zu werden …

Es blieben noch die Läuse auf meinem Kopf. Stundenlang konnte ich im Sand vor dem Haus sitzen und dem juckenden Ungeziefer auf meiner Kopfhaut nachspüren. Sie sahen aus wie winzig kleine, schwarze Käfer. Ich zerdrückte sie zwischen meinen Fingern.

Plötzlich entdeckte Ma mich bei meiner hingebungsvollen Freizeitbeschäftigung. »Lucia *ila*!«, komm her, rief sie und untersuchte mich gründlich. »Spiel nicht mehr im Sand, darin verstecken sich die Läuse.« Mutter griff schließlich zu einem radikalen Mittel: Sie schnitt meine schönen Haare ganz kurz! Ich war doch so stolz darauf gewesen und hatte mich meinem Ziel näher gewähnt wie Ma auszusehen, die so schöne lange, glatte Haare hatte.

Als ich etwa fünf Jahre alt war, putzte Ma mich heraus und ging sonntags mit mir in die Kirche, ein längliches Haus aus Wellblechen. Anfangs war mir nicht so ganz klar, wozu das gut sein sollte. Denn es gingen nicht sehr viele Menschen in diese Kirche. Vor dem Gottesdienst fand die Sonntagsschule statt, in der ich die Bibel kennen lernen sollte. Ich mochte das nicht, weil es mich vom Spielen abhielt. Ich entdeckte jedoch, dass die Sache einen großen Vorteil hatte: Da waren weiße Männer, die jedes anwesende Kind mit Zuckerstückchen belohnten. Damit war die Sonntagsschule für mich in Ordnung.

Vor allem lernte ich dort einen Freund kennen, der jederzeit für mich da war – Kalunga, Gott. Wenn ich nun einmal traurig war oder Angst hatte, wusste ich, dass Kalunga mir in der Not helfen würde: Ich redete zu Gott wie zu einem Freund und er nahm die Sorgen von mir fort. Und ich lernte neue Lieder kennen, die von Gott handelten. Aber ich sang auch noch jene, die ich während der Appelle gehört hatte. Sie waren fröhlich wie die Kirchenlieder und riefen dazu auf, weiße Soldaten zu töten und unseren Präsidenten Sam Nujoma zu ehren.

Ich hatte gehört, dass jene Kinder, die in Nyango den Kindergarten besuchten, regelmäßig zu essen hatten. »Meme, ich will auch dort hin«, bettelte ich. Vielleicht hatte Mutter geahnt, was mich alles im Kindergarten erwartete. Sie war dagegen: »Du kommst bald in die Schule, Lucia«, sagte sie. »Außerdem musst du dort wohnen und kannst nicht bei Martin und Jo sein.« Doch ich setzte meinen Dickkopf durch.

Es stimmte tatsächlich, dass die Kindergartenkinder dreimal am Tag zu essen bekamen. Doch nur die wurden satt, die wirklich schnell waren. Den anderen nahmen stärkere Jungs ganz einfach das Essen weg und aßen es selbst auf. Mir blieb nichts anderes übrig, als meinen Maisbrei mit rasender Geschwindigkeit zu verputzen.

Meine Freundinnen, die Geschwister Mona und Letti, deren Mutter im Kindergarten arbeitete, kannten dieses rücksichtslose Spiel schon länger.

»Vor den älteren Jungs musst du dich in Acht nehmen«, riet mir Letti. »Die tun den Mädchen weh.«

»Was machen die denn?«, fragte ich.

Mona antwortete, dass die Jungs Mädchen vergewaltigten. Ich hatte keine Ahnung, was sie meinte.

Ein paar Tage später kam ich vom Spielen und hörte ein Kind schreien. Ich öffnete die Tür zu unserem Schlafsaal, um nachzusehen, was vor sich ging, als mich ein Junge von hinten ansprang. Ich biss und kratzte wie verrückt und betete gleichzeitig zu Kalunga, dass er mir beistehen möge. Ich kämpfte gerade mit dem wesentlich älteren Jungen und wir rollten über den Boden, als die Tür geöffnet wurde. Eine Erzieherin kam herein und ich glaubte, dass Gott meine Gebete erhört hätte. Die Frau gab dem Jungen ein paar kräftige Ohrfeigen und warf ihn raus.

Doch dann herrschte sie mich an: »Was fällt dir ein, diesen Jungen zu verführen?!«

Unter Tränen versuchte ich alles richtig zu stellen. Sie wurde immer wütender, bezeichnete mich als Lügnerin und sagte: »Das wird morgen auf dem Appellplatz ein Nachspiel haben.« Ich hatte keine Ahnung, was sie meinen könnte. Ich war aber ziemlich sicher, dass ich wohl verprügelt würde.

Die ganze Nacht tat ich kein Auge zu und machte wieder mal vor Angst ins Bett. Ich war doch unschuldig!

Nun hatte ich obendrein ein nasses Bett. Es war zum Verzweifeln. Wenigstens in diesem Punkt wusste ich mir zu helfen und zwang ein anderes Mädchen dazu, mir seine trockene Hose zu geben. So wie ich schon Ma damit hinters Licht geführt hatte, klappte es auch hier. Doch der Appell blieb mir nicht erspart.

Der ganze Kindergarten war auf dem Platz versammelt, als die Erzieherin mich in die Mitte stellte: »Hier ist die Sünderin. Ich hab sie dabei erwischt, wie sie es getrieben hat.« Das war schlimmer als Schläge! Ich schämte mich in Grund und Boden und keine meiner Freundinnen konnte mich trösten. Ma, die mich im Kindergarten in Obhut glaubte, arbeitete auf den Feldern.

An Tagen wie diesem blickte ich in den endlos weiten blauen Himmel über mir. Er war gesprenkelt mit vielen weißen Wolken. Ich wünschte mir, ich säße auf einem dieser unerreichbar fernen Gebilde. Niemand konnte mich dort oben anfassen, schlagen oder demütigen. Ich war frei, ohne jede Sorge, kannte weder Hunger oder Durst noch Krankheit oder Ungerechtigkeit.

Ein Abenteuer, eine Reise!

Im Mai 1978 war ich fünfeinhalb Jahre und erlebte im Kindergarten gerade meine erste zarte Liebe. Er hieß Maxton. Ich fand, dass er ein gut aussehender Junge war, suchte seine Nähe und wir waren unzertrennlich. Auch Maxtons Eltern mochten mich und glaubten, dass wir später mal ein Ehepaar sein würden. Ich genoss es, dass mich außerhalb meiner Familie jemand wirklich gern hatte.

Wir spielten gerade auf dem eingezäunten Gelände des Kindergartens, als Erwachsene aufgeregt riefen: »Los, los, Kinder, rennt in den Wald!« Maxton und ich fassten uns an den Händen und taten, was alle machten: Wir stürmten in den nahen Busch, wo uns die Erzieherinnen anwiesen, ganz still unter den dichten Ästen der Bäume auszuharren.

Anfangs hielt ich das für ein neues, spannendes Spiel. Doch es wurde immer öfter wiederholt. Manchmal mussten wir stundenlang unter den Bäumen warten, bis wir wieder in den Kindergarten zurück durften. Schließlich wurde sogar ein durchsichtiges Zelt im Wald versteckt, riesengroß, damit möglichst viele Bewohner Nyangos darin Platz hatten. Mir wurde klar, dass der Spaß aufgehört hatte. Gelegentlich brummte ein Flugzeug ganz dicht über unser Flüchtlingslager hinweg. Sonst geschah nichts. Nur die ganz kleinen Kinder weinten und ich spürte, dass sogar die Erwachsenen große Angst hatten. Vor allem, wenn wir nachts in diesem Zelt bleiben mussten.

Einmal besuchte ich Pena bei ihrer Ziehmutter, als es wieder Alarm gab. Ich packte sie mir auf den Rücken und wir flohen in den Wald. Und dann hörte ich auch schon das Brummen eines Flugzeugs.

»Sei ganz still, Pena«, sagte ich. »Das ist bald vorbei und wir können wieder spielen.«

In diesen Wochen wurden auf dem Appellplatz viele laute Reden gehalten, die Fäuste von Kindern wie Erwachsenen reckten sich energisch in den Himmel: »*A luta continua! A vitória é certa! Viva SWAPO!*« Das hieß: Der Kampf geht weiter, der Sieg ist gewiss, es lebe die SWAPO. Ich wusste nicht, ob alle die portugiesischen Worte verstanden. Wir waren Ovambos und sprachen eine ganz andere Sprache. Es hatte letztlich keine wirkliche Bedeutung; es ging darum zusammenzuhalten.

Rund 1500 Kilometer weiter westlich waren am 4. Mai 1978 in einem anderen SWAPO-Flüchtlingslager in Angola fast 600 Kinder und Frauen getötet und viele hundert verletzt worden. An diesem schrecklichen Tag hatten Bomber und Fallschirmjäger der südafrikanischen Armee das Lager Cassinga angegriffen, in dem sich nach damaligen SWAPO-Angaben 5000 Flüchtlinge aufgehalten hatten. Friedliche Menschen, die vor dem Krieg in Namibia in das befreundete Nachbarland entkommen waren. Ungefähr 250 Kilometer nördlich der Grenze zu Namibia hatten sie sich in Sicherheit gewähnt. Hunderte von Kindern wurden an diesem Tag zu Waisen; ich ahnte nicht, dass ich einmal mit einigen von ihnen die fast elf entscheidenden Jahre meines Lebens verbringen würde …

Bei uns in Nyango fielen keine Bomben; wir sahen die Spähflugzeuge am Himmel und lernten so die fiese kleine Schwester des Kriegs kennen – die Angst. Mit ihr lebten wir. Und mit dem Hunger, der nun zurückkam. Auch im Kindergarten schmolzen die Essensportionen. Selbst wenn ich ganz schnell aß, damit mir niemand etwas wegnahm, wurde ich niemals mehr satt.

Für mich begann ein neuer Lebensabschnitt: Ich wurde eingeschult. An eine besondere Zeremonie erinnere ich mich nicht. Wohl aber an die Schläge mit dem Rohrstock, wenn ich zu spät zum Unterricht kam, weil ich verschlafen hatte. Was leider oft vorkam. Während ich in die Schule ging, wohnte ich weiterhin im Kindergarten. Aber ich besuchte gelegentlich Ma, Jo, Martin und Pena, die öfters bei uns war. Meine Mutter, die ein gutes Herz hatte, hatte inzwischen zeitweise einen Jungen bei uns aufgenommen, dessen Vater aus mir unbekannten Gründen gestorben war. Nachdem kurz darauf auch noch Amus Mutter an einer Krankheit starb, blieb Amu ganz bei uns. Ich war ein bisschen eifersüchtig auf den zwei Jahre jüngeren Amu, denn Ma verwöhnte ihn ziemlich und rieb ihn mit Vaseline ein, bis er glänzte. Außerdem fand ich Amu viel zu dick.

Ich verbrachte meine Freizeit meistens mit Maxton,

von dem inzwischen alle glaubten, er würde mal mein Ehemann. Aber da war auch noch ein anderer Junge, dessen Vater in Nyango als Pfarrer arbeitete. Weil wir Kinder meinten, sein Kopf wäre zu groß für seinen kleinen Körper, nannten wir ihn Kabeza. Kabezas Papa schaffte es irgendwie, in den mageren Jahren Bonbons zu haben, die er seinem Sohn gab. Der sollte die kostbare Leckerei mit uns teilen. Das tat Kabeza auch – auf seine Weise: Er gab jedem von uns einen Bonbon. Wenn wir ihn auspackten, war leider nur ein Stein im Einwickelpapier. Kabeza grinste über beide Backen. Die anderen Kinder leimte er immer wieder mit diesem plumpen Trick.

Ich sagte, wenn Kabeza mich hereinlegen wollte: »Iss deine dummen Bonbons doch selbst.« Und ärgerte mich grün und blau.

In dieser Zeit begann mein erster Zahn zu wackeln. Darauf war ich zwar stolz, weil es an der Zeit war, die Zähne zu verlieren. Doch ich mochte meine Zähne, weil sie sich so schön glatt anfühlten. Ich kaute nämlich immer an den schwarzen Zweigen eines Buschs, der für mich Zahnpasta und -bürste gleichzeitig war. Ob meine Zähne weiß waren, wusste ich nicht; wir hatten keinen Spiegel. Als nun der erste Zahn sich zu verabschieden begann, riet mir mein Freund Maxton: »Sobald der Zahn draußen ist, musst du ihn weit wegwerfen und rufen: Shimbungu, nimm meinen Zahn und gib mir einen neuen.« *Shimbungu*, so hieß der Wolf in Oshivambo. Am liebsten wäre es mir gewesen, der Zahn wäre so wie bei Maxton einfach nachts herausgefallen. Als wir jedoch spielten, passte Kabeza einmal nicht auf und schlug mir den Wackelzahn aus. Ich rannte zu Ma und schimpfte auf Kabeza.

»Willst du ihn eigentlich zu deinem Geburtstag einladen, den Kabeza?«, fragte mich Ma.

Ich machte große Augen! Geburtstag? Den hatte ich nie zuvor gefeiert. Mutter trieb zu diesem Anlass sogar einen Kuchen auf. Natürlich sorgte meine gläubige Ma dafür, dass der Pfarrersohn kommen durfte.

Heute weiß ich, dass dies der 13. Oktober 1979 gewesen ist; ich wurde an diesem Tag sieben Jahre alt. Wahrscheinlich hatte meine Mutter mir das damals auch gesagt. Aber ich vergaß es in den folgenden Monaten, weil so viel anderes passierte, das viel wichtiger war als mein Geburtstag. Mit Datumsangaben konnte ich ohnehin nichts anfangen: Ich war ein Kind aus einem Flüchtlingslager, das keinen Kalender kannte. Damals genoss ich nur einen ungewöhnlichen Tag, von dem mir vor allem in Erinnerung geblieben ist, dass ich meinen Kuchen mit der linken Hand aß. Mutter sagte, dass ich das nicht tun dürfte, weil es bei unserem Volk, den Ovambo, verpönt sei.

Der Tag, nachdem in meinem Leben gar nichts mehr so blieb, wie es war, begann mit einem Reinfall. Ich war vormittags in der Schule und wir hatten Englisch-Unterricht. Der Lehrer fragte mich Vokabeln ab; ich hatte meine Hausaufgaben nicht gemacht. Denn in meinem Kopf hatte eigentlich nur eine Sache Platz – Spielen. Schon zuvor hatte der Lehrer mir gedroht, mich beim nächsten Mal zur Strafe heimzuschicken. Was er nun tat. Es hatte nichts genützt, dass er mir bei meinem letzten Versagen

mit einem Stock auf meine ausgestreckten Hände geschlagen hatte.

Betrübt überquerte ich gerade den Platz vor dem Kindergarten und war in Gedanken gewiss bei meinen
Freunden und Freundinnen, die in der Schule saßen und
nicht mit mir spielen konnten. Plötzlich hörte ich jemanden meinen Namen rufen. Ich drehte mich um und sah
einen weißen Mann mit zwei Afrikanern auf mich zu-
kommen. Den Weißen kannte ich: Dr. Schneider hatte
vor nicht allzu langer Zeit im Krankenhaus eine Wunde
an meinem Bein genäht, die ich mir beim Spielen im
Wald zugezogen hatte.

Der Arzt fragte mich auf Englisch: »Lucia, willst du
mit nach Deutschland fliegen?«

Menschen, die mich in Nyango erlebt hatten, sagten
mir viele Jahre später, dass ich Erwachsenen gegenüber
scheu gewesen sei. Also wird meine Antwort wohl aus
einem Kopfnicken oder bestenfalls aus einem »Ja« bestan-
den haben. Doch ich erinnere mich an diese Frage und
die Gefühle, die sie bei mir auslöste, überdeutlich: Mein
Herz tat vor Freude einen Riesensprung! Obwohl ich
nicht die geringste Ahnung hatte, was das sein sollte –
Deutschland.

In diesem Moment dachte ich an die anderen Erwachsenen und Kinder, die Nyango verlassen hatten. An meine Mutter, die mit dem Lastwagen davongefahren war,
aber zu uns Kindern zurückgekommen war. Warum sollte also nicht auch ich eine Reise machen? Ich würde ja
wiederkommen …

Überlegungen dieser Art werden mir wohl durch den
Kopf geschossen sein. Deshalb empfand ich nur eine un-

glaublich große Freude: Endlich durfte ich auch mal fort aus Nyango. Weg von einem Ort, an dem ich stets Hunger und oft Angst hatte.

»Lucia, suchst du noch andere Kinder, die mit nach Deutschland wollen?«, fragte Dr. Schneider. Ich werde gewiss zugestimmt haben, denn der weiße Mann sagte: »Dann lauf und hole sie. Heute Nachmittag steht ein Bus bereit. Wenn du rechtzeitig dort bist, darfst du mitfahren.«

Ein Abenteuer, eine Reise! Ich rannte glückstrunken durch Nyango. Ich rief die Namen meiner drei Geschwister, fand sie endlich und erzählte Jo, Martin und Pena von der unfassbaren Neuigkeit. »Heute Nachmittag beim Bus!«, rief ich und rannte weiter. Ich traf Amu, der noch nicht in die Schule ging, und später Kabeza und Maxton. Alle sollten mich begleiten!

Schließlich lief mir Shelley über den Weg, in deren Klo ich das tote Baby gefunden hatte. »Was willst du denn zum Anziehen mitnehmen, wenn du nach Deutschland fährst?«, fragten mich Shelleys Eltern. Ich war ratlos. Damals hatte ich nur ein Kleid aus Wolle, aus dem sich die Maschen lösten. Ich hatte die Angewohnheit, jedem, der mich darum bat, einen langen Faden zum Spielen zu schenken. Das Kleid war also nicht mehr besonders reisetauglich. »Nimm was von Shelley«, sagten deren Eltern. So kam ich zu Schuhen und einem einigermaßen intakten Kleid.

Die Zeit wird im Fluge vergangen sein und irgendwann stand ich vor diesem Bus. Ich stieg hinein. Darin saßen der trickreiche Kabeza, der dicke Amu, der geschickte Mausfänger Timmy, Shelley, deren Kleid ich trug, sowie die Schwestern Letti und Mona, ihr kleiner Bruder Petu und noch ein paar andere Kinder, die ich nicht besonders gut kannte. Sogar Mecky, die Tochter unserer zeitweiligen Nachbarin Meme Frieda, war plötzlich wieder dort, obwohl ich sie so lange nicht mehr gesehen hatte.

Aber wo waren meine Geschwister?

In diesem Augenblick lief irgendetwas ganz furchtbar schief. Bevor ich erkannte, dass Jo, Martin und Pena nicht mitfahren würden, schlossen sich die Türen, der Bus fuhr los. Ich presste meine Nase gegen die Fensterscheibe und starrte hinaus. Da entdeckte ich Martin, der sechs war, und die achtjährige Jo. Schließlich sah ich meine kleine Schwester Pena. Sie blickte mit großen, dunklen Augen zu mir hinauf. Sie trug das weiße Kleid, das einst mir gehört hatte und um das ich geweint hatte, als es mir nicht mehr gepasst hatte.

Gewiss war ich traurig, dass die drei nicht mein Abenteuer mit mir teilten. Die Freude überwog jedoch, gemeinsam mit meinen Freunden etwas Besonderes erleben zu dürfen. Nur Maxton war nicht dabei; das war schade. Doch ich hatte Kalunga, Gott, der auf mich aufpasste. Ich war sicher, dass alles gut werden würde. Ich wäre ja bald zurück, dachte ich.

Ich habe mich oft gefragt, wo sich meine Mutter an diesem wohl wichtigsten Tag meines Lebens aufgehalten haben mochte. Warum war sie unauffindbar gewesen?

Oder hatte sie nicht gewollt, dass ich sie fand?

Was wäre gewesen, wenn ich mich von ihr hätte verabschieden können? Wäre der Trennungsschmerz nicht größer gewesen als die Sehnsucht nach einem Abenteuer? Hätte ich nicht gefragt: Wann komme ich zurück? Hätte Mutter mir gesagt, um was es ging, wäre ich gewiss nicht gefahren: Ich verlor an diesem Tag meine Familie.

Es waren magere Zeiten in Nyango gewesen; niemand konnte ahnen, wann alles besser werden würde. Wer sein Kind unter diesen Umständen ins Ausland schickte, wollte ihm etwas Gutes tun. Der Bus, der mich fortbrachte, war wie ein Ticket ins Leben. Ins Überleben.

In Nyango lebten damals Hunderte von Kindern. Die meisten waren wie ich unterernährt und krank. In dem Bus saßen höchstens zwei Dutzend. Warum gerade wir? Warum ich? War alles nichts als Zufall? So, wie es mir meine Erinnerung sagen will: Ein kleines Mädchen läuft durchs Lager und ruft: Wer will mit nach Deutschland?

Mit der Abfahrt aus Nyango etwa Mitte Dezember 1979 waren die anderen Kinder und ich tagelang unterwegs gewesen. Mehrere Erwachsene begleiteten uns, wie beispielsweise die Mutter von Letti und Mona, Meme Emilia, die ich aus dem Kindergarten kannte. Auch Dr. Schneider kam mit und achtete darauf, dass wir gesund blieben.

Von Nyango aus fuhren wir etwa 600 Kilometer weit bis in die sambische Hauptstadt Lusaka. Ich erinnere mich an ein großes weißes Haus, in dem Dr. Schneider mich mehrfach untersuchte und mir Spritzen gab. Manche Kinder wehrten sich und wollten nicht geimpft werden. Da hörte ich eine Erzieherin drohend sagen: »Wer sich nicht impfen lässt, wird zurückgeschickt!« Und oft genug geschah das auch. Obwohl ich mich nach Ma, Jo, Martin und Pena sehnte, wollte zumindest ich nicht zurück. Denn ich war ein kleines Mädchen, das den Hunger in Nyango fürchtete.

Vom sambischen Lusaka aus ging es mit einer Propellermaschine ins westlich gelegene Nachbarland Angola, in die Hauptstadt Luanda. Beide Länder, Sambia und Angola, unterstützten den Befreiungskampf der SWAPO. Angola war erst seit November 1975 – nach 14-jährigem bewaffnetem Kampf gegen das portugiesische Kolonialregime – eine sozialistische Volksrepublik. Zunächst wurde meine Gruppe in einem Transitcamp außerhalb von Luanda untergebracht. Wir warteten drei Tage lang auf weitere Kinder. Sie hatten bislang in dem 280 Kilometer südöstlich von Luanda gelegenen Flüchtlingslager Kwanza Sul gelebt.

Ich nutzte die Zeit des Wartens, um mich mit einem kleinen Mädchen anzufreunden. Mila war anders als andere Kinder und auch nicht so dünn wie ich. Ihr Vater arbeitete als Ingenieur im Lager und war ein angesehener Mann. Mila war sehr ruhig, hatte ein rundes Gesicht und volle Lippen. Allerdings war sie fast einen Kopf kleiner als ich.

»Wollen wir Freundinnen werden?«, fragte ich und sie stimmte zu.

Wir zwei hatten ebenso wenig wie die anderen Kinder eine Vorstellung von den politischen Verwicklungen, die unser Schicksal von einem Tag auf den anderen auf den Kopf stellten und uns ausgerechnet nach Deutschland führen sollten: Von 1884 bis nach dem Ende des Ersten Weltkriegs war Namibia als Südwestafrika eine Kolonie des deutschen Kaiserreichs gewesen. Der Völkerbund,

Vorläufer der heutigen UN, unterstellte Südwestafrika 1919 südafrikanischer Verwaltung. Doch die Buren machten aus dem an Bodenschätzen reichen Land ihre fünfte Provinz. Allen internationalen Protesten zum Trotz gaben sie es nicht wieder her. Im fruchtbaren Norden Namibias, wo heute noch jeder zehnte Namibier lebt, bildete sich unter Sam Nujoma die Unabhängigkeitsbewegung SWAPO, die *South West Africa People's Organisation.*

Für den Kampf gegen Südafrika brauchte Nujoma Beistand. Die gemeinsame Geschichte der Kolonialisierung ließ ihn schon früh im geteilten Deutschland Verbündete finden. Sowohl in der BRD als auch in der DDR. 1962 besuchte Nujoma erstmals das Solidaritätskomitee der DDR und unterhielt mit der SWAPO so genannte »inoffizielle Beziehungen« zum sozialistischen Deutschland, da die BRD auf ihrem Alleinvertretungsanspruch bestand. Erst nachdem die UN sowohl die SWAPO als Vertreter Namibias als auch die DDR als eigenen Staat anerkannt hatte, nahmen die Sozialistische Einheitspartei Deutschlands (SED) und die Befreiungsbewegung offizielle Beziehungen auf. Mit vielen Millionen Mark, Uniformen, Lastwagen und Waffen für die Kämpfer unterstützte Ost-Berlin bis 1989 Nujoma und seine Männer.

Nach dem Massaker in Cassinga bat Sam Nujoma die ostdeutsche Regierung erfolgreich darum, in Berlin Verletzte zu behandeln. Doch der rührige Sam hatte einen noch viel weiter reichenden Plan, von dem ich ein winzig kleines Stück werden sollte: Nachdem so viele unschuldige Kinder in den Flüchtlingslagern durch schlechte Ernährung krank geworden waren und kaum Zugang zu einer Schulbildung hatten, sollte das befreundete Ausland auch hier helfen. So wurden beispielsweise Hunderte von namibischen Kindern und Jugendlichen nach Kuba und die damalige Tschechoslowakei geflogen, wo sie jahrelang in die Schule gingen oder eine Ausbildung erhielten. Nujoma bat die Führung der DDR im Frühjahr 1979 darum, 280 Kinder und Erwachsene aufzunehmen. Die Verhandlungen zogen sich über Monate hin, bis sich die Führung von SED und SWAPO im September auf 15 Erwachsene, die zu Erzieherinnen ausgebildet werden sollten, sowie 80 Kinder im Alter von vier bis sieben Jahren einigten.

Eines davon war ich.

Wir Auserwählten hoben schließlich mit einer Maschine der DDR-Fluggesellschaft »Interflug« vom angolanischen Luanda aus nach Ost-Berlin ab.

Eine weiße Stewardess kam zu mir und fragte: »Was möchtest du essen?«

Ich hob ratlos die Schultern. Niemals hatte mich jemand so etwas gefragt!

Dann brachte sie ein Tablett mit leckerem Essen und ich konnte es nicht fassen, dass jemand so nett zu mir war. Jemand, der mich nicht einmal kannte.

Ich sah aus dem Fenster. Unter mir waren die Wolken, zu denen ich früher immer emporgeblickt und mir gewünscht hatte, einmal auf einer von ihnen zu sitzen. Unerreichbar für Hunger und Schläge.

Mein Traum schien wahr geworden zu sein und ich dankte Kalunga dafür.

Das Schloss der heimatlosen Kinder

Es war Nacht, als wir landeten. Dennoch war überall Licht, das große Lampen spendeten. Und ich wusste nicht: War ich schon in Deutschland? Nein, wahrscheinlich nicht. Denn da warteten gelbe Busse auf uns. Das kannte ich schon. Also ging es noch weiter. Wohin? Ich fragte nicht, sondern ließ mich mit den anderen zum Bus tragen. Und kalt war es! So kalt. Obwohl mir jemand im Flugzeug einen warmen Jogginganzug angezogen hatte. Der Bus fuhr durch breite Straßen. Ich drückte meine Nase gegen das Fenster. So viele Lampen, selbst auf den Straßen, ich konnte es kaum glauben. Wir fuhren dann sehr lange durch die Dunkelheit und hielten irgendwann an, sollten aussteigen.

Viel war nicht zu sehen. War das schon Deutschland? Oder, wie ich inzwischen erfahren hatte, die DDR? Wo war ich? Oder würde es gleich weitergehen?

Da waren ein riesengroßes Haus und weiße Menschen, die uns anlächelten. Und ich musste so dringend aufs Klo! Ich wandte mich an eine der weißen Frauen, zupfte sie am Ärmel. Die Frau sprach mit mir. Ihr Tonfall

40

war freundlich, aber ich verstand nichts von dem, was sie sagte. Es gelang mir, mich verständlich zu machen, und ich wurde zu einer Toilette geführt. Das war knapp!

Nachdem dies Problem gelöst war, nahm jemand meine Hand und führte mich durch lange, hell erleuchtete Gänge. Ich hörte die Stimmen der anderen Kinder. Sie saßen bereits im Speisesaal an Tischen, manche aßen. Andere machten Theater: »Ich esse das nicht. Das ist vergiftet!« Denn einige, von der Apartheid geprägte Eltern hatten ihren Kindern gesagt, dass weiße Menschen uns nicht wohl gesonnen waren.

Ich setzte mich an einen freien Platz. Vor mir auf einem Teller lag etwas Grünes, in Spalten geschnitten. Ich wusste nicht, dass es ein Apfel war. Doch ich gehorchte meinem hungrigen Magen und probierte. Das war lecker! Es gab noch anderes Essen; mir blieben von der ersten deutschen Mahlzeit meines Lebens nur die Äpfel in Erinnerung.

Ich war satt und hatte das Gefühl, dass wir jetzt eigentlich weiterfahren müssten. Ich suchte die hohe Eingangstür, stellte mich brav davor auf und wartete, dass ich wieder in den Bus einsteigen könnte. Irgendwann kam ein weißer Mann, der mir Unverständliches sagte. Er holte eine der weißen Frauen, die nahm mich kurzerhand auf den Arm und trug mich ein paar Treppen aufwärts.

Wieder sah ich etwas, das ich nicht kannte: einen großen Raum mit mehreren Bettchen, wie ich sie nie zuvor gesehen hatte. Sie hatten an den Seiten Gitter. Zwar war ich etwas verwundert, dass wir nun doch nicht mehr fort fuhren. Aber es war mir durchaus recht zu schlafen – ich war todmüde! Bis allerdings Ruhe einkehrte, dauerte es etwas. Einige Kinder waren in verschiedenen Schlafsälen getrennt und beschwerten sich lauthals. Zum Beispiel Letti und Mona. Sie hatten dieselben Probleme wie ich, sich verständlich zu machen, bis sie endlich wieder vereint waren.

Irgendwann kehrte in dieser Nacht vom 18. auf den 19. Dezember 1979 Ruhe ein. Sechs Tage später würde Weihnachten sein. Nicht einmal das wusste ich.

Im hellen Licht eines neuen Tages begannen 80 kleine afrikanische Kinder den Ort zu erkunden, an den sie der Wind des Schicksals geweht hatte. Die meisten von ihnen waren aufgewachsen in Hütten aus Lehm, Gras oder Blättern. Ich kannte immerhin Mutters Steinhäuschen in Nyango, winzig klein, mit zwei Zimmern. Was ich nun wahrnahm, war größer als meine Vorstellungskraft.

In unserer Sprache, Oshivambo, gab es kein Wort für Schloss. Das Heim, in dem wir von nun an für viereinhalb Jahre leben sollten, war jedoch eines – Schloss Bellin. Sprachlos staunend stand ich vor großen, weit geschwungenen Treppen aus Stein, wie ich sie noch nie gesehen hatte. Alles war so atemberaubend riesig! Öffnete ich eine Tür, so erstreckten sich dahinter helle Räume mit Fenstern, die bis zur Decke zu reichen schienen. So viele Zimmer gab es, dass ich mich kaum orientieren konnte.

Doch die Menschen, die Schloss Bellin für uns vorbereitet hatten, wussten, was auf der ganzen Welt Kinderherzen schneller schlagen lässt: Spielzeug. Im Erdgeschoss entdeckte ich zwei Zimmer, die mit einer Tür verbunden waren. Da lag sie – eine Puppe. Nie zuvor hatte ich so etwas Wundervolles in Händen gehalten. Sie trug schöne

Kleider, hatte blaue Augen und blonde Haare. Wenn ich die Puppe bewegte, klapperte sie mit den Augen. Das war meine Puppe! Ich streichelte sie liebevoll, wiegte sie wie ein Baby im Arm und war vollends glücklich. Die wollte ich nicht wieder hergeben.

Eine weiße Frau sprach auf mich ein. Ich verstand wieder einmal nichts und die Frau versuchte mich mit Gesten aus dem Zimmer zu locken, weg von meinem Spiel. Ich warf ihr die gefährlich bösen Blicke eines kleinen Mädchens zu. Was sie nicht beeindruckte. Ich spielte weiter und sie ließ mich nicht in Ruhe. Da riss ihr Geduldsfaden, sie packte meine Hand und zog mich fort. Ich heulte und bockte, aber die Puppe ließ ich nicht los. Ich verstand nicht, was die Fremde beabsichtigte. Die Spielverderberin führte mich durch eine Tür nach nebenan in einen Raum, der dem ersten glich. Hier gab es das gleiche Spielzeug.

Eine Gruppe Kinder war in diesem Zimmer versammelt. Drei von ihnen kannte ich: Kabeza, den Bonbon-Schwindler, und Timmy, den Mäusefänger aus Nyango, sowie meine neue Freundin Mila. Timmy hatte vergleichsweise helle Haut und seine Augen standen leicht schräg. Er erzählte gerne Geschichten und war ständig in Bewegung. Darum hatte er wohl einst Mäuse fangen können und ich nicht.

Außerdem war eine der namibischen Erzieherinnen da. Ich atmete erleichtert auf. Endlich jemand, den ich verstand. Wenngleich ich sie nicht kannte. Sie sagte freundlich lächelnd: »Ich bin Meme Polly, eure Erzieherin.« Dann stellte sie uns die »Spielverderberin« vor: »Das ist Meme Margit. Ihr nennt uns Erzieherinnen alle Meme.«

43

Die dunkelhaarige Margit Reiß war eine von knapp zwanzig deutschen Erzieherinnen, die erst wenige Wochen zuvor in Bellin eingetroffen waren. Manche, erfuhr ich später, waren nur ein paar Tage vor uns im Schloss angekommen. Keine von ihnen hatte je zuvor ein afrikanisches Kind gesehen.

»Und jetzt sagt ihr Meme Margit, wie ihr heißt«, ermunterte uns Meme Polly.

Mein Vater hatte mit uns schon früh geübt, damit wir unsere Namen wussten. Er hatte Jo, mich und Martin hintereinander aufgestellt, Pena war damals noch zu klein gewesen. Jeder trug zwei Namen. Johanna Ndapanda bedeutete *Johanna dankt dem Herren*, Martins zweiter Name Mwaddhininaomwa hieß *Halte fest an Gott*. Penas ganzer Name klang so: Frieda Pomwapenaegameno, *Bei Gott ist Sicherheit*. Mein zweiter Name, Pandulenikalunga, bedeutet *Preise den Herrn*. Unsere Eltern mögen geahnt haben, dass eine Zeit kommen würde, in der wir einen starken Glauben brauchten.

Ich sagte meinen Namen, doch Pandulenikalunga wurde nicht aufgeschrieben. Vielleicht, weil Lucia Engombe einfacher war.

Einige Kinder hießen wegen der schlimmen Kriegserfahrungen der Eltern *Ich habe Stöcke* oder *Fürchte mich*. Diese Namen stellten für die deutschen Erzieher wahre Zungenbrecher dar.

Wir waren in dieser ersten Runde 13 Kinder, aus denen eine Gruppe werden sollte – die Gruppe 5. Wir wussten nicht, dass wir bis zum August 1990 zu einer verschworenen Gemeinschaft zusammenwachsen würden, sondern beäugten uns noch argwöhnisch.

Nachdem die Erzieherinnen unsere Namen in Erfahrung gebracht hatten, ordneten sie jedem eine Nummer zu. Meine war die neun, Mila bekam die 10, Kabeza die 4 und Timmy die 7. Unsere Gruppe erhielt außerdem eine Farbe, braun. Denn es gab fünf weitere Gruppen, jede mit 11 bis 15 Kindern. Meine neue warme Kleidung war somit mit einer braunen Neun gezeichnet. Wer welcher Gruppe zugeteilt wurde, richtete sich nach dem Alter. Wir in der 5 und jene in der 6, zu der meine Freundinnen Letti und Mona gehörten, zählten zu den Ältesten. Lettis und Monas kleiner Bruder Petu kam in der Gruppe 2 unter, mein kleiner Ziehbruder Amu in der 3, das einstige Nachbarkind Mecky in der 1.

Wie unser Alter festgestellt wurde, das war eine Geschichte für sich: »Wie alt bist du?«, fragte mich Meme Margit und Meme Polly übersetzte. Ich wusste keine Antwort. Nie zuvor hatte mich jemand gefragt, wie alt ich war. In diesem Moment fiel mir nicht mal ein, dass ich wenige Wochen zuvor meinen Geburtstag gefeiert hatte. Seitdem war eine mit vielen Erlebnissen prall gefüllte Ewigkeit verstrichen!

Erzieherin Margit musterte mich: »Du siehst nach 1973 aus, ja, du könntest im März geboren worden sein.« Als Tag wählte sie den 19. aus und machte mich somit fünf Monate jünger. Ähnlich ging sie bei allen anderen vor. Am Ende hatte sie beinahe jedem von uns einen anderen Monat zugeordnet. Denn sie war wohl eine praktisch denkende Person: Somit behielt sie den Überblick und jedes Kind konnte in einem anderen Monat Geburtstag feiern.

Margit war gewiss überzeugt, mit ihrer Einschätzung

richtig zu liegen. Unterernährt wie wir alle waren, waren wir viel kleiner als gleichaltrige deutsche Kinder. Ausgerechnet ich war das größte Mädchen und galt mit dem 19. März als eine der Ältesten.

In der neuen Welt, in der wir lebten, gab es so viel, das wir nicht kannten. Das hatte schon am ersten Abend mit den Schlafanzügen begonnen, die uns angezogen wurden. Und derer wir uns prompt wieder entledigten. Schuhe stellten auch kein geringes Problem dar: Oft zog ich sie auf den falschen Fuß und merkte es nicht mal! Denn dicke Winterstiefel war ich nicht gewohnt, und egal wie herum ich sie auch trug: Sie waren unangenehm schwer.

Oder das Zähneputzen: »Hm, schmeckt lecker, so süß!«, meinten einige Kinder. »Probier mal.« Tatsächlich, dachte ich und futterte begeistert Zahnpasta. Aus Nyango kannte ich schließlich nur meinen schwarzen Zahnstrauch und musste nun lernen, etwas in den Mund zu nehmen, das ich dennoch nicht essen durfte. Wo ich meinen Magen doch in Afrika schon mit einem Knopf auf die Probe gestellt hatte. Nicht mal vor den Kristallen im Klobecken wurde Halt gemacht! Die sahen aber auch zu lecker aus und glitzerten so verlockend …

Dass wir die Anpassung an die Zivilisation unbeschadet überstanden, war der Aufmerksamkeit unserer Erzieher zu verdanken, die rund um die Uhr im Einsatz waren. Mindestens zwei Frauen aus der DDR und eine aus Namibia ließen meine Gruppe tagsüber nicht aus den Augen. Sie brachten uns mit Händen und Füßen gestikulierend bei, dass wir mittags schlafen mussten, was wir nur ungern taten. Und sie schickten uns bis weit in unsere Schulzeit hinein pünktlich um 19 Uhr ins Bett. Was wir hassten! In Afrika legte man sich irgendwann hin, wenn man müde war. Uhren, Zeitgefühl? Da wartete eine ganz andere Welt auf uns.

Es war an einem der ersten Morgen im Schloss, als wir in dicke Winterjacken, Mützen und Handschuhe gepackt wurden. Dann ging es hinaus. Vor uns lag im klaren Sonnenlicht glitzernd eine unendliche weiße Masse, die Bäume, Sträucher und Wege bedeckte. Zucker, dachte nicht nur ich. Dass es Salz sein mochte, kam mir nicht in den Sinn. Denn dort, wo ich jetzt war, konnte es nur Süßes geben. Wir standen da und lachten glücklich, als hätten wir die ganze Welt erobert. Entschlossen streckte ich die Hand aus, wunderte mich, wie weich der Zucker war, und schob ihn in den Mund. Oh, wie war dieser »Zucker« kalt. Und so geschmacklos-wässrig. Ich war maßlos enttäuscht!

Wir plagten unsere namibischen Erzieher mit Fragen. Doch die wussten selbst keine Antworten. So wenig wie es für »Schloss« ein Wort in Oshivambo gibt, existiert eines für »Schnee«! Aber wir waren, obwohl wir es noch nicht wussten, auch hier, um Deutsch zu lernen. »Schnee« wird wohl eines der ersten deutschen Worte gewesen sein, das ich lernte.

»Fasst euch an die Hände und geht zu zweit«, forderte uns eine Erzieherin auf. Das Laufen im Schnee war ungewohnt und die Kälte sowieso. Doch das weiße Zeug wollte ich immer wieder berühren und zog meine Handschuhe aus, um etwas davon mitzunehmen. Erstaunt stellte ich fest, dass es nach kurzer Zeit auf der Haut krib-

belte wie hundert Ameisenbisse. Lange dauerte dieser
erste Ausflug nicht, denn die deutschen Erzieher hatten
große Angst, dass wir kleinen Afrikaner uns erkälteten.
Ich war froh, als ich wieder im Warmen war.

Dort gab es viel zu tun! Denn es stand etwas bevor, das
niemand von uns kannte – Weihnachten. Die Vorbereitungen machten großen Spaß und dabei störte kaum,
dass wir die Sprache unserer Gastgeber nicht beherrschten. Sterne zu basteln, Papiermuster auszuschneiden oder
Tannenzapfen zu bemalen, das ging mit viel Gelächter
und gelegentlich großer Aufmerksamkeit einher. Die
Spannung wuchs unterdessen: Was sollte aus all dem werden? Dann wurde ein großer Tannenbaum im Erdgeschoss in die Halle gestellt, die Gruppenräume erhielten
kleine Bäume und die schmückten wir mit Plätzchen, die
wir geholfen hatten zu backen.

Schließlich sangen wir Weihnachtslieder. Mit dem
Text gab es Probleme, aber wir richteten uns nach den
deutschen Erzieherinnen und bekamen bis zum Weih-
nachtsabend das eine oder andere Lied ganz passabel hin.
Natürlich musste uns auch erklärt werden, dass es einen
Weihnachtsmann gibt, der Geschenke bringt. Jedoch nur
den artigen Kindern, die bösen bekämen seine Rute zu
spüren.

80 heimatlose afrikanische Kinder machten große Augen! Und die kleinsten vergossen bittere Tränen, als der
Mann mit dem weißen Bart endlich auftauchte. Wir waren alle im Foyer versammelt, als er jeden Einzelnen fragte, ob er artig gewesen wäre. Ich wusste nicht so recht, ob
ich etwas angestellt hatte, das mich um die erwarteten
Geschenke brächte. Doch das war wohl nicht der Fall.

Denn als der Weihnachtsmann sich verabschiedet hatte, durften wir in unsere Gruppenräume und fanden dort Geschenke. Endlich bekam ich eine eigene Puppe, deren blonde Haare ich sogleich hingebungsvoll zu flechten begann. Die Jungs freuten sich über Zinnsoldaten, wenngleich manche erst einmal testen mussten, ob sich die Dinger nicht doch essen ließen ... Da es aber auch Schokolade gab, kamen die Soldaten annähernd heil davon. Das Tollste war, dass die Schokolade weiß war. Und so süß!

»Ihr braucht frische Luft. Ihr könnt nicht den ganzen Tag im Zimmer verbringen.« Meme Margit und unsere namibischen Erzieherinnen wollten uns immer wieder nach draußen locken, wo der Schnee wartete. Ich dachte vor allem an die damit verbundene Kälte und frisierte lieber hingebungsvoll meine neue Puppe. Nur unter vielen Tränen ließ ich von ihr ab, um mich warm einpacken zu lassen. War ich dann draußen, fand ich das Herumtollen im Schnee ganz gut. Ich lernte Schlitten kennen, die wir uns zu zweit teilten, um damit einen kleinen Abhang in der Nähe des Schlosses hinunterzusausen. Und Schneebälle, von denen besonders die namibischen Erzieher ganz begeistert waren: Die lieferten sich schon bald richtige Schlachten.

»Steht nicht so steif herum! Macht mit!«, riefen sie. Ich tat mein Bestes, aber die Sache war mir zu nass und zu kalt. Auch unseren ersten Schneemann bauten wir in diesem Winter. Wobei ich fand, dass das richtige Arbeit war. Doch es blieb nicht bei einem, dafür machte es zu viel Spaß, den Schnee zu Kugeln zu rollen. Die Krönung stellte die Mohrrübe im Gesicht des kalten Mannes dar.

Die musste jedes Mal aus der Küche besorgt werden, wo sie uns von netten Köchinnen gegeben wurde. Allerdings verfügten sie nicht immer über einen ausreichenden Möhrenvorrat. Manche Karotte schaffte es außerdem nicht bis ins Gesicht des Schneemanns, sondern fand zuvor den Weg in einen unserer stets hungrigen Bäuche.

Während dieser ersten Tage in Deutschland hatte ich das Gefühl, im Paradies zu leben. Aber ganz so wird es wohl nicht gewesen sein: In meinem kirschroten, mit Hammer, Zirkel und Ährenkranz verzierten DDR-Sozialversicherungs- und Impfausweis für Kinder und Jugendliche besagen Einträge, dass ich als krankes Kind in Bellin eintraf. Wo eigentlich Röteln und Mumps verzeichnet werden, steht bei mir: Anämie, Lambliasis, Strongyloides und ein paar andere unaussprechliche Befunde.

Ich hatte oft Bauchweh in den ersten Monaten in Bellin. Schon in Nyango hatte ich oft Durchfall und war an Leibschmerzen gewöhnt. Die deutschen Ärzte haben wohl mit viel Antibiotikum Millionen Würmer, Mikroben und Parasiten aus meinem von Koliken aufgeblähten Bauch verscheucht. Gewiss wird mich das geschwächt haben. Doch ich war Schlimmeres gewöhnt. Mich störte das ungewohnte Halsweh viel mehr, das ich dem kühlen Wetter zu verdanken hatte.

Von meinen gesundheitlichen Problemen lenkte mich ein ganzes Schloss ab! Schloss Bellin war 1910 von dem Hamburger Kaufmann Henry Sloman errichtet worden, der mit Salpeter aus Chile – Düngemittel und Rohstoff für Schwarzpulver – reich geworden war. Von seinen Geschäften erholte er sich auf diesem Landsitz in Mecklenburg, der absolute Ruhe versprach. Nach dem Zweiten

Weltkrieg war das neobarocke, graue Gebäude mit dem roten Walmdach Waisenhaus, Verwaltungsschule und zuletzt Parteischule für SED-Funktionäre aus Schwerin gewesen.

Für unsere Zwecke war es ideal: Die wilde Bande aus dem Dschungel tobte durch die ehrwürdigen Räume und lärmte im weiten Park. Unser einziger direkter Nachbar waren die Stallungen einer Landwirtschaftlichen Produktionsgenossenschaft. Das weitläufige Areal, bestehend aus Nebengebäuden, in denen einige unserer Erzieher wohnten, und einem Park mit einem See, war mit Mauern und hohen Zäunen gesichert. Wer zu uns wollte, musste an einem Pförtner vorbei, den wir Tate Ludwig nannten.

Von Bellin und seinen Bewohnern, dem heute noch aus höchstens 40 Häusern bestehenden Dorf, wussten und sahen wir lange Zeit nichts. Und umgekehrt nahm auch anfangs niemand uns wahr. Wir waren ein echtes Geheimnis: Die SWAPO befürchtete Racheakte ihrer Gegner. Zu denen es glücklicherweise nie kam, aber die soliden Vorkehrungen hielten Fremde vom Grundstück fern. Begründet wurde die große Vorsicht allerdings mit »normalen Sicherheitsmaßnahmen für ein DDR-Kinderheim«. Das Schloss war auch unter diesem Aspekt der ideale Ort: Schließlich ließen sich 80 quirlige kleine Afrikaner nicht ohne weiteres verstecken.

Uns gingen solche Überlegungen nichts an; wir sahen einer überaus behüteten Kindheit entgegen. Äußerlich jedenfalls. Doch nach innen war das Kinderheim Bellin oft ein Pulverfass. Nachdem die Begeisterung des ersten Augenblicks verflogen war, brachen zwischen den von ihren Erlebnissen teilweise traumatisierten Kindern Kämpfe aus, denen die namibischen Erzieher wegen ihrer mangelnden pädagogischen Vorbildung und die deutschen durch die anfänglichen Sprachprobleme oft hilflos ausgesetzt waren.

Für mich begannen Zeiten der Tränen, des Trotzes — und innerer Verwandlung.

Die letzte Laus aus Afrika

Unsere Essensräume lagen im Erdgeschoss. Wir saßen an schlichten, rechteckigen Tischen, an denen bis zu sechs Kinder Platz hatten, und warteten auf unser Frühstück. Der Tischdienst, zu dem wir reihum eingeteilt wurden, brachte mit großen Rollwagen ungesalzenen Griesbrei. Ich teilte mir meinen Tisch mit drei Kindern aus meiner Gruppe: Mila, Ricky, der alles etwas langsam machte, sowie Ibu, einem kleinen, aber sehr kräftigen Jungen. Kaum war das Essen auf dem Tisch, stand Ibu auf, zeigte auf den Teller von Mila und forderte: »Hey du, dein Essen gehört mir!« Mila ließ zu, dass er ihr den Teller fortnahm und alles aufaß. Am nächsten Tag machte Ibu dasselbe mit Ricky, der ebenfalls gehorchte. Ibu freute sich und die beiden Betrogenen gingen hungrig zum Spielen. Am dritten Tag kam ich an die Reihe: »Gib mir dein Essen!«

»Nee«, sagte ich, »du hast dein eigenes.« Und schlang meine Portion rasch hinunter. Denn diese Spiele kannte ich ja aus dem Kindergarten in Nyango.

Der freche Ibu jedoch drohte mir: »Ich habe viele Freunde, die werden dich verdreschen.«

»Leg dich nicht mit Ibu an«, warnte mich Mila. »Der hat die starken Jungs aus der Gruppe 6 hinter sich.«

»Puh«, meinte ich mit großer Klappe, »mit denen werde ich schon fertig.« Mein freches Mundwerk war meine beste Waffe. Und meine Unerschrockenheit, mit der ich mich jedem stellte, sorgsam bemüht, meine Angst nicht zu zeigen. Plötzlich standen mir im Esszimmer drei Jungs aus der 6 gegenüber. Ihr Anführer wurde von den anderen ehrfurchtsvoll *Monsieur* genannt und war ein schon damals großer, gut aussehender Junge, hinter dem später viele Mädchen her waren.

»Du«, knurrte Monsieur mich an, »was beleidigst du unseren Freund Ibu? Wenn du den beleidigst, beleidigst du uns.«

»Was soll das? Drei Jungs gegen ein Mädchen, das ist unfair«, rief ich, obwohl ich ganz schön Schiss hatte.

Als es brenzlig wurde, tauchte ein anderer Junge auf, Nick, der ebenfalls zur Gruppe der Ältesten, der 6, gehörte. »Lasst die Lucia in Ruhe, die hat euch nichts getan«, sagte er.

Nick war ein Respekt einflößender Junge. Aber leider war er nicht immer da, wenn Monsieur mich oder eines der anderen Mädchen verkloppte. Das geschah immer völlig grundlos. Ich kratzte und biss, riss an Haaren und verdrehte Arme. Aber ich hatte gegen diesen Jungen einfach keine Chance; er war zu stark für mich. Wenn ich einen seiner Freunde sah, prahlte ich trotzdem: »Sagt Monsieur, ich habe keine Angst vor ihm. Der spinnt doch.« Ich plusterte mich wirklich oft auf wie eine Henne. Häufig genug bezog ich dann ziemliche Prügel. Weinen hatte keinen Sinn; es zeigte nur, wie schwach man war. Das wollte niemand sein, egal, ob Junge oder Mädchen.

Wir fanden ziemlich rasch heraus, dass wir aus zwei Gruppen von Kindern zusammengesetzt worden waren. Jene, die wie ich aus Nyango kamen, und die anderen, die zuvor in der Region Kwanza Sul untergebracht gewesen waren. In dieser letzten Gruppe wiederum gab es eine Anzahl von Kindern, die das Massaker von Cassinga überlebt hatten. Vor denen musste man sich am meisten in Acht nehmen, denn sie wollten immer beweisen, wie überlegen sie waren.

»Du kommst doch aus Nyango«, sagte Monsieur zu mir. »Da hast du es doch gut gehabt. Deine Mama und dein Papa waren immer bei dir.«

»Mein Papa war gar nicht da«, erwiderte ich viel zu leise. Und mir saß ein Kloß im Hals. Hinter uns fiel ein Stuhl zu Boden und plötzlich brachen Kinder in Gelächter aus. Ich sah genauer hin und entdeckte, dass sich Monsieurs jüngerer Bruder Mark unter den Tisch verkrochen hatte.

»Ihr lacht nicht über Mark!«, schrie Monsieur und drosch blindlings auf ein Kind ein. Dann holte er seinen kleinen Bruder mit einer Sanftheit unter dem Tisch hervor, die ich ihm nicht zugetraut hätte, legte ihm den Arm um und verzog sich mit ihm in eine Ecke. »Ist ja alles gut«, tröstete er den Kleinen. Ich hatte keine Ahnung, warum sich die beiden so verhielten. Mark verkroch sich jedes Mal unter Tische, wenn es einen lauten Knall gab.

Der Zusammenhalt der beiden erinnerte mich an mein Brüderchen Martin und es machte mich traurig, dass ich nicht wusste, was er gerade tat. Ob er immer noch im Urwald mit Pfeil und Bogen Mäuse jagte?

In meiner Gruppe hatte Kira das Sagen, die ebenfalls Cassinga überlebt hatte. Sie hatte große ausdrucksstarke Augen, die unter kräftigen Brauen lagen, und recht helle Haut, ihr Haar war sehr weich und sehr kurz. Manchmal redete sie wie ein Baby, zeitweise ritt sie jedoch der Teufel. Wer ihr gegenüber Angst zeigte, wurde von ihr unterdrückt.

»Knie dich auf den Boden«, herrschte Kira die immer so herzliche, aber auch schüchterne Mila an.

Mir war klar, dass irgendeine Gemeinheit folgen würde, doch die liebe Mila kam Kiras Kommando nach und kniete sich auf den Linoleumboden. Da zog Kira sich die Hose runter und pinkelte ihr auf den Kopf. Ich glaubte, nicht richtig gesehen zu haben! Manche von uns lachten verlegen, andere schadenfroh oder einfach, um es sich nicht mit Kira zu verscherzen. Obendrein war sie seit den Zeiten in Kwanza Sul mit dem stärksten Mädchen aus unserer Gruppe eng befreundet. Nadia wirkte wie ein Junge und verdrosch jeden, dessen Gesicht ihr nicht gefiel.

Wer wie die hübsche Melanie stark stotterte, zog sich den Hohn der anderen zu. Aber was konnte die hübsche Melanie für ihren Sprachfehler? Weinend folgte sie Kiras Kommando: »Putz meine Schuhe, mach mein Bett!« Wie eine Sklavin befolgte sie jeden Befehl. Solche Spiele waren bei uns sehr beliebt! Wer stärker war, ließ die anderen unangenehme Arbeiten machen, zu denen man selbst keine Lust hatte. Ich war anfangs nicht besser und versuchte das Gleiche mit Mila und Melanie. Die wiederum

nahmen sich Kira und Nadia zum Vorbild und verbünde-
ten sich gegen mich. Da blieb mir nichts anderes übrig,
als nach erbitterten Kloppereien klein beizugeben und
mit den beiden wiederum ein Bündnis zu schließen.

»Sind wir Freundinnen?«, fragte ich. Das wurden wir
allmählich tatsächlich; wir sind es bis heute geblieben.
Wir müssen ein lustiges Trio abgegeben haben. Die kleine, rundliche Mila, die zarte Melanie und ich, die dünne,
lange Lucia. Meine Größe war in den täglichen Auseinandersetzungen von Vorteil. Schon allein deshalb trauten
sich nicht alle an mich heran.

»Du siehst ja aus wie 'ne Giraffe!«, riefen sie, wenn sie
mich sahen. Und dann ging ich zum Angriff über. Vor
allem, wenn einer der Jungs mich so nannte.

Wie sehr beneidete ich Letti, Mona und ihren kleinen
Bruder Petu, die sogar ihre Mutter in der Nähe hatten.
Das war eine richtige Familie, die diesem Gezänk nicht
ausgesetzt war. Sie mussten nur zu Meme Emilia gehen,
wenn sie sie brauchten. Diese vier Menschen erinnerten
mich immer wieder an Ma, Jo, Martin und Pena. Ich lag
nachts in meinem Gitterbettchen und träumte von ihnen.
Dann wäre ich gern bei ihnen gewesen. Wenn ich aufwachte und das gute Frühstück mit den leckeren Marme-
ladenbroten wartete, erinnerte ich mich an den Hunger
in Nyango. Und ich wollte lieber nicht mehr an Afrika
denken.

Sehnte ich mich wieder allzu stark nach meiner kleinen Schwester Pena, dann ging ich ins Erdgeschoss zu
den Kleinsten in Gruppe 1, um mit meinem einstigen
Nachbarkind Mecky zu spielen. Fand ich sie irgendwo
weinend vor, erkundigte ich mich, wer der gerade mal

Vierjährigen etwas angetan hatte. Dann schlug ich zu, biss und kratzte so lange, bis klar war, dass Mecky unter meinem Schutz stand.

Für unsere Erzieherinnen mochte es ganz schön schwierig gewesen sein, diesen Sack voller Flöhe zu hüten, der wir waren. Wenn wir alle zusammen waren, schwatzten wir anfangs durcheinander wie ein Vogelschwarm. Unsere namibischen Erzieher wie Meme Dotty, eine junge Frau mit recht langen Haaren, die ihren vierjährigen Sohn mitgebracht hatte, wusste uns anzupacken: »Wenn ihr jetzt nicht still seid, gibt es abends kein Essen. Für niemanden«, drohte sie. Wir gehorchten nicht und Dotty hielt Wort – sie schickte uns ohne Abendbrot ins Bett. Eine wirksamere Strafe gab es nicht; sie erinnerte uns an den Hunger, den wir nie wieder erleben wollten.

Mich quälten nachts oft Bauchschmerzen, die wohl mit den Würmern zu tun gehabt haben mochten, die ich in den ersten Wochen noch als Untermieter durchfütterte. Ich musste dringend aufs Klo, traute mich aber nicht allein zu gehen. Denn draußen auf den langen Fluren war es nachts ziemlich dunkel.

»Ist noch jemand wach, der mit mir aufs Klo geht?«, fragte ich.

»Ich muss auch«, antwortete Fili, jener Junge, dessen Name auf Oshivambo *Fürchte mich* bedeutete.

»Na, dann komm«, flüsterte ich.

»Nee, will nicht«, gab Fili zurück.

Ich konnte oder wollte ihn nicht überreden, weil mein Problem wirklich drängte. Ich kletterte aus meinem Gitterbett und schlug mich tapfer allein zum Ziel durch, das im großen Schloss ein paar verwinkelte Ecken weiter entfernt lag. Nachdem ich auf der Toilette fertig war, traf ich Meme Dotty, die Nachtwache hatte. Meine Bauchschmerzen waren immer noch entsetzlich. Die Erzieherin nahm mich mit auf ihr im gleichen Dachgeschoss gelegenes Zimmer und griff zu ihrem namibischen Allheilmittel Vaseline. Sie schmierte mir damit dick den Bauch ein. Ich fühlte mich besser, eilte zurück zu meinem Bett – und das war pitschnass.

»Fili, das warst du!«, rief ich entrüstet.

»Nee, war ich nicht.«

Erneut kletterte ich aus dem Gitterbett und berichtete Meme Dotty alles. Die erteilte Fili eine doppelte Lektion. Zum einen bekam er mein nasses Betttuch und ich sein trockenes. Zum anderen bekam sein Po Meme Dottys Gürtel zu spüren. Hinterher hatte ich Fili gegenüber ein schlechtes Gewissen, weil ich ihn verpetzt hatte. Glücklicherweise machte Fili seinem Namen *Fürchte mich* keine Ehre. Doch andere Kinder konnten gefährlich zuschlagen, wenn man sie verriet.

In diesen ersten Nächten hatte ich immer wieder denselben Traum: Ich stürzte ins Bodenlose. Oftmals stellte ich beim Aufwachen fest, dass ich so wie in Nyango in mein Bett gepinkelt hatte. Wenn Meme Margit uns morgens weckte, rümpfte sie die Nase, sobald sie den kräftigen Uringeruch aus mehreren Betten wahrnahm. Noch hielt sie sich mit dem Schimpfen zurück, aber das sollte sich bald ändern. Mir war es peinlich, dass mir dieses Malheur immer wieder passierte. Aber ich war ihm ohnmächtig ausgeliefert.

Wenn ich im Erdgeschoss im Waschraum stand, musste ich lernen, mich mit meinem ungewohnten Spiegelbild anzufreunden. Ich fand mich überhaupt nicht hübsch. Vor allem ärgerte ich mich über diese großen traurigen Augen, die mich anglotzten. Und dann erinnerte ich mich daran, dass man mich in Nyango als hübsch bezeichnet hatte, weil meine Haut verhältnismäßig hell war. Ich verstand überhaupt nicht, was an mir schön sein sollte.

Ich wollte so aussehen wie Meme Polly. Die damals noch schlanke Chefin der namibischen Erzieherinnen hatte volle Locken und ganz schmale Augenbrauen, für die ich sie bewunderte. Sie war immer freundlich, und wenn ich Kummer hatte, ging ich zu ihr. Polly schlug uns nie. Im Gegensatz zu Lettis und Monas Mutter, Meme Emilia. Sie benutzte Stricknadeln oder Kochlöffel, die auf ausgestreckte Kinderfinger niedergingen. Zum Beispiel, wenn wir abends nach dem Zubettgehen nicht Ruhe geben wollten.

Namibische Kinder waren solche Erziehungsmaßnahmen gewohnt. Die waren wohl auch ganz wirksam. Wenngleich die Namibierinnen von ihren sie ausbildenden DDR-Kolleginnen dazu angehalten wurden, uns nicht zu schlagen, wie ich später erfuhr. Den deutschen Erzieherinnen war es grundsätzlich verboten. Entsprechend schwerer taten sie sich anfangs, bis sie sich durchsetzen konnten. Oft kam es vor, dass eine Deutsche weinend aus einem Raum stürzte, weil ihre Nerven dem Stress mit uns nicht gewachsen waren. Manch eine sahen wir danach nie wieder.

Abgesehen von unserem deutschen Heimleiter und

dem Hausmeister gab es nur noch einen Mann, mit dem wir regelmäßig im Schloss zu tun hatten. Lehrer Jonas hatte dichte, dicke Haare, die er im langen Afrostil trug, und einen großen Schnauzbart. Teacher Jonas, wie er respektvoll genannt wurde, legte viel Wert auf seine Kleidung.

Wir Kinder lachten uns vor allem über seine damals modernen, weit ausgestellten Hosenbeine kaputt: »Will er damit die Straße sauber machen?«, kicherten wir. Teacher Jonas war auch unser »Zahnarzt«: »Steh still, Kind, damit ich den Zahn rausnehmen kann.« Ich wartete mit weit aufgesperrtem Mund und Teacher Jonas drückte einmal kräftig den Wackelzahn nach innen. Dann war er draußen. Manchmal standen wir Schlange, um unsere Zähne loszuwerden.

Einen richtigen Kult veranstalteten wir Mädchen um unsere Haare. Ich lag im ständigen Wettbewerb mit meinen Freundinnen Mila und Melanie. Doch die Schönheit wollte mit vielen Tränen erkauft werden: Die guten deutschen Plastekämme hielten meiner afrikanischen Kopfpracht nicht stand und brachen regelmäßig. So flocht Meme Dotty, in diesem Fach die anerkannte Meisterin, meine Haare in viele kleine Zöpfchen. Zuerst stellte sie mich allerdings unter die Dusche – was ich aus Afrika nicht kannte. Ich genoss es, wenn Meme Dotty meine Haare unter dem fließenden Wasser wusch. Nur hinterher bibberte ich ganz schön. Meme Dottys deutsche Kolleginnen bewunderten ihre Haarflechtkünste, aber sie brauchten viele Monate, bis es ihnen einigermaßen gelang, mit Dotty mitzuhalten. Dann entwickelten sie einen Wettbewerb: Welche von ihnen war am begabtesten, unsere Haare zu kunstvollen kleinen Antennen aufzurichten?

Für uns war die Frage bald beantwortet: Niemand von den deutschen Erzieherinnen war darin so geschickt wie Meme Rosi. Die zarte, junge Frau mit den dunklen weichen Locken hatte rasch entdeckt, dass man ziemlich fest an den Strähnen ziehen musste. Allerdings tat das sehr weh. Doch es hieß, dass die Haare davon schneller wuchsen, zum anderen hielt die Frisur länger. Manchmal drei ganze Wochen, in denen man sich nicht mit Kämmen abzuplagen brauchte.

Ich war schon eine ganze Weile in Bellin, als ich eines Tages spürte, dass etwas in meinen Haaren krabbelte. Ich suchte lange. Und dann hatte ich es, ein kleines schwarzes Tierchen. Ich guckte es erstaunt an und fragte mich, wie es die ganze Zeit überleben konnte. Und dann drückte ich genüsslich zu. Da war sie tot, die letzte Laus aus Afrika.

Mit meinen Freundinnen unterhielt ich mich in Oshivambo. Ich sah überhaupt keinen Grund, daran etwas zu ändern. Schließlich waren wir so viele Kinder und ich nahm an, dass man uns zum Spielen nach Deutschland geholt hatte! Wenn man Geheimnisse vor den deutschen Erzieherinnen hatte, beschützte uns unsere Sprache erst recht.

»Sprich deutsch, damit ich dich verstehe!«, herrschte mich Meme Margit oft an. Ich wehrte mich dennoch ziemlich lange dagegen, dass sich das deutsche ABC in mein Leben einschleichen konnte.

»Wenn du in Deutschland bist, musst du auch Deutsch lernen«, erklärte Meme Polly. Sie hatte schon tolle Fort-

schritte gemacht. Damit es uns leichter fiel, übten sie und
Meme Rosi mit uns Kinderlieder. Zuerst malte Meme
Rosi im Gruppenraum einen kleinen Bären auf die Tafel.
»Das ist Bummi«, sagte sie. »Bummi ist ein Bär. Die Kinder in der DDR lieben Bummi.« Dann sang sie den
Bummi-Song: »Kam ein kleiner Teddybär …« Das klang
lustig und wir probierten es auch. Anschließend über-
setzten wir den Bummi-Song in Oshivambo: *»Kashona
okamba ila …«*

So lernten wir »Alle meine Entchen« zu singen, und
wenn wir zu Bett gebracht wurden, setzte sich Rosi zu
uns ins Zimmer und sang: »Schlaf, Kindchen, schlaf«. Ich
kuschelte mich in meine dicke weiche Daunendecke und
spürte die Liebe, mit der Meme Rosi uns begegnete. Und
das verdrängte beim Einschlafen allmählich die Erinnerung an Afrika, wo meine Mutter uns keine Lieder zur
guten Nacht gesungen hatte …

Auch, um die Märchen zu begreifen, die Rosi vorlas,
lohnte es sich, Deutsch zu verstehen. Mein absoluter
Liebling wurde Aschenputtel. Von Prinzessinnen und
Prinzen konnte ich nie genug vorgelesen bekommen.
Mich störte allerdings, dass die Geschichten so abrupt en-
deten. Das musste doch weitergehen! So bekam Aschenputtel in meiner Phantasie viele Kinder. Wie ich das eben
aus Afrika kannte. Und auch zu denen erfand ich neue
Geschichten. Ich erzählte sie den jüngeren Kindern wie
meiner kleinen Freundin Mecky aus Gruppe 1 gern. Die
Kleinen hockten um mich herum in ihrem Spielzimmer
oder draußen im Garten und lauschten mit großen Ohren, wenn ich in Oshivambo wiedergab, was ich im
Deutschen schon verstanden hatte.

Brutale deutsche Märchen wie »Rotkäppchen« mochte ich dagegen überhaupt nicht. Sie erinnerten mich zu sehr an die blutrünstigen aus Namibia, die Meme Dotty erzählte. Zum Beispiel das vom Mädchen und den drei Löwen: Einem Mädchen verboten die Eltern, sich mit Männern zu treffen. Aber sie gehorchte nicht. Am Ende dieser Geschichte lag das arme Mädchen von den Löwen zerfleischt vor den entsetzten Eltern.

Zum einen waren es die deutschen Märchen, die mich immer öfter vergessen ließen, dass ich Afrikanerin war. Das andere war die Natur. Mitten im Winter waren wir in Deutschland angekommen und gingen davon aus, dass es immer kalt bleiben würde. Nun lernte ich den Frühling kennen, staunte über die vielen kleinen gelben und weißen Blumen auf den saftig grünen Wiesen und genoss den Duft der milden Luft. Denn die großen Unterschiede zwischen den Jahreszeiten kannte ich nicht aus Afrika.

Wir Kinder standen im Kreis um Meme Rosi herum im Schlosspark. »Diese Blume heißt Löwenzahn«, erklärte sie.

»Gibt es denn in Deutschland so kleine Löwen?«, fragte meine Freundin Mila. Wir schüttelten uns aus vor Lachen.

Im Schloss malte ich jetzt mit Leidenschaft Blumen und dicke gelbe Sonnen. Bei einigen Kindern schummelten sich allerdings noch Bilder von verletzten afrikanischen Menschen und hässlichen dicken Flugzeugen unter die heiteren Szenen.

So liebevoll uns Meme Rosi betreute, so gefühllos erschien mir Meme Margit. Wir saßen in unserem Gruppenraum brav um den Tisch und Meme Margit brachte uns im Vorschulunterricht bei, was ein Viereck und was ein Rechteck ist. Zuerst machte ich alles richtig. Im Gegensatz zu meinen Freunden Mila, Pwele und Ricky. Die stotterten herum, wenn sie die ungewohnten Worte aussprechen sollten. Meme Margit hatte einen schlechten Tag; ihr riss wieder mal der Geduldsfaden. Obendrein verwechselte sie mich mit Mila. Als sie ein Viereck aufgezeichnet hatte, fragte sie mich: »Was ist das?«

Milas Versagensangst übertrug sich auf mich und ich stotterte: »Vi, Vie, Viereckkä, kä, kä!«

Margit geriet in Wut: »Sag das noch mal richtig!«

Ich stammelte unsinniges Zeug und fing mir eine Ohrfeige ein. Mein Weinen brachte die Erzieherin noch mehr in Rage. Als die drei anderen es auch nicht schafften das Wort richtig auszusprechen, befahl Margit uns, ihr in den Raum der Gruppe 6 zu folgen. Dort unterrichtete Meme Edda, ihre Freundin, eine dickliche, blonde junge Frau. Vor den versammelten 15 anderen mussten wir nun »Viereck« sagen. Wir verhaspelten uns erbärmlich und waren dem Gelächter ausgeliefert. Was war ich froh, als es mir endlich gelang, dieses Wort richtig herauszubringen!

Große Schwierigkeit bereitete es mir, »Ich« auszusprechen; immer wurde »Isch« daraus. Doch die Erzieherinnen waren überzeugt, dass ich deshalb keine gesonderte Nachhilfe brauchte wie die dominante Kira oder die stotternde Melanie.

Ich fand es sehr tröstlich, dass sich auch Teacher Jonas mit der deutschen Sprache nicht leicht tat. Sein Lieblingswort hieß »Scheische«.

Der Sommer des Jahres 1980 kam und wir unternahmen unsere ersten Spaziergänge außerhalb des großen Schlossparks. Je ein Junge musste ein Mädchen an den Händen halten; wir durften auf keinen Fall loslassen. Schließlich sollte niemand verloren gehen. Oft erwischte ich als Händchenhalte-Partner Greg, in meiner Gruppe der Junge mit der Nummer 2. Er war eigentlich ein ganz sanfter, zurückhaltender Junge mit einer schönen Singstimme. Doch er hatte weiche, schwitzige Finger, was ich nicht mochte. Die anderen lachten mich immer aus, weil ich mich so anstellte.

Wir gingen nicht weit weg vom Schloss. Doch in dem kleinen Ort fielen wir natürlich auf. Die wenigen Menschen, die wir sahen, musterten uns neugierig.

Inzwischen verstanden wir schon recht gut Deutsch, denn Kinder lernen bekanntlich schnell. Plötzlich hörte ich eine Kinderstimme rufen: »Oh, so viele Schokoladenkinder!« Ein Kind kam auf mich zu und wollte mich anfassen, wurde aber von seiner Mutter zurückgehalten. Schokolade war für mich etwas sehr Gutes! Aber trotzdem wunderte ich mich darüber, so genannt zu werden.

Schließlich bekam ich mit, wie uns Menschen als Schwarze bezeichneten, und wandte mich an Meme Rosi. »Natürlich seid ihr nicht schwarz, genau wie wir nicht weiß sind. Man macht das so, um die Menschen zu beschreiben«, antwortete Rosi.

Ich stand abends vor dem Spiegel und begutachtete meine Haut. »Also ich finde, dass ich braun bin«, sagte ich zu meiner Freundin Mila, die ebenso gern wie ich Schokolade aß.

Indianer mögen keine Verräter

Die tollste Errungenschaft, auf die wir in der DDR stießen, war eindeutig das Fernsehen! Ich liebte natürlich die Märchenfilme. Den ersten bleibenden Eindruck hinterließ bei mir *Die wunderschöne Wassilissa*. Die Geschichte spielte zu Zeiten des russischen Zaren und handelte von einem Mädchen, dem seine Mutter auf dem Sterbebett eine Puppe schenkte. Solange Wassilissa der Puppe zu essen gab, erledigte diese alle Aufgaben. Da waren etliche Mutproben zu bestehen – etwa für die böse Stiefmutter aus dem von Totenschädeln bewachten Haus der Hexe Baba Jaga Feuer zu holen. Oder Putzen und Aufräumen. Das waren jene Dinge, die niemand von uns gern tat. Doch es musste sein, wenn ich zum Beispiel stundenlang mit Bausteinen gespielt hatte. So manches Mal wünschte ich mir eine Puppe wie jene von Wassilissa!

Wer nicht aufräumte, dem drohte eine empfindliche Strafe: Es gab keine »Flimmerstunde«. Wir nannten das gemütliche Sitzen vor dem TV-Gerät im Gruppenraum so nach einer Sendung des DDR-Fernsehens. Jene, die mit Fernsehverbot belegt waren, erfuhren die ganze Solidarität der Gruppe. »Also, der böse wollte dem guten Jungen schaden, aber er wurde von der guten Fee vorgewarnt. Der gute Prinz rettete die Prinzessin und sie lebten dann für immer im Schloss«, so oder ähnlich wurde die Geschichte nacherzählt. Denn es ging nur um Gut und Böse. Wir liebten dieses Thema und spielten es bei jeder sich bietenden Gelegenheit nach. Die Mädchen waren bedrohte Prinzessinnen, die Jungs die edlen Retter. Das ging in meiner Gruppe ganz einfach, denn nachdem Ibu in der Vorschule nicht mithalten konnte, hatten wir ein ausgewogenes Verhältnis von Jungs zu Mädchen – sechs zu sechs.

Und dann kam Winnetou und schenkte uns die Indianer! Der ostdeutsche Darsteller Gojko Mitic war unser Superstar. Der Tischdienst brachte Broiler – wie wir Hähnchen nannten – in den Gruppenraum. Während wir aßen, sahen wir Winnetou reiten. Das war das Höchste der Gefühle. Vor allem, wenn ein böser Cowboy starb, dann lachten wir. Es war klar, dass wir mit den verfolgten Indianern mitfieberten. Wir wussten nur noch nicht, warum.

In unserem riesigen Schloss erhielten wir oft Besuch von Soldaten der PLAN. So hieß die Armee der SWAPO. Die Kämpfer hatten sich im Befreiungskrieg gegen Südafrika bewährt und wurden im 150 Kilometer von Bellin entfernten Rostock weiter ausgebildet. Während unserer Vorschulzeit saßen wir auf unseren Stühlen im Gruppenraum, um den Erzählungen der Soldaten zu lauschen. Wir hingen an den Lippen der in grünbraune Armeeuniformen gekleideten Männer, wenn die von ruhmreichen Kämpfen erzählten.

»Wir lauerten den Südafrikanern hinter Büschen auf«, berichtete einer der Soldaten stellvertretend für seine Kompanie. »Wir hörten die Gewehrschüsse und sie kamen immer näher. Aber unsere Handgranaten lagen bereit und unsere AK-47-Gewehre. Wir wussten, der Feind würde uns treffen, wenn wir ihn nicht zuerst töteten.« Dann machte der PLAN-Kämpfer eine bedeutungsvolle Pause und warf einen Blick auf seinen einstigen Kameraden, Teacher Jonas: »Wir haben sie alle erschossen.«

Wir lachten begeistert und ein anderer Soldat blickte uns Vorschulkinder ernst an: »Wenn wir euch brauchen für unseren Kampf – werdet ihr bereit sein?«

Einen Augenblick herrschte Schweigen, dann brüllten alle durcheinander: »Ja!«

Nun sprach wieder der erste Kämpfer: »Wenn wir Namibia befreien wollen, dann brauchen wir alle, auch euch Kinder.«

Teacher Jonas meldete sich zu Wort: »Ihr wollt doch alle ein freies Namibia, oder?«

»Ja, Teacher Jonas, das wollen wir! Wir werden dem Feind den Hintern versohlen«, antworteten wir begeistert.

Ich sprach nicht so recht mit dem Herzen. Obwohl ich ein freies Namibia wollte, hatte ich Bedenken, ob ich als Mädchen überhaupt kämpfen könnte. Doch Jungs wie der einstige Mäusejäger Timmy oder Nick, der mich beschützt hatte, und der Bonbonmogler Kabeza sahen aus, als wollten sie gleich losziehen, um Namibia zu befreien.

Nach der ersten Begegnung mit den Soldaten rief Nick: »Lasst uns Cowboy und Indianer spielen!« Wir stürmten die Terrassenstufen herab und rannten auf den weiten Rasen des Schlossparks. Begeistert verteilten Nick, Timmy und Kabeza die Rollen untereinander und wir Mädchen standen dumm daneben.

»Ja, und wir?«, fragte ich. »Können wir nicht auch mitspielen?«

Nick, der selbstverständlich den Winnetou spielte, war zwar etwas verblüfft, dann sagte er gönnerhaft: »Na gut, die Lucia darf mitmachen und die Nadia.« Mit der jungenhaften Nadia verstand ich mich zu der Zeit überhaupt nicht. Doch wir beide durften Indianer sein, was sich allmählich auch positiv auf unser Verhältnis auswirkte.

Rings ums Schloss wuchsen viele Büsche, deren Zweige sich zu Bögen und Pfeilen verarbeiten ließen. Zwischen den üppigen Sträuchern konnte man sich toll verstecken. Es gab seitlich einige kleine Hänge, die im Winter zum Rodeln taugten und jetzt gut geeignet waren, um laut »Attacke« schreiend zum Angriff auf die Bösen überzugehen.

Gelegentlich rief Kabeza mir zu: »Peng, ich habe dich totgeschossen.«

Dann fiel ich um, lag ein Weilchen da und schrie endlich: »Tablette, Tablette!«

Sodann erschien einer von den Mitkämpfern, reichte mir eine imaginäre Pille, ich stand wieder auf und kämpfte munter weiter. Ob die Tabletten-Wiederbelebung aus dem Fernsehen abgeschaut war oder noch auf Erlebnisse in Afrika zurückging, wusste ich nicht. Hauptsache, man konnte anschließend den Feind besiegen. So, wie es uns die tapferen PLAN-Soldaten erzählt hatten.

Wohl auch wegen dieser Indianerspiele, bei denen nie viele Mädchen mitmachten, fühlte ich mich zunehmend als Junge. Manchmal fand ich, ich hätte als Junge geboren werden müssen. Ich trug Hosen und selten Röcke oder Kleider. Die anderen nannten mich einen *Tomboy*, einen Mädchen-Jungen.

Später, als wir schon zur Schule gingen, wurde unser Spiel erbitterter. Da waren wir, die Gruppe 5, auf Seiten von Old Shatterhand. Die Gruppe 6 unterstützte Winnetou. Ich verstand zwar auch den Oberindianer, aber ich musste zu Old Shatterhand halten, der bei uns vorzugsweise von Nadia gespielt wurde.

Damals konnte ich richtig sauer werden, wenn es hieß, Shatterhand hätte Winnetou verraten. Ich hasste dieses Wort: Verrat. Es kam zu mir zurück wie ein Bumerang aus der Vergangenheit. Ich wusste allerdings nicht mehr, wer ihn geworfen hatte.

Mona und Letti saßen in ihrem Gruppenraum und malten Bilder. Ich holte mir rasch einen Malblock aus dem gelben Fach in der großen Schrankwand meines Gruppenraums und setzte mich zu meinen beiden Freundinnen. Hingebungsvoll zeichnete ich den See vor unserem Schloss. Als ich aufsah, schrieb Mona gerade auf ihr Bild: »Für Tate Jack«.

Ich stutzte. Tate Jack war der Vater der beiden Schwestern. »Wie soll dein Vater das bekommen?«, fragte ich. »Er ist doch in Afrika.«

»Meme Emilia schreibt ihm einen Brief«, erwiderte Mona. »Letti und ich dürfen unsere Bilder mitschicken.«

Ich knabberte nachdenklich an meinem Buntstift.

Dann stand ich auf und ging zu Meme Rosi, die gerade Aufsicht hatte. »Ich möchte meinen Eltern auch ein Bild schicken«, sagte ich.

»Und ich auch!«, rief Mila sofort.

»Dann tut das doch«, antwortete die liebevolle Erzieherin leichthin.

Diese Idee sprach sich wie ein Lauffeuer herum. Am Ende des Nachmittags präsentierte ich ebenso wie andere Kinder meine beiden Bilder stolz Meme Rosi, die sämtliche Werke einsammelte.

Am nächsten Tag erkundigte ich mich, ob Mutter und Vater mir schon geantwortet hatten. Meme Rosi sagte: »So schnell geht das nicht, Lucia. Afrika ist sehr weit entfernt.« Die Art, wie sie das sagte, kam mir seltsam vor. Sie wirkte nicht so heiter wie sonst. Hartnäckig fragte ich in den folgenden Tagen nach.

Die zarte Meme Rosi blickte mich aus ihren großen dunklen, ausdrucksstarken Augen traurig an. »Das ist nicht so einfach, Lucia«, antwortete sie vorsichtig und nahm mich in den Arm. »Darüber musst du mit Teacher Jonas sprechen.«

Als ich ihn kurz darauf traf, fragte ich, ob meine Eltern mir geschrieben hätten. Der namibische Lehrer blickte auf mich herunter. »Deine Mutter ist in der UdSSR, Lucia. Ich habe von ihr keine Adresse.«

»Dann hast du mein Bild gar nicht weggeschickt?«

»Sobald wir wissen, wohin wir es schicken können, werden wir das tun.«

»Und mein Vater?«, fragte ich. »Bekommt er mein Bild?«

Teacher Jonas' Miene verdüsterte sich. »Du darfst deinem Vater nicht schreiben. Er ist eine Marionette der Südafrikaner, ein Verräter.«

»Wen hat er verraten?«, fragte ich, die Indianerin.

»Er hat die SWAPO verraten!«

Teacher Jonas wirkte so einschüchternd auf mich, dass ich nicht wagte nachzuhaken. Dunkel erinnerte ich mich nun daran, warum ich das Wort »Verrat« so hasste. Während der Appelle in Nyango war so abfällig von Tate Immanuel gesprochen worden.

Immerhin lebten wir in Obhut der SWAPO, hörten von den Soldaten, dass wir ein gemeinsames Ziel hatten – Namibia von den Südafrikanern zu befreien. Auf welcher Seite stand mein Vater? Etwa auf Seiten der Bösen, die wir bekämpften?

Als wieder einmal Soldaten zu Besuch kamen, sagte einer von ihnen zu Timmy: »Dein Vater ist ein guter Mann. Ich habe ihn an der Front in Angola getroffen und wir haben Seite an Seite gekämpft. Er lässt dich grüßen und dir sagen, dass es ihm gut geht.«

Ich atmete erleichtert auf. Wenn der Soldat Timmys Vater kannte, kannte er gewiss auch meinen. Schließlich kamen Timmy und ich aus Nyango. Ich fasste mir ein Herz und zupfte den Kämpfer am Ärmel: »Kennst du auch meinen Tate?«

Der Mann blickte freundlich zu mir herab: »Wie heißt du denn, Kleine?«

»Lucia Engombe.«

Die Miene des Soldaten verdüsterte sich schlagartig: »Engombe ist ein Verräter!« Dann wandte er sich ab.

Ich verbiss meine Tränen und versteckte mich. In meinem Herzen wusste ich, dass Tate Immanuel kein

schlechter Mensch war. Mir fiel nur eine Person ein, die
mir helfen konnte, alles aufzuklären – Mutter. Aber wie
konnte ich sie erreichen? Ich sehnte mich jetzt stärker
nach ihr als in den ersten Monaten unserer Trennung
und wollte auch wieder bei meinen Geschwistern sein.

»Warum ist Teacher Jonas so böse auf deinen Vater?«,
fragte mich meine Freundin Mila, als wir ungestört waren. Ich hob nur ratlos die Schultern.

»Mein Vater ist Ingenieur. Unser Präsident ist sehr
stolz auf ihn«, meinte Mila.

Es klang nicht angeberisch; sie hatte ihren Vater einfach lieb. Und ich? Meine Erinnerung an Tate Immanuel
wurde immer schwächer.

»Ich weiß nicht mal, welchen Beruf mein Vater hat«,
sagte ich. »Er muss aber auch ein angesehener Mann
sein«, überlegte ich laut. »Früher haben die anderen
Männer ganz genau zugehört, wenn er etwas erklärt hat.«

Mehr als das wusste ich nicht. Es weckte aber in mir
den Wunsch, mehr über ihn zu erfahren.

Mein Heimweh brachte mich in eine echte Zwick-
mühle. Die Erinnerung an den Hunger in Nyango war
ausgesprochen lebendig, die Zeiten im Wald mit der
Angst vor den Flugzeugen nicht vergessen. Ich hätte gern
jemanden gehabt, mit dem ich über meine widerstreiten-
den Gefühle sprechen konnte. Ich traute mich aber nicht
mal, mich an Meme Rosi zu wenden, und erst recht nicht
an Meme Polly. Vielleicht fanden sie ja auch, dass mein
Vater ein »Verräter« war.

Da erinnerte ich mich an den Freund, den ich während der Sonntagsschule im Lager kennen gelernt hatte.
Ich betete laut: »Tate Kalunga, mach, dass die Südafrika-

ner aus Namibia weggehen, damit wir wieder nach Hause können.« Wir hörten immer wieder, dass die PLAN-Kämpfer große Erfolge über die Südafrikaner erzielten. Mich bestärkte das in meinem Glauben an Gott, der meine Gebete erhört hatte.

Eine Weile hatte ich mein Bett nicht nass gemacht. Der Kummer um meine Eltern ließ mich jedoch wieder schlecht träumen. Morgens war die verhasste Pfütze im Bett und war auch nicht zu verheimlichen. Meme Margit schimpfte mich vor allen anderen aus. Ich überlegte, wie ich mein Bettnässen vertuschen konnte. Und kam auf die Idee, mir so lange auf die Nase zu schlagen, bis das Blut aufs Bett tropfte. Doch das durchschaute Meme Margit schnell. Schließlich brauchte ich eine neue Matratze.

Von einem Mädchen aus einer der anderen Gruppen hörte ich, dass sie wegen einer Nierenkrankheit einpinkelte. Ich wollte sofort zum Arzt! Der untersuchte mich und meinte dann: »Du bist gesund, Lucia. Wahrscheinlich hast du nur vor etwas Angst.«

Die namibische Erzieherin Meme Dotty riet mir: »Lucia, du darfst abends nicht die Sterne zählen. Denn dann machst du ins Bett.« So heißt es nämlich bei den Leuten aus dem Ovamboland. Ich dachte schon, Dotty hätte des Rätsels Lösung gefunden; ich zählte wirklich oft die Sterne am klaren Abendhimmel. Als die Pfütze aber auch nach bedecktem Nachthimmel im Bett war, erkannte selbst ich, dass mein Problem so nicht zu lösen war.

Die strenge Erzieherin Margit kam eines Morgens ins Zimmer, verzog angewidert das Gesicht, als sie den verräterischen Geruch wahrnahm. Sie gab mir eine schmerzhafte Ohrfeige: »Jetzt versaust du auch deine neue Matratze!« Dann entschied sie, dass ich einen Plastiküberzug brauchte. Das war mir so peinlich, weil es mich zur unbelehrbaren Bettnässerin abstempelte.

»Geh zu den Waschfrauen im Keller und hole dir einen«, befahl sie.

Mit rot geheulten Augen stand ich vor den jungen Wäscherinnen. »Ach, Lucia, kannst du denn nicht damit aufhören?«, fragten die freundlichen Frauen mitfühlend. Ich schlug verlegen die Augen nieder. »Weißt du was«, sagten sie, »wir machen dir einen Vorschlag: Wenn du es schaffst, drei Monate lang nicht dein Bett nass zu machen, bekommst du Weihnachten ein Geschenk.«

Das klang zwar so verlockend, dass ich einverstanden war. Aber ich wusste: Das schaffe ich nie. Ich zog mit dem Plastikbezug davon und dachte über den Haken der Wette nach: Meme Margit kontrollierte jeden Morgen mein Bett. Ich ging mit der Angst schlafen und sah morgens ängstlich nach, weil ich fürchtete bestraft zu werden. Und prompt war die Pfütze im Bett. Obwohl ich am Vorabend vorschriftsmäßig nur ein Glas Tee getrunken hatte.

In den Wochen vor Weihnachten durften Briefe an die Eltern geschrieben werden. Kinder wie Timmy, deren Eltern der Krieg getrennt hatte, schrieben gleich zwei. Seine Mutter lebte nach wie vor in Nyango, während sein Vater an der Front war. Andere hatten ihre Eltern in Cassinga verloren. Sie wurden von deutschen Erzieherinnen mit Spielen abgelenkt, während die namibischen Erzieherinnen mit den anderen Kindern die Briefe verfassten. Auf mich traf weder das eine noch das andere zu.

»Dein Vater ist ein Feind der SWAPO«, verwies mich Lehrer Jonas, wenn ich erneut zu fragen wagte.

»Tate Kalunga«, betete ich abends in meinem Bett, »bitte hilf mir, dass ich wenigstens meiner Mutter schreiben darf.« Und dann sprach ich auch mein zweites, bislang ungelöstes Problem an: »Und bitte mach, dass ich von den Waschfrauen ein Geschenk bekomme.«

Als ich dann auf die Idee mit dem Handtuch kam, war ich sicher, dass mein unsichtbarer Freund im Himmel mir beigestanden hatte: Wenn alle eingeschlafen waren, schlich ich ins Badezimmer und stopfte es mir heimlich für die Nacht in die Hose. Am nächsten Morgen sah ich nach – und war zufrieden. Auf dem Laken war nichts zu sehen.

Die Waschfrauen durchschauten meinen Trick natürlich. Aber sie verrieten mich nicht und ich bekam zu Weihnachten mein Geschenk, eine Tafel Schokolade. Zu unserem zweiten Weihnachtsfest gab es viele Plätzchen, aber der Mann mit dem weißen Bart und der Rute fand, dass ich nicht »artig« gewesen war. Leider wusste er über mein Einpinkeln ziemlich genau Bescheid. Ich bekam erst später heraus, dass der Weihnachtsmann ausgerechnet unser allwissender Hausmeister gewesen war.

Der falsche Geburtstag

Kurz nach Weihnachten fing in Gruppe 4 eine neue Erzieherin an. Meme Erika war eine große schlanke Namibierin von Ende 30. Da Monsieur und sein jüngerer Bruder Mark ihre Neffen waren, kam sie auch oft in unsere Gruppenräume im ersten Stock. Wir schlossen sie alle sofort ins Herz, denn Meme Erika versprühte ständig gute Laune. Stets war sie von Mädchen und Jungs umringt. Endlich gelang es mir, zu ihr vorzudringen.

»Ach«, sagte sie, »du bist die Lucia?«

Ich blickte sie erstaunt an. »Kennst du mich?«, fragte ich.

»Nein, meine Kleine, aber deine Eltern!«, antwortete sie zu meiner grenzenlosen Freude.

»Du siehst traurig aus, Lucia, bedrückt dich etwas?« Meme Erika legte den Arm um meine Schultern und zog mich sanft an sich. »Willst du es mir erzählen?«

Seit Monaten hatte ich insgeheim gehofft, dass mir jemand diese Frage stellen würde! Da ich Erika sofort vertraute, floss mein Mund über. »Ich möchte so gern meinem Vater und meiner Mutter schreiben!« Und dann

erzählte ich, dass Lehrer Jonas mir nicht Meme Tuahafi-
fuas Adresse geben konnte und meinen Vater als »Verräter« bezeichnete.

»Davon weiß ich nichts«, sagte sie und lächelte mir
verschwörerisch zu. »Aber ich werde mal versuchen, ob
ich nicht die Adresse deiner Mutter in Erfahrung bringen
kann.«

Von diesem Moment an lief ich wie auf Wolken! Doch
ich musste mich etwas gedulden, bis Meme Erika mich
beiseite nahm. Sie strahlte mich an: »Ich weiß jetzt, wo
deine Mutter ist, Lucia. Sie studiert an der Komsomol-
Universität in Moskau.« Dann gab sie mir einen Zettel
mit Mutters Anschrift, den ich fortan wie einen Schatz
hütete.

»Aber es gibt ein Problem, Lucia«, erklärte sie, »du
musst deiner Mutter auf Russisch schreiben.«

»Wie soll ich denn das machen?!«

»Auch dafür habe ich eine Lösung. Meme Rosi kann
Russisch. Du wirst ihr sagen, was sie schreiben soll.«

Sofort bat ich die liebenswerte deutsche Erzieherin
um Hilfe. Ich fragte nicht, warum ich meiner Mutter keinen Brief auf Oshivambo nach Moskau schicken durfte.
Es hätte wohl auch keinen Sinn gehabt, einer Vorschüle-
rin zu erklären, dass selbst ihre »Wie geht es dir? – Mir
geht es gut!«-Briefe zuerst von der SWAPO und dann
vom Geheimdienst geprüft wurden.

Mutter schrieb mir ziemlich schnell auf Russisch zurück. Meme Rosi übersetzte für mich ins Deutsche.
Meme Tuahafifua teilte mir mit, dass sie in Moskau ganz
fleißig lernen würde, und ermahnte mich, in der DDR
dasselbe zu tun.

Endlich hielt ich etwas in Händen, das von meiner Mutter kam! Es war ein schönes Gefühl und auch gleichzeitig ein seltsam fremdes. Die kyrillischen Buchstaben schienen irgendwie zwischen uns zu stehen. Und auf die gleiche, komplizierte Art antwortete ich. Ich dachte auf Oshivambo, formulierte auf Deutsch und Rosi schrieb es Russisch auf. In diesen zweiten Brief bat ich Rosi hineinzuschreiben: »Meme, wann besuchst du mich in Bellin?«

Als die Antwort trotz meiner Ungeduld nicht lange auf sich warten ließ, rannte ich durchs Kinderheim und erzählte jedem: »Bald kommt meine Mutter!«

»Da wird sie dir bestimmt etwas Schönes mitbringen«, meinte meine Freundin Mila. Ihre Eltern hatten ihr ein Paket mit vielen Süßigkeiten geschickt.

Letti und Mona, meine beiden Freundinnen aus Nyango, hatten von ihrer Mutter, Meme Emilia, golden glänzende Ohrringe geschenkt bekommen. Zu gern hätte ich solchen Schmuck gehabt. Mit Meme Rosis Hilfe schrieb ich meiner Mutter, ob sie mir so etwas Kostbares aus der Sowjetunion mitbringen könnte.

Die liebevolle Meme Rosi erklärte sich bereit, mir mit einer desinfizierten Nadel Löcher zu stechen. Das tat schrecklich weh, aber ich verzog keine Miene. Anschließend fädelte Rosi kleine weiße Bändchen durch die Löcher.

»Du hast bald Geburtstag«, sagte Rosi, »vielleicht klappt es dann mit deinen Ohrringen!« Noch war Winter. Bis zum 19. März, den Meme Margit zu meinem Geburtstag erklärt hatte, war es noch ziemlich lange hin. Jedenfalls für die ungeduldige Lucia.

Während ich in Gedanken verloren die weißen Bändchen in meinen Ohrläppchen drehte, beobachtete ich ein paar Kinder, die mit einigen Erzieherinnen Ball spielten. Wer getroffen wurde, musste ausscheiden. Ich hatte keine Lust mitzumachen, denn ich trug ausnahmsweise ein wollenes, rot-weiß-grün kariertes Trägerkleid, weiße Strumpfhosen und einen weißen Rollkragenpullover. Zu meiner schicken Aufmachung fehlten eigentlich nur die Ohrstecker, dachte ich.

Im Sand lagen zwei Nägel, zwar etwas schmutzig, aber leicht zu reinigen. Ich machte mich auf die Suche nach jemandem, der mir die Nägel in die Löcher stecken konnte. Nadia, unsere Stärkste, lief mir wie gerufen über den Weg. Der erklärte ich meinen Plan und sie zog die weißen Bändchen aus meinen Ohrläppchen.

»Klar, mache ich«, stimmte sie zu. Nadia schreckte vor nichts zurück. Mir war ein bisschen mulmig, aber ich dachte mir, dass ich es auch ausgehalten hatte, mir die Löcher mit einer Nadel stechen zu lassen. Nagel oder Nadel – was machte das für einen Unterschied?

Nadia war gerade im Begriff, den Nagel ins erste Ohrläppchen zu drücken, als Meme Rosi wie aus dem Nichts auftauchte. »Um Himmels willen, an den Nägeln sind Bakterien. Du holst dir eine gefährliche Infektion, Lucia!«

Ich verstand nur Bahnhof und machte ein langes Gesicht. Nun musste ich doch warten. Bis Mutter käme. Oder bis zu meinem Geburtstag. Je nachdem, was eher eintrat.

Nur wenige Tage später kam ich gerade von draußen rein und hängte meine Jacke ordentlich auf einen Bügel der Garderobe im Erdgeschoss. Man hatte uns eingeschärft, dass die Jacken stets geschlossen werden mussten, damit sie bei Feuchtigkeit trocknen konnten. Die Schuhe hatten feste Plätze: oben im Regal die Halbschuhe, unten die Wetterstiefel.

Kaum hatte ich diese Prozedur abgeschlossen, hörte ich Meme Rosis Stimme hinter mir. »Lucia, du hast Besuch.«

Erstaunt fuhr ich herum; ich bekam nie Besuch.

»Lucia, das ist deine Mutter«, sagte Meme Rosi.

Vor mir stand eine Frau in dunkler Jacke, Stiefeln und Strumpfhosen. Sie trug eine weiße Mütze und sah überhaupt nicht so aus, wie ich sie in Erinnerung hatte. Aber ich spürte sofort, dass sie es war. Wortlos stürzte ich in Mutters Arme, Tränen liefen mir übers Gesicht. Ich umklammerte sie mit all meiner Kraft.

»Du bist aber ziemlich groß geworden, Lucia«, bemerkte Ma. Einundeinviertel Jahre waren vergangen seit Nyango. Und ich stellte keine Fragen, nein, ich musste ihr meine neue Welt vorführen! Ich fasste Mutters Hand, lotste sie hinauf in unsere Gruppenräume und machte sie mit meinen besten Freundinnen wie Mila, Pwele und Melanie bekannt. Was war ich stolz! Endlich konnte ich meine Mutter vorzeigen. Und wie hübsch sie war! Inzwischen hatte sie ihre dicke Wollmütze abgenommen und jede konnte sehen, was Ma für schöne weiche Haare hatte.

Meme Rosi meinte dann: »Lucia, Meme Tuahafifua hat eine weite Reise hinter sich. Wir haben ein Zimmer für sie vorbereitet. Komm, da bringen wir sie jetzt hin.«

Für Gäste stand in unserem großen Schloss gleich neben dem Raum von Gruppe 6 im ersten Stock ein Zimmer zur Verfügung, das Mutter bewohnen durfte. Ich

setzte mich neben sie aufs Bett und sah ihren Koffer.
»Meme«, sagte ich, »hast du mir die Ohrringe mitgebracht, um die ich dich gebeten hatte?«

Mutter blickte mich müde an: »Können wir bitte darüber etwas später reden, wenn ich mich ausgeruht habe?«
Das verstand ich, wünschte ihr einen angenehmen Schlaf
und ließ sie allein.

»Und? Hast du die Ohrringe bekommen?«, fragte
mich Mila, sobald ich wieder im Gruppenraum war.

»Die kriege ich später.«

»Hat es viele Süßigkeiten gegeben?«, erkundigte sich
Melanie. Bei solchen Gelegenheiten empfahl es sich, den
anderen etwas abzutreten. Damit man selbst auch etwas
bekam, wenn jemand Besuch hatte. Ich blieb gelassen,
sprach von Mutters langer Reise und vertröstete auf später. Mich und meine Freundinnen.

Am Nachmittag rief Ma mich zu sich in ihr Gästezimmer. Wir saßen wieder nebeneinander auf dem Bett und
ich fragte nach meinen Geschenken. Mutter sprach leise
und ihre Stimme klang geheimnisvoll. »Du musst mir
erst dein Wort geben, dass du niemandem erzählst, was
ich dir sagen werde. Versprichst du es mir?« Ich nickte
und war aufs Äußerste gespannt.

»Ich habe in Moskau alles gekauft, was du dir gewünscht hast. Doch dann kam ich an den sowjetischen
Grenzposten. Ich musste mich ganz ausziehen und wurde
genau durchsucht. Auch meinen Koffer haben sie sich
angesehen. Sie haben behalten, was ihnen gefiel, Lucia.
Es tut mir so Leid, aber mir wurde alles weggenommen,
das für dich bestimmt gewesen war. Es waren Ohrringe
und eine Kette gewesen.«

Zwar war ich wütend auf die Grenzposten, vor allem fühlte ich jedoch die Enttäuschung meiner Mutter und schämte mich, dass ich sie in Verlegenheit gebracht hatte. Wir sprachen lieber über meine Geschwister, denen es gut ging, wie Ma sagte. Jo besuchte damals ein Internat im Kongo, Pena und Martin lebten noch in Nyango. Von sich selbst erzählte Mutter, dass sie an der Moskauer Uni gemeinsam mit vielen jungen Studenten lernte. Sie war eine der ältesten und fühlte sich dabei nicht sehr wohl. Aber sie sagte, dass ihr die Uni dennoch Spaß mache.

Am nächsten Tag wurde mein Geburtstag mit einem großen Kuchen und acht Kerzen gefeiert. Die anderen Kinder sangen: »Weil heute dein Geburtstag ist, da haben wir gedacht, wir singen dir ein schönes Lied …« Ich pustete die Kerzen aus und wünschte mir dabei nur eines – meine ganze Familie wiederzusehen.

Mit den Ohrringen hatte ich doch noch Glück: Meme Rosi schenkte mir silberne mit einem strahlenden Stein darin. Von einer älteren Erzieherin, Meme Hedwig, bekam ich eine hübsche Kette mit einem durchsichtigen Stein, in dem sich eine kleine Pflanze befand. Ich war so glücklich.

Während sich alle mit mir freuten, stand meine Mutter schweigsam abseits. Sie sprach kein Wort Deutsch, doch ich wunderte mich über ihre Reserviertheit an diesem besonderen Tag.

»Was hast du denn, Meme?«, fragte ich.

Da erwiderte meine Mutter auf Oshivambo, das die deutschen Erzieherinnen nicht verstanden, wohl aber alle Kinder: »Lucia, heute ist nicht dein richtiger Geburtstag.«

Das wird mir wohl unterbewusst klar gewesen sein,

denn ich erinnerte mich daran, wie resolut Meme Margit bei unserer Ankunft die Geburtstage übers Jahr verteilt hatte.

»Mutter, wann ist mein richtiger Geburtstag?«, fragte ich. Die Blicke aller Kinder waren auf Ma gerichtet. Doch meine Mutter antwortete mir nicht. Sie verließ den Raum und zog sich in ihr Zimmer zurück. Ich stand blamiert da. Meine eigene Ma wusste nicht, wann ich geboren worden war …

Meme Erika hatte herausbekommen, was zwischen uns vorgefallen war. »Ist doch nicht so schlimm, Lucia, dann feierst du eben weiterhin am 19. März.« Mich beruhigte das nicht; ich schmollte und grollte. Wütend schnappte ich mir einen Schlitten und ging rodeln. Doch das half nichts; ich wollte die Wahrheit wissen und mich nicht für meine Mutter schämen müssen.

Ich klopfte an Mutters Tür, sie bat mich herein. »Ich wollte dir deinen angeblichen Geburtstag nicht verderben, Lucia«, meinte sie niedergeschlagen.

»Aber ich will's wissen«, beharrte ich.

Mutter wich mir aus: »Ich habe es aufgeschrieben. Es steht auf Papieren, die ich bei mir hatte. Die haben mir die sowjetischen Grenzer jedoch abgenommen. Sobald ich sie wiederhabe, schreibe ich dir dein Geburtsdatum. Einverstanden?«

»Ich muss es wissen«, sagte ich. »Die anderen Kinder denken alle, dass ich die Älteste bin. Du musst ihnen sagen, dass das nicht stimmt!«

Doch Mutter behauptete, sich nicht erinnern zu können.

»Ich habe in Nyango doch meinen Geburtstag gefeiert«, drängte ich. Vergebens. Mutter wollte mir einfach nicht helfen.

Wir vergaßen die leidige Sache für den Augenblick. Mutter bewunderte ausgiebig meine neue hübsche Kette. Am nächsten Tag erzählte ich das Meme Hedwig. Es vergingen wenige Tage und die von uns allen geliebte alte Meme Hedwig schenkte meiner Mutter fast die gleiche Kette, die ich trug.

Unser Alltag lief trotz Mutters Besuch weiter wie gewohnt. Vormittags lehrte uns die strenge Meme Margit vor allem Deutsch, damit wir gut vorbereitet waren für die Schule, die im Sommer beginnen sollte. Nachmittags gab uns Teacher Jonas im Gruppenraum Unterricht in Oshivambo, damit wir unsere Heimatsprache weiterhin richtig benutzten. Er stand an der Tafel und redete, als meine Mutter eintrat. Sie sah eine Weile zu. Dann beschäftigten wir uns selbst.

Meine Mutter und der Lehrer unterhielten sich. Ich bemerkte, dass die Stimmung zwischen beiden angespannt war. Teacher Jonas war ein impulsiver Mann, der seine Empfindungen schlecht verbergen konnte. Ma jedoch blieb sehr ruhig.

Schließlich trat sie an meinen Tisch. Sie wirkte erregt, als sie zu mir so laut sagte, dass alle Anwesenden es hören konnten: »Lucia, ich verbiete dir, dass du deinem Vater schreibst. Dein Vater ist ein Verräter. Du musst dich auf das Lernen konzentrieren.«

Sie hörte sich an wie die böse Hexe Baba Jaga aus dem Märchen, aber nicht wie meine Mutter! Was war nur in sie gefahren, meinen Vater so schlecht zu machen?

Es konnte nur eine Antwort darauf geben: Teacher Jonas. Er musste meine Mutter so negativ beeinflusst haben. Doch was sollte ich tun? Mir blieb nur, gehorsam zu sagen: »Ja, Meme, ich verspreche, nicht mehr meinem Vater schreiben zu wollen.« Als ich das sagte, empfand ich jedoch für meine Mutter regelrecht Abscheu. Sie hatte das Band zwischen Vater und mir zerschnitten. Ohne jede Erklärung dafür gesorgt, dass Tate Immanuel für mich nicht mehr existierte und ich endgültig als »Verräterkind« abgestempelt war.

In den nächsten Tagen war die Stimmung zwischen uns frostig. Doch sie war meine Mutter, nach der ich mich so gesehnt hatte. Ich ging wieder zu ihr. »Erzählst du mir etwas von meinem Vater? Ich weiß nicht einmal, was er von Beruf ist.«

»Dein Vater war Schuldirektor in Oshakati. Das ist die Stadt, in der du geboren bist«, sagte sie. »Dort war er ein sehr angesehener Mann. Wir hatten ein hübsches Haus und du hattest sogar einen kleinen Hund, Lucia. Kannst du dich daran noch erinnern?« Ich schüttelte traurig den Kopf und sie setzte ihre Erzählung fort. »Die Südafrikaner schickten deinen Vater ins Gefängnis, weil er gegen die Apartheid gekämpft hat. Kurz nachdem er freigelassen worden war, floh er aus Namibia. Als er einen sicheren Platz für uns gefunden hatte, schickte er jemanden, der mich, dich, Jo und Martin nachholte. Damals warst du noch keine zwei. Doch dort konnten wir nicht lange bleiben. Ein halbes Jahr lang, über mehr als tausend Kilometer, flohen wir quer durch Afrika.«

»Daran kann ich mich gar nicht erinnern!«, rief ich.

»Sei froh, dass du noch so klein warst, Lucia. Das waren keine schönen Zeiten. Wir trugen euch Kinder auf dem Rücken und mussten Flüsse überqueren, die vom Hochwasser angeschwollen waren. Und ich hatte immer Sorge, woher ich für euch Essen bekommen sollte. Und dann wurde ich mit Pena schwanger.« Meine Mutter machte eine nachdenkliche Pause. Sie überlegte offensichtlich genau, was sie mir sagte. Schließlich lächelte sie mich an. »Jetzt ist alles gut. Du bist hier in Sicherheit und man kümmert sich um dich. Du wirst bald in die Schule gehen und ein großes Mädchen werden.«

Trotz meiner Jugend spürte ich: Meine Mutter wusste viel mehr, als sie mir sagte. Und wenn ich versuchte, sie auf das böse Wort vom »Verräter« anzusprechen, wich sie mir aus. Sie erzählte lieber von den Zeiten, als sie und Vater jung waren. »Ein Jahr lang musste er um meine Hand anhalten, bis ich mir sicher war: Ja, er ist der Richtige.« Sie blickte versonnen – und schwieg. Die Gegenwart hatte in ihrer Erzählung keinen Platz.

Meine Mutter blieb insgesamt zwei Wochen in Bellin, dann reiste sie ab. Als sie fort war, dachte ich oft, sie hätte mir weniger geschadet, wenn sie nicht gekommen wäre. Immer wieder fragte ich mich traurig, warum sie Teacher Jonas geholfen hatte, mich als »Verräterkind« abzustempeln. Es war, als wäre sie damit einverstanden, dass ich schikaniert wurde. Für mich, das kleine Kind, war meine Mutter die wahre Verräterin.

Die traurige Siegerin

»Und zur Einschulung bekommt jeder eine eigene Zuckertüte.« Das letzte Wort klang in meinen Ohren wie Musik!

Ich hatte noch nie eine Zuckertüte gesehen und konnte mir nicht vorstellen, was darin sein sollte. »Ist die nur mit Zucker gefüllt?«, fragte ich Meme Margit.

Meine Vorschullehrerin verdrehte die Augen. »Nein, Kind, darin sind Süßigkeiten und kleine Geschenke.«

Margits kurz angebundene Antwort war wie so oft abweisend, wenn ich sie etwas fragte. Mein Herz raste dennoch vor Aufregung.

»Für die Einschulung müssen wir Kleidung einkaufen«, erklärte Meme Margit. Das klang schon weniger verlockend. Denn es bedeutete, mit einer der Erzieherinnen in das zehn Kilometer weit entfernte Güstrow zu fahren und durch Geschäfte zu laufen. Ein paar Mal hatte ich das schon gemacht. Es kam immer eine andere Erzieherin mit. Und wer Pech hatte, musste mit einer losziehen, die man nicht so mochte.

»Lucia fährt mit mir«, verkündete Margit.

Ich hatte es geahnt! Das letzte Mal, als sie mir Kleidung gekauft hatte, hatte ich unschlüssig vor dem Angebot gestanden. »Entscheide dich endlich. Wir haben nicht den ganzen Tag Zeit«, hatte Margit geknurrt. Da wusste ich erst recht nicht mehr, was ich wollte. Sie hatte mich daraufhin in eine Ecke gezerrt. »Wenn du so weitermachst, verlassen wir das Geschäft.« Mir kamen die Tränen. »Fang bloß nicht an zu heulen, darauf hab ich echt keine Lust heute«, hatte sie ärgerlich zu mir gesagt. Ich hatte mir die Tränen fortgewischt und auf irgendetwas gedeutet.

Beim Einkauf der Schulkleidung hatte ich mehr Glück. Ich deutete gleich auf einen gestreiften Rock, eine gelbe Strickjacke, eine rosa Bluse und braune Halbschuhe, die Margit ohne Umschweife für mich kaufte.

Einige Tage später bestiegen wir alle einen Bus, der uns vier Kilometer weit bis in den nächsten Ort brachte, nach Zehna. In einer Turnhalle trafen wir 27 Belliner aus den Gruppen 5 und 6 auf weiße Erstklässler und ihre Eltern. Ich kann mich nicht erinnern, dass wir besonders beachtet worden wären. Aber ich nehme an, dass wir wohl einiges Aufsehen erregten. Nachdem uns kluge Ratschläge auf unseren Weg durch lange Schuljahre mitgegeben worden waren, wurden wir in zwei Klassen aufgeteilt: Gruppe 6 bildete die fünfzehnköpfige Klasse 1a, wir aus der Gruppe 5 wurden die 1b mit je sechs Jungen und sechs Mädchen. Dann lernten wir unsere Klassenlehrerin Frau Rudnik kennen. Die freundliche Lehrerin zeigte uns afrikanischen Schülern unseren künftigen Klassenraum.

Wir hielten es für völlig normal, dass wir unter uns blieben und nicht gemeinsam mit den Kindern aus Zehna unterrichtet wurden. Wir kannten es nicht anders, als dass wir stets zusammen waren, und hatten keine Ahnung davon, dass wir nach einem leicht veränderten DDR-Lehrplan unterrichtet werden sollten.

Unsere Erzieher halfen uns am Abend Bleistifte, Hefte und Lineal in unsere schönen Kunstledertaschen zu packen. Als ich schlafen ging, dachte ich plötzlich an meine Schulzeit in Nyango. Die war nicht so toll gewesen. Vor allem die Schläge waren mir in beängstigender Erinnerung geblieben. Ob Frau Rudnik auch zuschlagen würde?

Mein erster richtiger Schultag fand erst am nächsten Tag statt. Nach einem Appell an diesem 30. August 1981 gab es endlich die ersehnte Zuckertüte! Ich fand darin neben leckeren Bonbons ein Paar Ohrringe, über die ich mich riesig freute. Und dann begann ein Ritual, das sich für die nächsten vier Jahre an jedem Schulmorgen wiederholte: Wir stellten uns zu zweit nebeneinander auf, liefen vom Schloss durch den Park zum Eingangstor, durchquerten es und standen an einer Asphaltstraße.

»Nach links und nach rechts sehen«, rief die uns begleitende Erzieherin, damit wir lernten, auf den Verkehr zu achten. Allerdings kam dort so gut wie nie ein Auto vorbei. Gegenüber vom Torhaus wartete unser Bus, den wir bestiegen. Wir wurden vier Kilometer weit nach Zehna gefahren und ich guckte dabei oft sehnsüchtig aus dem Fenster. Dort standen auf der rechten Seite viele Obstbäume und ich überlegte mir, wie man wohl an die leckeren Pflaumen herankommen könnte, die an den Ästen hingen oder schon im Gras lagen. Ich hätte mich nur danach zu bücken brauchen.

Wir wurden direkt bis vors Schulhaus chauffiert. Auf

die gleiche Weise wurden wir wieder zurück gebracht. In den ersten Jahren meiner Schulzeit bin ich diese Strecke niemals zu Fuß gelaufen; es war zu unsicher, denn nach wie vor befürchtete die SWAPO, dass Feinde uns etwas antun könnten. Zu diesen Vorsichtsmaßnahmen zählte auch, dass wir niemandem sagen durften, dass wir aus Namibia kamen. Wir waren einfach nur Afrikaner.

Unsere Schule selbst befand sich in einem sehr alten, heruntergekommenen Haus, dessen Farbe abblätterte. Die Wände waren so dünn, dass man jedes Wort verstand, das im Klassenraum nebenan gesprochen wurde.

Glücklicherweise mussten wir nicht lange in dem alten Schulhaus bleiben. In Zehna war ein neues gebaut worden, die zehnklassige »Polytechnische Oberschule Dr. Salvador Allende«. Ein helles, freundliches Gebäude, dessen große Fenster wir schon bald mit selbst gemalten und ausgeschnittenen bunten Bildern beklebten.

Warum wir nur ein paar Monate lang in die alte Schule hatten gehen müssen, wurde mir erst später klar: Eigentlich hätten wir nach unserer Vorschulzeit wieder zurück nach Afrika fliegen, also nur knapp zwei Jahre in der DDR bleiben sollen. Doch der Befreiungskampf war noch nicht gewonnen und so erreichte unser Präsident, dass wir in der DDR auch noch die Schule besuchen durften. Das alte Gebäude war dafür zu klein; so kamen die weißen Schüler aus Zehna und Umgebung durch uns zu einer modernen Schule.

Kontakt zu den anderen Schülern hatten wir nur in den Pausen. Dann aber manchmal gleich richtig … Jürgen war ein dicklicher Junge mit roten Haaren, sein Freund Torsten ein dünner, eigentlich ganz hübscher

Bursche. Irgendetwas schien ihnen an mir nicht zu passen. Sie verkloppten mich, wenn kein Lehrer zusah. Glücklicherweise sprang mir die starke Nadia bei, meine Indianerfreundin. Gemeinsam schlugen wir die beiden Burschen in die Flucht.

Es dauerte nicht lange und wir drehten den Spieß um. Wenn ich Torsten irgendwo allein sah, rief ich: »Nadia, komm schnell, da ist der Dünne wieder.« Dann hielt eine von uns den Jungen fest und die andere ohrfeigte ihn gründlich. Das wurde für uns beide ein richtiges Vergnügen. Mit dem dicken Jürgen war das leider schwerer, der war einfach zu kräftig für uns beide. Da half nur noch Rennen, wenn man den sah.

Ich liebte die »POS Allende«. Allerdings waren meine Leistungen nicht umwerfend. In Zeichnen, Musik und Werken war ich sehr gut, Rechnen ging auch. Aber das Lesen! Es war ein Alptraum. Gedichte zu lesen, machte mir Spaß. Doch für längere Texte reichte meine Konzentration nicht aus. Ich bekam es einfach nicht hin und quatschte ständig mit meinen Mitschülern.

Meme Margit musste deshalb nachmittags mit mir üben. Was mich in neue Schwierigkeiten brachte, denn Margits schwache Stelle war ihre Geduld. Die wurde von mir deutlich überstrapaziert. »Was liest du für einen Unsinn!«, herrschte mich Margit an. Unter diesen Umständen stotterte ich noch mehr. »Komm mit, wir gehen in den Wintergarten«, befahl Margit. Ihre wutverzerrte Miene versprach nichts Gutes!

Der Wintergarten befand sich im Erdgeschoss, gleich gegenüber vom Eingang. Ein riesiger Saal, der sich über die Hälfte der Schlosslänge erstreckte. Er war voller exo-

tischer Pflanzen und Palmen. Ein wenig erinnerte mich
das an Afrika. An einen Dschungel, in den niemand hin-
einblicken konnte. Wo ein kleines Mädchen schutzlos
war.

Kaum hatte Meme Margit die Tür geschlossen,
schubste sie mich. Ich fiel auf den Fußboden. Sie trat zu,
riss mich hoch und gab mir Ohrfeigen. Sie schrie: »Bei
dir verlier ich die Nerven!« Und dann stieß sie mich mit
dem Kopf mehrmals gegen die Wand. Wenn ich dann die
Nase hochzog und mir die Tränen aus dem Gesicht
wischte, brüllte sie: »Geh rauf in den Gruppenraum. Ich
will keinen Ton von dir hören.« Lief ich vor ihr her, rief
sie: »Latsch nicht so, heb deine Füße hoch!« Aber auf mir
lagen doch Tonnen von Kummer.

Sollte ich am nächsten Tag wieder lesen, brauchte
Meme Margit nur zu sagen: »Wenn du es nicht packst,
gehen wir in den Wintergarten.« Prompt versagte ich.
Ich musste nur Margits Namen hören, um vor Angst zu
zittern.

»Was hast du denn, Lucia?«, fragte Teacher Jonas mitfühlend. Ich sagte es ihm und er sah mich voller Mitleid
an. Unternommen hat er nichts. Ich war damals überzeugt, dass Erwachsene mich nicht beschützen würden.

Aus der Schulbibliothek durften wir uns Bücher aus-
leihen. Neugierig nahm ich eines der Werke heraus.
Doch Frau Rudnik meinte: »Du darfst nur ein Buch aus-
leihen, wenn du lesen kannst, Lucia.«

»Kann ich doch«, sagte ich. Ich schlug das Buch auf
und las laut vor – was mir gerade in den Kopf kam.

Frau Rudnik lachte. »Wenn du so gern Bücher lesen
möchtest, dann lern es doch, Lucia.«

Betreten stellte ich das Buch weg. Ich hatte es zwar nicht lesen können, aber sehr wohl erkannt, dass es ein Märchenbuch war. Und ich liebte Märchen nach wie vor über alles. Wenn ich sie doch nur hätte lesen können! Da war eine Welt, die nur darauf wartete, mich aufzunehmen.

Das Tor dazu hieß Meme Margit! Voller Angst setzte ich mich an den Tisch im Gruppenraum, an dem schon Pwele und Greg mit ihren Fibeln warteten. Die beiden stellten sich auch so ungeschickt an wie ich. Pwele stotterte Meme Margit erbärmlich vor. Währenddessen sah ich schon den verhassten Wintergarten vor mir. Ich betete zu Kalunga, dass ich es diesmal schaffen möge. Dann kam ich dran – und bekam es hin! Meme Margit lobte mich sogar.

Als ich endlich zum Spielen raus durfte und am Wintergarten vorbeirannte, warf ich nicht einen Blick darauf.

Was mir, dem *Tomboy*, wirklich Spaß machte, war Sport. Vor allem, wenn wir laufen sollten, war ich begeistert dabei. Meine langen Beine trugen mich schnell, aber ich bildete mir nicht viel darauf ein. Es tat einfach nur gut zu rennen. Eines Tages hieß es, es würde ein Schulwettkampf stattfinden. Ich konnte mir darunter nicht viel vorstellen und machte mich wie üblich locker, während ich den anderen Schülern zusah. Die waren alle ganz schön schnell!

Als ich an die Reihe kam, rief jemand: »Los!« Und ich rannte wie immer. Ohne mir etwas dabei zu denken. Aber ich merkte bald, dass mich keiner einholte.

Am Ziel gratulierten mir meine Mitschüler und Frau Rudnik kam auf mich zu. »Weißt du, was du hast, Lucia?«

Ich schüttelte den Kopf.

»Du hast Talent!«

Oh, dachte ich, hoffentlich ist das etwas Gutes.

Nachdem alle Punkte ausgezählt waren, schüttelte mir die Schulleiterin die Hand: »Kind, du warst hervorragend. Du bist die schnellste Läuferin der ganzen Schule.«

Frau Rudnik nahm mich in den Arm. »Lucia, zieh mal deinen Trainingsanzug an. Dann gehst du zur Siegerehrung.«

Mir wurde etwas mulmig. Sollte etwa nur ich zur Siegerehrung gehen? Sämtliche Schüler stellten sich auf dem Schulhof so auf, dass sie ein Quadrat bildeten. Plötzlich wurde mein Name aufgerufen. Frau Rudnik nickte mir wohlmeinend zu und ich guckte scheu um mich, wohin ich denn müsste. O weh! Ich hatte genau in die Mitte des aus den anderen Schülern gebildeten Quadrats zu treten, wo mich der Schulleiter mit Urkunde und Medaille erwartete.

So leicht meine Beine zuvor über den Sand geflogen waren, so schwer fiel es ihnen nun, diese wenigen Meter zu gehen. Mit hängenden Schultern trat ich vor alle und ließ mich feiern. Am liebsten wäre ich im Erdboden versunken. Wie unangenehm es mir war, von allen angestarrt zu werden! Denn in meiner Erinnerung sah ich mich schutzlos in der Mitte stehen. Bei jenem Appell in Nyango, als ich bezichtigt worden war, einen Jungen verführt zu haben.

Ich war wahrscheinlich die traurigste Siegerin, die jemals ausgezeichnet wurde.

Soldaten weinen nicht

Die Soldaten, die uns immer wieder besuchten, brachten auch Filme mit, die sie beim Kämpfen zeigten. Wir saßen im großen Fernsehraum und sahen mit großen Augen zu, wie die PLAN-Kämpfer mit AK-47-Gewehren schossen und sich in den Dreck warfen, um Deckung zu suchen. Dann wieder marschierten sie in schönen Uniformen vor unserem Führer Sam Nujoma.

Diese mutigen Männer waren unsere Vorbilder. Wir beherrschten es, wie sie die Faust zu heben und *»Viva Nujoma«* zu rufen, und wussten inzwischen, was das hieß. Schrien wir *»Down Botha«*, so meinten wir auch wirklich den neuen Präsidenten Südafrikas, hassten ihn aus tiefstem Kinderherz und wollten ihm so den Po versohlen wie jemandem aus unserer Nachbargruppe.

Seit den Vorschulzeiten waren wir »Ernst-Thälmann-Pioniere«, trugen schöne rote Halstücher zu weißen Blusen und führten bei Appellen eine rote Fahne mit goldenen Lettern: »Seid bereit, immer bereit«. Nun, in der ersten Klasse, sollten wir lernen, was damit gemeint war.

An einem Sonntagmorgen befahl Teacher Jonas den

Gruppen 5 und 6 gleich nach dem Frühstück, uns auf dem weiten, asphaltierten Appellplatz vor dem breiten, von vier dicken Säulen bewachten Eingang des Schlosses aufzustellen. Dann hielt er eine lange Rede über den Kampf der SWAPO gegen Südafrika für ein freies Namibia. Wir kannten ähnliche Ansprachen und ich hörte nicht so genau zu. Als er mit lauter Soldatenstimme »*Attention*« rief, Achtung, wurde ich wieder aufmerksam. Er hatte uns beigebracht, dass wir dann strammstehen sollten. Hieß es »*Left turn*«, so mussten wir uns nach links drehen, bei »*Right turn*« das Gegenteil.

Ich machte das grundsätzlich falsch. Bei links drehte ich mich nach rechts. Das verwechselte ich sowieso gern, zum anderen stand ich mit Englisch noch auf Kriegsfuß. Teacher Jonas sprach beide Worte überdies ganz ähnlich aus. Bei ihm klang *Right* wie *Light*. Denn der Lehrer war ein Ovambo wie wir; in unserer Sprache sind R und L wie im Chinesischen dasselbe! Er brüllte erst »*Light*« und dann »*Left*« und ich glotzte jedes Mal verblüfft in das Gesicht meines Hintermannes, weil ich mich falsch herum gedreht hatte.

»Ich werde euch jetzt zeigen, wie ihr richtig marschiert!«, kündigte Teacher Jonas an. »Und dann macht ihr mir das nach. Also passt gut auf!« Er führte uns vor, was er meinte. Sein dichter Afroschopf und die weit ausgestellten Hosen passten nicht so ganz zum marschierenden Soldaten, den er darstellen wollte. Wir nannten seine Hosen inzwischen »Wolfshosen« nach einer Comicfigur aus dem Fernsehen. Einige von uns Mädchen konnten sich das Kichern nicht verkneifen, als der Lehrer in diesem Aufzug zu marschieren begann.

Teacher Jonas' Stimme wurde streng: »Im Kampf mit dem Feind müsst ihr keine Witze machen, denn sonst erwischt euch der Feind und dann seid ihr tot.« Wir schwiegen betroffen. Da setzte er hinzu: »Ihr müsst dem Feind gegenüber Disziplin zeigen. Sonst habt ihr überhaupt keine Chance.«

Jemand von uns älteren Kindern fragte: »Teacher Jonas, was ist Disziplin?«

»Gutes Verhalten«, erklärte er und forderte uns auf, so über den Appellplatz zu marschieren, wie er es uns vorgemacht hatte.

»Halt!«, brüllte der Lehrer nach unseren ersten Versuchen. »Das ist doch katastrophal! Wie ihr da rumtanzt! So marschiert kein Soldat.« Er schnaufte nach Luft: »Das muss rhythmisch sein.« Er zeigte es uns noch mal und nahm sich schließlich jeden einzeln vor. »Du bist doch keine Ente, die nicht schwimmen kann«, schnauzte er meine acht Jahre alte Freundin Mila an. Doch die bekam es nicht hin.

Da wendete er sich Pwele zu. »Heb doch deine Arme und Beine!«, brüllte er. »Das ist ja nicht zum Aushalten!« Im nächsten Augenblick schlug Teacher Jonas Pwele ins Gesicht. Meine Freundin brach in Tränen aus.

»Hör auf damit! Soldaten weinen nicht!«, rief unser Ausbilder. Dann schickte er Pwele wieder in die Reihe. Sie zog die Tränen durch die Nase hoch.

Sein Blick fiel auf mich. Pweles Ohrfeige vor Augen mühte ich mich redlich, aber meine Füße klebten am Boden fest. »Scheische!«, brüllte der Lehrer. »Mensch, Mädchen, so läuft doch kein Soldat. Wehe, du passt nicht auf, wenn ich es dir zeige!« Er machte es ein weiteres Mal vor – und ich latschte wie eine Ente.

Timmy, Sohn eines guten Soldaten, und Nick retteten sowohl Teacher Jonas' Tag als auch unseren. Sie machten es richtig. »So müsst ihr marschieren!«, lobte Jonas und seine Augen strahlten. Na ja, dachte ich zerknirscht, wir sind schließlich auch Mädchen. Wozu müssen wir überhaupt marschieren? Die Soldaten in den SWAPO-Filmen waren nur Männer. Was atmete ich auf, als Teacher Jonas endlich brüllte: »*All dismissed!*« Aus uns Soldaten wurden wieder Kinder, die spielen gingen.

Als es jedoch hieß, dass unser Präsident ins Schloss kommen würde, wurde mir der Ernst der Lage deutlich. Ich hatte ebenso wie alle anderen den Ehrgeiz, unserem Führer zu zeigen, was wir konnten. Er galt uns heimatlosen Kindern als Symbol der Freiheit. Mit großem Eifer übten wir das Lied ein, mit dem er begrüßt werden sollte: »*Sama ouli peni, yelule pandela, Nash'ovakweta va Sama Nujoma …*« – Sam, wo bist du? Heb die Fahne. Wir sind auch Soldaten von Sam Nujoma.

Das Schloss wurde gewienert, jeder Schrank aufgeräumt, die Kleidung ordentlich gefaltet. Denn alles musste »picobello« sein. Ständig bekamen wir dies Wort zu hören, und wer sich nicht daran hielt, wurde ermahnt: »Ihr müsst Disziplin üben!« Unsere namibischen Erzieherinnen studierten mit uns noch einmal die traditionellen Tänze ein, die wir an vielen Nachmittagen gelernt hatten, die Näherinnen änderten noch ein paar Säume an unseren blau-rot-grünen Tanzröckchen. Sie reichten bis knapp übers Knie und vorn war eine Art schmaler Schürze. Dazu trugen wir schlichte, ärmellose Hemden.

Als der Präsident uns zum ersten Mal besuchte, regnete es. Wir mussten in unserer bunten namibischen Kleidung im Foyer im Erdgeschoss, groß wie ein Saal, Aufstellung nehmen. Nervös und frierend trat ich von einem Fuß auf den anderen. Und dann kam er, begleitet von vielen Afrikanern, einigen SED-Mitgliedern und vier stämmigen deutschen Leibwächtern, die ernst dreinblickten und sich mit quäkenden Walkie-Talkies untereinander abstimmten. Ich fand, Sam sah sehr wohlgenährt aus, und ich bewunderte seinen dichten, schon leicht ergrauten Bart. Seine dicken Lippen erinnerten mich an die meiner schüchternen Freundin Mila.

Teacher Jonas begrüßte ihn wie ein Soldat, indem er die Hand zum Gruß an die Stirn legte. Nick war ausersehen, dies stellvertretend für uns 80 Kinder zu tun, Blumen wurden überreicht. Der Präsident und seine Begleitung setzten sich auf Stühle vor dem Wintergarten und anschließend sangen und tanzten wir, was wir so lange einstudiert hatten.

Schließlich sprach er zu uns, den »Soldaten von Sam Nujoma«: »Ihr seid die Elite des neuen Namibia«, sagte er. »Deshalb müsst ihr fleißig lernen. Damit ihr bereit seid für ein freies Namibia.«

»Viva Nujoma«, riefen wir mit geballter Faust und ließen die SWAPO ebenfalls hochleben.

»All dismissed!«, sagte Teacher Jonas und wir durften essen gehen. Der Präsident nahm sein Mittagessen im Speisesaal der Lehrer ein, der neben unserem lag. Wir machten an diesem Tag gewiss keinen Lärm. Denn uns war bewusst, welche große Ehre dieser Besuch für uns darstellte. Als Sam mit seinen Leibwächtern wieder fort fuhr, hieß es, dass er sich nun mit Erich Honecker treffen würde. Es war ein gutes Gefühl zu wissen, dass man so wichtig war wie der Staatsratsvorsitzende der DDR.

Wenn wir nachmittags im Gruppenraum anstatt über unseren Hausaufgaben zu sitzen lieber draußen im Park Indianer spielen wollten, dann rief Teacher Jonas: »Vergesst nie, was der Präsident zu euch gesagt hat. Ihr seid die Elite Namibias. Ihr lernt für Sam Nujoma.«

Meinem DDR-Geburtstag zufolge war ich gerade neun geworden, als wir zu *Pionieren des 19. April* werden sollten. Dieses Datum war ein wichtiger Feiertag, der Gründungstag der SWAPO. Für den großen Tag musste fleißig geübt werden. Wir hatten den SWAPO-Gruß zu beherrschen: die rechte Hand schräg nach oben gerichtet an die Stirn, der Daumen berührt die Stirn, die Finger sind ausgestreckt. Wehe, man grüßte falsch. Dann gab es eine schmerzhafte Ohrfeige. Da an diesem Tag auch die roten Ernst-Thälmann-Halstücher gegen die blauen mit den blau-rot-grünen Streifen der *SWAPO-Pioneer-League* ausgetauscht werden sollten, wurden wir dazu angehalten sie richtig zu binden. Die drei Farben mussten genau in der Mitte des Knotens sitzen. Am liebsten hätte ich Meme Rosi um Hilfe gebeten, die uns die roten Tücher so hübsch gebunden hatte. Als SWAPO-Pioniere mussten wir es selbst hinbekommen: rechts runter, links rauf, durch den Knoten und dann festziehen.

Längst konnte ich richtig antworten, wenn Teacher Jonas fragte: »Wofür stehen die Farben der SWAPO?«

»Das Blau ist die Farbe der Flüsse in Namibia, das Rot

ist das Blut unserer im Krieg gefallenen Soldaten, Grün die Farbe der Wiesen in Namibia.«

Als der 19. April gekommen war, versammelten wir uns auf unserem Appellplatz vor dem Schloss. Die Jungs hatten gelernt, unter Nicks Kommando die große SWAPO-Fahne ordnungsgemäß zu halten und in einem bestimmten Wechsel untereinander auszutauschen. Sie mussten darauf achten, dass der Stoff nicht den Boden berührte. Das war nicht einfach, denn sie waren damals, obwohl sie sich uns Mädchen so überlegen fühlten, noch ziemlich schmächtige Kerlchen.

Teacher Jonas hielt eine Ansprache: »Ihr seid nun die ersten Pioniere des 19. Aprils in diesem Heim. Die SWAPO ist sehr stolz auf euch. Die Jüngeren werden sich nach euch richten. Ihr müsst für sie ein Vorbild sein. Ihr seid die Elite.«

Er ließ jedes Kind einzeln vortreten: *»Attention, two stepps forward!«* Auch ich musste schwören, dass ich für Frieden und Freiheit des Sozialismus kämpfen werde. Dann tauschte Teacher Jonas das rote Thälmann-Tuch gegen das blaue mit den drei Farben der SWAPO aus.

Schon als Thälmann-Pioniere waren wir in Brigaden eingeteilt worden, wie die kleinsten Arbeitsgruppen in DDR-Betrieben genannt wurden. Weil ich meine Sachen so schön in Ordnung hielt, wurde ich jetzt jedoch Leiterin einer Brigade von vier Kindern. Als Brigadier musste ich darauf achten, dass meine Gruppe ihre Hausaufgaben gewissenhaft erledigte und alles »picobello« sauber war. Ein Besuch bei unserer Patenbrigade in den Textilwerken Güstrow am 1. Mai, wo unsere blauen

Hemden genäht wurden, zeigte uns, wie ordentlich die DDR-Arbeiter ihre Fabriken führten. Die Näherinnen waren so freundlich zu uns, dass wir hofften, sie wieder besuchen zu dürfen.

Die ernstere Seite eines Lebens als SWAPO-Pioniere lernten wir zunächst als angenehme Abwechslung kennen: Wir erkundeten die Wälder der Umgebung mit dem Kompass, lasen die Spuren von Fuchs und Hase und erfuhren alles über Tollwut. Wenn wir im Unterricht Schakal, Flusspferd und Elefant durchnahmen, passten wir nicht so richtig auf. Die waren schließlich sehr weit entfernt! Es war allerdings durchaus nützlich zu wissen, dass man Bauchweh bekam, wenn man deutsche Vogelbeeren aß. Leider hatte ich das schon vorher im schmerzhaften Selbstversuch erfahren …

Im nächsten Schritt lehrten uns Krankenschwestern die stabile Seitenlage und wie man Verletzungen, Beinbrüche und Schlangenbisse behandelte. Und wie man sich half, wenn man als Soldat verwundet wurde, aber keine Trage hatte: Wir schleppten unsere »verletzten« Kameraden mit den Händen.

»Aufstehen, Kinder, wir machen jetzt ein Nachtmanöver!«, rief Teacher Jonas.

Ich rieb mir verschlafen die Augen. Schon damals ging ich ungern ins Bett, Aufstehen hasste ich aber noch mehr. Doch jetzt war Sonntag, der einzige schulfreie Tag – und es war draußen stockdunkel!

»Zieht eure Trainingsanzüge über warme Pullis, holt euch eure grauen Stiefel und jeder nimmt sich eine Taschenlampe! Ihr werdet heute Nacht lernen, wie die Soldaten allein durch den Wald zu gehen!«, kündigte Jonas an.

Halb noch schlafend trottete ich hinter den anderen her. Auf dem Appellplatz nahmen wir die übliche Zweier-Aufstellung ein und folgten schließlich unserem Kommandanten, den Kira darstellte. Außer Teacher Jonas begleiteten uns verschiedene Erzieherinnen, die uns sonst nicht betreuten. Zu meinem Leidwesen auch die dicke Edda, die Freundin von Meme Margit. Es versprach also wirklich kein spaßiger Ausflug zu werden. Ich fröstelte und mein Marschieren glich wieder einem Entengang. Aber es war ja dunkel.

Irgendwo mitten im Wald hielten wir an. Teacher Jonas leuchtete den Weg mit seiner Taschenlampe aus. Viel war nicht zu sehen – es ging ziemlich steil bergab durch dicht stehende Büsche.

»Da geht ihr jetzt runter!«, sagte Teacher Jonas. »Und zwar einzeln nacheinander. Ich will keinen Ton hören. Stellt euch vor, ihr müsstet euch ganz leise anschleichen, weil der Feind nah ist.«

Ich spürte überdeutlich, wie nah er war. Viel zu nah! In den dunklen Bäumen sah ich überall Hexen und war überzeugt, dass mich im Tal die gefährlichsten von allen erwarteten. Unmerklich schob ich mich in der Reihe nach hinten, während vorn Timmy als Erster in der Dunkelheit verschwand. Hinter mir stand nur noch die dicke Erzieherin Edda.

Niemand gab einen Mucks von sich, mein Herz schlug bis zum Hals, meine Panik wuchs. Das schaffe ich nie, dachte ich.

Doch dann fiel mir Kalunga ein. »Lieber Gott be-

105

schütze mich, wenn ich den dunklen Weg herunterlaufe, dass mir nichts passiert.« Damit Gott mich auch wirklich hörte, sprach ich halb laut.

Plötzlich rief Erzieherin Edda: »Lucia hat zu Gott gebetet!«

Die Lichtkegel aller Taschenlampen richteten sich auf mich, höhnisches Gelächter erklang. Im nächsten Augenblick stand Teacher Jonas vor mir und verpasste mir eine schallende Ohrfeige. »Gott gibt es nicht, merk dir das! Ich will diesen Quatsch nicht mehr hören!«

Mir schossen die Tränen in die Augen, Schluchzen durchschüttelte meinen ganzen Körper. So eine Gemeinheit, dachte ich, Gott ist doch mein Freund, mein bester, mein einziger. Ich betete schließlich dafür, dass die Soldaten für uns siegten. Und es half. Immerhin versohlte die SWAPO den Südafrikanern gehörig den Hintern. Also konnte Beten nicht falsch sein!

»Ihr seid die Elite des neuen Namibia! Ihr braucht keinen Gott, euer Führer heißt Sam Nujoma!«, rief Teacher Jonas. Er leuchtete in mein verheultes Gesicht. »Als Soldat weinst du nicht. Geh da runter!« Er deutete ins dunkle Tal.

Teacher Jonas konnte sagen, was er wollte! Während ich nun den schmalen dunklen Weg hinunterstolperte, betete ich ganz leise, dass mir nichts Böses geschehen möge. SWAPO-Pionier Lucia Engombe kam mit Gottes Hilfe unversehrt unten an, schlug sich bis zu einem Lagerfeuer durch. Und traf auf die dicke Edda, die sie mit kalten Augen musterte.

Die artige Lucia

Nachdem Edda mich so fies verraten hatte, bemühte ich mich künftig noch mehr darum, einen großen Bogen um sie zu machen. Was nicht so einfach war. Sie arbeitete zwar in Gruppe 6, da Meme Margit und sie jedoch gute Freundinnen waren, besuchten wir oft die 6 oder sie kam zu uns. Auch Ausflüge wurden gemeinsam unternommen. Ob ich wollte oder nicht – die dicke Edda war immer wieder in meiner Nähe.

»Hast du schon gehört, Lucia? Wir gehen bald zum Broileressen in ein Restaurant!« Mila freute sich und ich mich mit ihr. Essen war immer gut und Hähnchen unschlagbar! Es kam, wie es kommen musste: Margit und Edda unternahmen den Ausflug gemeinsam in einen Ort, zu dem wir mit dem Bus gebracht wurden. Das Fahrzeug wurde etwas weiter vom Restaurant entfernt abgestellt, damit wir noch einen Spaziergang dorthin machen konnten.

Spaziergänge wie diesen nutzte ich, um meinen Freundinnen neue Märchen zu erzählen. Denn mein Lesen war inzwischen ganz passabel geworden; ich hatte mich durch viele Märchenbücher gearbeitet und kannte die Geschichten auswendig. Wenn ich keine neuen wusste, erfand ich kurzerhand welche und gab die zum Besten. Auch jetzt plapperte ich so dahin und achtete nicht darauf, wer in der Nähe war.

Plötzlich fauchte Edda: »Lucia, halt die Klappe! Ich kann deine hässliche Stimme einfach nicht ertragen!« Das kam wie ein Donnerschlag aus heiterem Himmel. Mir verschlug es in der Tat die Sprache. Kein Wort brachte ich mehr raus. Wir trafen in dem Restaurant ein, Margit fragte: »Lucia, willst du auch einen Broiler?« Und ich nickte nur stumm.

Mit den anderen Kindern scherzte die dicke Edda, nahm sie in den Arm und war richtig freundlich. Ich saß daneben und fühlte mich wie das hässliche Entchen aus dem Märchen. Nur, dass ich nicht grau war, sondern eine so störende Stimme hatte. Ich brauchte nur etwas zu sagen und Edda verdrehte die Augen. »Dieses schreckliche Kind«, sagte sie. Ihre Freundin Margit assistierte: »Vergiss die blöde Kuh.«

Manchmal war ich aber auch dermaßen ungeschickt! Da kam Edda in unsere Gruppe, erstaunlicherweise vor Freude strahlend. »Du siehst ja so glücklich aus«, sagte Margit.

Edda blickte triumphierend in die Runde. »Kinder, ich werde bald heiraten!«

Welcher arme Mann heiratet denn die furchtbare Edda, fragte ich mich. Doch dann schöpfte ich Hoffnung. Vielleicht würde Meme Edda dann etwas freundlicher zu mir sein.

»Wer ist denn der Glückliche?«, fragte unsere Erzieherin.

»Der Heinz!«, rief Edda.

Und ich platzte los vor Lachen. Keine Ahnung, warum. Vielleicht fand ich den mir damals noch neuen Männernamen so lustig. An Eddas unverzüglich in flammendes Zornesrot getauchtem Gesicht erkannte ich, dass es Ärger geben würde. Edda rollte wie eine dicke Kugel auf mich zu und kniff fest in meine Wange: »Ach, halt die Klappe, doofe Kuh!« Meine Tränen kullerten, das Gesicht schmerzte und ich ärgerte mich über meine Dummheit. Doch irgendwie wollte es mir nicht gelingen, erst nachzudenken, bevor ich etwas tat oder sagte.

Eddas Rache war damit nicht zu Ende. Wenige Tage später mussten wir Gruppe 6 besuchen. Denn beide Gruppen sollten möglichst viel Freizeit miteinander verbringen und dabei deutsch sprechen. Letzten Endes machte es das Lernen in der Schule leichter, wenn wir nicht ständig ins Oshivambo überwechselten.

Wir sollten üben frei zu sprechen. Edda fixierte mich mit schmalen Augen und einem ironischen Lächeln: »Na, Lucia, bekommen wir von dir mal eines deiner selbst erdichteten Märchen zu hören?«

So, wie sie das sagte, wäre ich am liebsten im Boden versunken! Jeder wusste, dass Märchen mein Ein und Alles waren, meine kleine Flucht aus dem Alltag. Wie oft hatte unsere Lehrerin Frau Rudnik zu mir im Unterricht gesagt: »Lucia, träum nicht!« Das war harmlos, jede Neunjährige träumt gern. Doch Eddas Bemerkung stellte mich bloß – und alle lachten mich aus.

»Nee, will heute nicht«, druckste ich. Fortan behielt ich meine Märchen für mich. Allenfalls den Kleinen in Gruppe 1, wo meine Freundin Mecky war, erzählte ich noch welche. Zu denen ging Meme Edda nämlich nicht hin. Dort war ich die liebste Märchentante. Denn ich las im Lauf der Zeit jedes in der Schulbibliothek verfügbare Märchenbuch, ganz gleich, ob die Geschichten aus Russland, Ungarn oder Arabien stammten. Das konnte mir keine dicke Edda der Welt nehmen.

Für uns Heimkinder waren die Erzieherinnen die einzige Chance, etwas anderes zu sehen als Schloss und Schule. Praktisch jedes Wochenende durften ein paar Kinder bei Erzieherinnen verbringen. Manche bevorzugten dabei ihre persönlichen Lieblinge, andere gaben sich Mühe mit der Auswahl. Meme Hanna, die im ersten Schuljahr bei uns anfing, klagte oft über Rückenschmerzen. Der schlanke Ricky hatte beobachtet, wie Hanna sich von einer Kollegin die verspannten Schultern massieren ließ. Und das machte er dann nach, als Hanna bei uns war.

»Soll ich dich mal mit zu mir nach Hause nehmen?«, fragte sie den Ricky.

Er verbrachte das Wochenende bei ihr und ihrer Familie. Anschließend erzählte er strahlend: »Ich durfte mit Meme Hannas Sohn Motorrad fahren!«

Ich wurde ziemlich eifersüchtig auf Ricky. Natürlich hätte ich Meme Hanna auch massieren können. Wenn da nur nicht diese unangenehm riechende medizinische Salbe gewesen wäre, die dafür benutzt werden musste. Ich hatte so eine empfindliche Nase. Schon, wenn ich das Parfüm der netten alten Erzieherin Meme Hedwig roch, wurde mir übel. Aber ich überwand meine Abneigung und knetete Hannas Schultern. Im Laufe der Woche folgten viele andere Kinder meinem Beispiel.

»Wir wollen auch mit dem Motorrad fahren!«, drängelten wir schließlich alle. »Bitte, bitte, Meme Hanna!«

»Gut«, sagte sie, »dann losen wir.« Hanna mochte Glücksspiele wie Lotto; regelmäßig machte sie ihre Kreuzchen in Kästchen. Sie ließ uns nun kleine Zettel ausschneiden und unsere Namen darauf schreiben, die in einen Korb kamen, dann wurde gezogen. Da Meme Hanna nicht jedes Wochenende Zeit hatte, kam ich erst ein paar Wochen später dran. Bis dahin musste ich mir von den anderen anhören, was Hanna für einen netten und gut aussehenden Sohn hatte.

»Und dann haben wir Haferflocken gegessen. Mit ganz viel Zucker und Butter«, strahlte meine Freundin Mila. Mir lief das Wasser im Mund zusammen. Das klang ja noch besser als Motorrad fahren!

Endlich wurde mein Name gezogen. Weil der Andrang gar so groß war, durfte auch noch Nadia mit. Hannas Sohn war wirklich sehr hübsch, ein blonder junger Mann mit blauen Augen. Auf seinem Motorrad hatte ich Angst, obwohl er ganz langsam fuhr. Als er jedoch die Haferflocken machte, mit viel Butter und noch mehr Zucker obendrauf, schmolz ich dahin. Wir durften bei unserer Erzieherin übernachten und am nächsten Tag brachte ihr Sohn Nadia und mich im Auto zu Meme Hannas Eltern.

Die Großeltern wohnten in einer Altbauwohnung. »Das sind Lucia und Nadia, zwei von den schwarzen Kindern, die Mudder betreut«, sagte er. Wie es ihm von seiner *Mudder* aufgetragen worden war, hatte er den Großeltern Zwieback mitgebracht.

»Dann lasst uns mal Tee trinken«, sagte die Oma. Wir

setzten uns an den Wohnzimmertisch. Zu meinem Entsetzen nahm die Oma plötzlich all ihre Zähne aus dem Mund! Dann tunkte sie den Zwieback in den Tee und aß zufrieden lächelnd. Nadia und ich wechselten erstaunte Blicke. Nun waren wir schon so lange in Deutschland, aber das war etwas wirklich ganz Neues!

Der Speichel tröpfelte und die Oma sagte: »Greift doch zu, Kinder, es ist genug für alle da!«

Meine schüchterne Freundin Mila durfte öfters zu Hanna. Denn die rundliche Erzieherin mochte die stillen Kinder wie sie und Ricky besonders. Ich gönnte es Mila, denn Jungs wie der starke Monsieur machten ihr das Leben manchmal ganz schön schwer. Ich versuchte sie zwar zu verteidigen und galt nach wie vor als gefährliche Armverdreherin und Kratzerin. Aber gegen die immer stärker werdenden Jungs konnte ich bald nichts mehr ausrichten. Wir beide flohen lieber, als wir besser lesen konnten, in die Märchenbücher. Mila und mich verbanden nicht nur die Liebe zu den Prinzessinnen und Elfen, sondern auch unsere Tagträume. Meine fast einen Kopf kleinere Freundin hatte damals aber noch eine Leidenschaft: Sie sammelte Marienkäfer. Stundenlang streifte sie über Wiesen und steckte die kleinen Krabbler in Gläser. Meme Hanna bedachte sie daraufhin mit einem zärtlichen Kosenamen: mein Marienkäferchen.

Mila schien es überhaupt ganz gut getroffen zu haben; selbst Teacher Jonas, der so gern schlug, rührte sie nie an. Wenn er uns auf Ausflügen begleitete, durfte sie immer neben ihm hergehen und seine Hand halten. »Du bist ja sein Liebling«, sagten manche Jungs. Mila blickte dann immer schweigend zu Boden. Nie sagte sie etwas dazu.

»Ich mag Teacher Jonas eigentlich gar nicht«, gestand sie mir. Ich glaubte ihr das nicht so recht, denn sie hatte doch wirklich Glück, dass er sie nicht schlug.

Von unseren Lieblings-Erzieherinnen wollten wir viel Aufmerksamkeit. Und sie opferten eine Menge ihrer Freizeit, achteten nicht auf ihren Dienstschluss, wenn jemand krank war oder Kummer hatte. Meme Paula, die zwei Jahre lang bei uns arbeitete, deckte uns liebevoll zu und gab auch mal einen Gutenachtkuss. Für diese Frauen waren wir wirklich fast wie ihre eigenen Kinder. Wir hingen an ihnen, und wenn wir sie *Meme* riefen, dann meinte man auch: Mutter.

Aber sie mussten uns natürlich auch erziehen. Sie konnten es machen wie Meme Paula, die auf einem Bauernhof in der Nähe des Schlosses wohnte: Wer patzig war, durfte dann eben nicht am Wochenende mit. Das war sehr ärgerlich, denn in ihrem Garten standen so viele Bäume voller süßer Pflaumen. Noch viel härter treffen konnte sie das Leckermaul Lucia, wenn sie mir den Schokoladenpudding strich. In solchen Momenten fühlte ich mich zu Unrecht bestraft und war sicher, dass Meme Tuahafifua so etwas nicht getan hätte. Allerdings – und daran dachte ich in diesem Moment natürlich nicht – hätte meine Mutter gar nicht erst einen Schokopudding auftischen können.

Ein ständiger Streitpunkt zwischen den Erzieherinnen und uns blieb der Mittagsschlaf, an den wir uns überhaupt nicht gewöhnen konnten. Es wurde geschnattert und gekichert, aber nicht geschlafen. Ich bildete keine

Ausnahme! Wenn ich nach dem Mittagsschlaf aufstehen musste, war ich erst recht müde.

Plötzlich wurde die Tür geöffnet und Meme Margit steckte den Kopf herein: »Wer hat hier Lärm gemacht?« Ich lag im Bett still wie eine kleine Maus. Fast immer kam ich damit durch. Denn ich wusste, wenn ich erwischt wurde, erwartete mich eine schlimme Strafe.

Dann fragte Meme Margit: »Wer will den Hocker halten!?« Die Missetäter mussten mit durchgedrücktem Kreuz und ausgestreckten Armen einen Hocker an den Beinen fassen und hoch in die Luft halten. So standen sie dann aufgereiht im Flur neben der Toilette im Dachgeschoss. Mich traf das glücklicherweise nur ein einziges Mal, weil ich zuvor Nadia als Unruhestifterin verpetzt und sie sich anschließend revanchiert hatte. Mir erschien die Zeit des Hocker-Hochhaltens wie eine Ewigkeit. Müde hat es mich allerdings nicht gemacht, nur furchtbar wütend auf Nadia. Es hat mich gelehrt, nicht mehr zu petzen. Lieber hielt ich den Mund. Keinesfalls wollte ich meinem Ruf als »Verräterkind« gerecht werden.

Am liebsten verkroch ich mich in eine Ecke des Gruppenraums und las meine Märchenbücher. Wenn das halbe Dutzend aus der Schulbibliothek in Zehna an andere Schüler ausgeliehen war, blieben nur die beiden, die es im Schloss gab. Ein weinrotes und ein gelbes. Um die entbrannte ein erbitterter Wettkampf zwischen »Marienkäferchen« Mila, der hübschen Melanie und mir. Nach dem Mittagessen im Erdgeschoss sprintete ich hoch in den Gruppenraum, um mir das rote Buch mit den russischen Märchen zu sichern. Damit ließ sich dann der Mittagsschlaf leichter aushalten. Abends las ich unter der

Bettdecke im Schein der Taschenlampe. Was eine wesentlich bessere Verwendung war, als damit SWAPO-Nachtmärsche zu absolvieren.

»Lucia, du verdirbst dir doch die Augen«, mahnte Meme Rosi sanft. Dann knipste ich gehorsam das Licht aus.

Aber wehe, ich hatte kein Märchenbuch erwischt, weil Melanie und Mila schneller gewesen waren! Dann plagte mich der Hunger auf Süßigkeiten. Ich wusste, dass Meme Paula Gummibärchen und Cashewnüsse in der dunkelbraunen Schrankwand rechts von der Tür im Gruppenraum aufbewahrte. Hinter einer kleinen Tür, die von einem Schloss gesichert wurde. Und der Schlüssel dazu lag oben auf dem Schrank.

Erst an diesem Nachmittag hatten wir alle zugesehen, wie Meme Paula Tüten voller Süßigkeiten ausgeleert und in zwölf gleich große Häufchen aufgeteilt hatte. Jeder bekam fünf dicke DDR-Gummibärchen und fünf Nüsse. Hinterher hatten wir eine Schallplatte von ABBA aufgelegt, *Thank you for the music*, und dazu getanzt. Meme Paula hatte auch mal eine Platte mit vielen deutschen »Schtars«, wie sie sagte, mitgebracht. Einer sang mit weicher Stimme: *Hello again, du, ich möchte dich heute noch sehn …*

Ich lag im Bett, sah die Nüsse und schmeckte in Gedanken den süß-sauren Geschmack der Bärchen. In dieser Nacht beschloss ich, sie mir zu holen.

Als ich sicher war, dass alle schliefen, schlüpfte ich unter meiner Daunendecke hervor und tastete mich zur Tür hinaus. Keine Nachtwache war zu sehen; Pionier Lucia war allein an der Front. Mit rasendem Herzen schlich ich an den Zimmern der namibischen Erzieherinnen Polly und Dotty vorbei, die Treppe runter, flitzte auf Zehenspitzen zum Gruppenraum. Nichts wie rein, Licht angemacht, den braunen Hocker geschnappt, raufgeklettert, den Schlüssel ertastet, die Tür aufgesperrt – vor mir lagen Meme Paulas Schätze griffbereit. Obendrein fand ich eine Tüte mit Schokoladen-Toffees. Ich stopfte mir die Backen voll wie ein Hamster!

Ich gab mir größte Mühe, mein nächtliches Schlemmen zu vertuschen, legte ordentlich den Schlüssel zurück und verräumte gerade den Hocker, als ich im schlafenden Schloss ein unangenehmes Geräusch hörte. Ich geriet in Panik, löschte das Licht und wartete in der Finsternis. Kein Gummibärchen der Welt war diese Angst wert … Als es still blieb, trat ich meinen Rückzug an. Und wieder musste ich an den Zimmern der beiden Erzieherinnen vorbei. Die Reste der Toffees, Nüsse und Bärchen in den Backen wälzend, nahm ich mir vor, so etwas nicht mehr zu machen.

Als wir am nächsten Nachmittag in den Gruppenraum kamen, war Meme Paula stinksauer. Sie brüllte wie ein Löwe in Afrika: »Wer hat die Süßigkeiten gestohlen?«

Mich wunderte es nicht, dass sich niemand bekannte. Ich, obwohl die Größte, machte mich klein und blickte mit großen Augen unschuldig drein.

»Es gibt für niemanden von euch Süßes und auch kein Fernsehen, wenn sich keiner meldet!«, rief Paula. Schweigen herrschte im Gruppenraum. Meme Paula wartete. Den Gedanken ertrug ich nicht: Keine Süßigkeiten! Kein Fernsehen!

»Ich hab's getan«, sagte ich mit schwacher Stimme.

Meme Paula lachte nur: »Ach, Lucia, du bist doch viel zu artig, um so etwas zu tun.«

Auf jeden Fall war ich zu artig, um jetzt zu widersprechen.

Plötzlich meldete sich Pwele. Sie war eine Stille wie ich. »Meme Paula, ich war das.« Sie sprach ganz leise.

Ich musste mich sehr beherrschen, um nicht loszukichern. Pwele war so etwas nicht zuzutrauen. Oder etwa doch? Mir sah ja auch niemand die Diebin an …

Das fand auch Meme Paula: »Pwele, du willst doch nur die Gruppe schützen. Aber ich weiß, dass du und Lucia niemals stehlen würden.« Sie wandte sich den anderen zu: »Da seht ihr mal, was ihr für tolle Kameradinnen habt. Nehmt euch mal ein Vorbild an Lucia und Pwele.«

Wir beiden Diebinnen tasteten uns vorsichtig mit Blicken ab, keine sagte ein Wort. Als das Wochenende kam, durften wir und Mila mit auf Paulas Bauernhof. Sie backte mit uns Pflaumenkuchen mit wundervoll süßem Teig.

Rund um die Uhr arbeiteten in jeder Gruppe fünf Erzieherinnen. Doch nicht jede von ihnen nahm Kinder mit zu sich nach Hause. Von den namibischen Erzieherinnen war es vor allem Meme Erika, die ein Zimmer in einem der kleinen Häuschen seitlich vom Schloss hatte, die früher für das Gesinde errichtet worden waren. Bei ihr hatte ich in Monsieur und seinem jüngeren Bruder Mark starke Konkurrenz. Für die beiden Brüder war ihre Tante zu einer richtigen Mutter geworden. Sie reagierten – anders als Erikas eigener Sohn Popel – mit großer Eifersucht, wenn ich ihre Tante besuchte.

»Lucia ist meine kleine Freundin und sie ist gekommen, um mich zu besuchen. Jeder bekommt seine Chance, bei mir zu übernachten«, sagte sie. Und die Jungs mussten im Schloss bleiben. Solche Nächte waren herrlich! Ich genoss es jedes Mal, nicht mit den anderen Kindern in einem Zimmer zu schlafen. Und vor allem hörte ich aufmerksam zu, wenn Erika aus ihrem Leben berichtete.

Vor allem beeindruckte mich ihre Erzählung, wie sie das Massaker von Cassinga überlebt hatte. »Es war früh am Morgen. Plötzlich waren viele Flugzeuge am Himmel. Wir wussten nicht, was geschah, als Bomben vom Himmel fielen. Menschen, mit denen man eben noch gesprochen hatte, lagen in ihrem Blut. Mein Mann, unsere beiden Söhne und ich flohen. Dann landeten Fallschirmspringer und stachen mit Bajonetten auf Überlebende ein. Meine Kinder konnte ich retten, aber mein Mann starb«, sagte Erika. Der Jüngere der beiden, Popel, wurde anderthalb Jahre später gleichzeitig mit mir in die DDR ausgeflogen.

Meme Erika schien die grauenhaften Bilder des Überfalls immer noch vor Augen zu haben. »Schließlich«, fuhr sie in ihrem Bericht fort, »fand ich meine Schwägerin. Oh, Lucia, so einen schrecklichen Anblick kann man niemals mehr vergessen. Sie hatte sich über ihre beiden kleinen Söhne geworfen, um sie vor den Gewehrschüssen zu beschützen. Sie selbst war getötet worden, aber die Jungen hatte sie mit ihrem Leben retten können.«

Ich lauschte mit angehaltenem Atem. Das hatte ich nicht gewusst. Weder Monsieur, der mich so oft verdrosch, noch sein kleiner Bruder hatten je davon erzählt.

Jetzt taten mir die beiden richtig Leid. Umso weniger verstand ich, weshalb sie zu mir so unfreundlich waren! »Warum verkloppt mich Monsieur ständig? Kannst du ihm nicht sagen, er soll das lassen?«, fragte ich.

Meme Erika zeigte mir ein Bild ihres Neffen. »Sei ihm nicht böse, Lucia. Er ist nicht so, wie er sich gibt. Eigentlich ist er ein ganz sanfter, lieber Junge.« Sie nahm mich in den Arm: »Warte es ab, Lucia, vielleicht wird aus euch beiden einmal ein Paar.«

Um Himmels willen, dachte ich, ich werde mich doch nicht mit einem wilden Löwen einlassen. Am Ende erginge es mir noch so wie in Meme Dottys namibischem Märchen, in dem der Löwe das Mädchen auffraß!

Tinos Kuss

Obwohl ich eine begeisterte Indianerin war, spielte ich mit meinen Freundinnen Mila und Pwele nach wie vor gern mit Puppen. Besonders nachdem wir alle Windpocken gehabt hatten, war das ein dankbares Spiel. Während wir drei unsere »kranken« Puppen auf der Wiese im Park behandelten, zog eines der Mädchen aus Gruppe 3 an uns vorbei.

»Wie sieht die denn aus?«, fragte ich.

»Das ist eine Braut«, erklärte mir Mila. »Und der Junge da ihr Bräutigam. Sieh mal, die haben sogar einen Pfarrer!«

Die »Braut« sah wirklich sehr schön aus. Sie trug eine lange Schleppe, die aus dem weißen Stoff einer alten Gardine genäht worden war.

Wir schnappten uns die Puppen und sahen uns die »Hochzeit« an. Braut und Bräutigam tauschten einen Kuss und die Zuschauer schrien laut: *»Wililili«*, wie man es bei einer Hochzeit im Ovamboland macht.

Ich überlegte mir, dass ich auch heiraten sollte. Mir war allerdings nicht so ganz klar, wer dafür infrage käme.

Nach langem Nachdenken entschied ich mich für Timmy. Nun musste ich das dem irgendwie beibringen. Ich ging zu jenem Jungen, der schon mal den Pfarrer gespielt hatte, und sagte: »Ich möchte, dass du mich mit dem Timmy verheiratest. Machst du das?«

»Lucia, es heiraten im Moment so viele. Ich muss mal sehen, ob ich noch Zeit habe.« Ich flehte und bettelte und er meinte schließlich: »Weiß denn der Timmy, dass du ihn heiraten willst?«

»Nee«, sagte ich, »du musst ihn für mich fragen.«

Ein paar Stunden später teilte er mir mit: »Timmy ist einverstanden.«

Ich bat die Wäschefrauen um einen Gardinenstoff. »Was denn, du heiratest auch, Lucia?« Sie kicherten fröhlich und ich bekam meinen Stoff, den ich zurechtschnitt. Im Gruppenraum hatten wir einen kleinen Schminkkasten, den ich ausgiebig benutzte. Dick mit Lippenstift bemalt und mit der langen Schleppe um Kopf und Schultern zog ich los zu meiner Hochzeit. Der »Pfarrer« hatte schon einige Paare auf einem kleinen Hügel getraut und erwartete mich. Nur mein Bräutigam hatte Verspätung. Nachdem er erschienen und wir vor ein paar in der Nähe schießenden Indianern in Deckung gegangen waren, konnte meine Hochzeit beginnen. Mir fiel auf, dass ich meinen künftigen Gemahl etwa um Kopfeslänge überragte.

»Willst du, Lucia, Timmy als deinen Ehemann für immer lieben?«, fragte der »Pfarrer«.

»Ja!«, rief ich.

Auch der Timmy zögerte mit seiner Antwort nicht lange.

»Jetzt seid ihr Mann und Frau«, sagte der »Pfarrer« und setzte hinzu: »Timmy, du darfst deine Braut küssen.«

Küssen? Da hatte ich wohl etwas Entscheidendes nicht bedacht! Ich ließ meine Schleppe schleunigst fallen, und während ich den Hügel hinuntersauste, bewies ich, dass ich nicht nur in der Schule die schnellste Läuferin war!

Mochte ich im Heiraten auch eine glatte Sechs bekommen, mit meinem ersten Schulzeugnis war ich zufrieden. Ich hatte nur Einsen und Zweien, es hieß jedoch, dass ich »nur schwer begreife«, dafür wurde ich als »kameradschaftlich und hilfsbereit« gelobt. Etwas verwundert war ich über die Schreibweise meines Nachnamens, in den sich ein zweites »b« eingemogelt hatte: Engbombe.

In den folgenden ersten Sommerferien machte ich zwei Erfahrungen. Und erfuhr, dass die wohl zusammengehören: ein Ferienlager und die erste Liebe! Eine tragischschöne, wie es in meinem Alter sein musste.

»Wir werden mit dem Zug fahren«, hatte Meme Rosi uns gesagt. Busse kannten wir; ein Zug war etwas Neues, Aufregendes. Stundenlang fuhren wir durch die schöne DDR, guckten mit großen Augen. Ständig riefen wir uns zu: »Schaut mal die vielen grünen Wälder!« Wir kamen durch große Städte und konnten es nicht fassen: »So viele Menschen auf einmal!« Denn unsere bisherigen Busausflüge hatten uns höchstens in die nahe Bellin gelegenen Kleinstädte wie Güstrow geführt.

Das Ferienlager bei Salzwedel war hübsch und sehr klein. In dem Haus gab es nur wenige Zimmer, eine große Küche, ein Bad und eine weite Wiese. Gleichzeitig mit uns machte dort eine Gruppe weißer Jungen Urlaub.

Sie waren annähernd gleich alt wie wir und wurden von einem jungen Mann betreut. Ich beobachtete ihre Kreisspiele, die ich nicht kannte. So rannte jemand um die im Rund sitzenden Kinder herum und ließ hinter jemandem ein Taschentuch fallen, der dann aufstehen und den anderen verfolgen musste.

Ein weißer Junge warf das Taschentuch hinter den Erzieher und rannte vor ihm davon. Genau gegen Shelley, die ich aus Nyango kannte. In Bellin hatten wir jedoch wenig Kontakt gehabt, da sie zur Gruppe 6 gehörte und leider alles weiterplapperte, was man ihr anvertraute. Durch den Zusammenprall mit dem Jungen verlor Shelley ihre Brille, die sie seit kurzem trug. Ich lief zu ihr, um ihr zu helfen. Da stand plötzlich der dunkelhaarige Betreuer der DDR-Kinder zwischen uns. Er setzte Shelley ihre Brille so liebevoll auf, als wäre sie seine kleine Schwester. Erst jetzt fiel mir auf, dass der junge Mann selbst eine Brille trug.

»Warum macht ihr nicht mit?«, fragte er. Damit war der Bann gebrochen und wir namibischen spielten mit den deutschen Kindern.

In der Küche, in der auch gegessen wurde, saßen wir alle zusammen. »Wie heißt du eigentlich?«, fragte Timmy den deutschen Betreuer.

»Tino«, antwortete er. Und Timmy wollte auch wissen, wie alt er war. »Du bist aber neugierig!« Tino lachte. »Ich bin 18. Das ist meine Ferienarbeit.«

Tino, dachte ich verzückt und ließ ihn nicht mehr aus den Augen. Er gefiel mir einfach sehr gut! Aber ich traute mich nicht, ihn anzusprechen. Wenn er in meine Nähe kam, löste ich mich in Luft auf.

123

Beim Essen sagte ich zu Mila: »Der ist wirklich hübsch, der Tino!« Da waren wir einer Meinung. Und Shelley, die alles mit angehört hatte, machte ihrem Ruf als Petze alle Ehre: »Die Lucia findet dich hübsch«, sagte sie zu Tino.

Ich hatte gerade Spaghetti mit Zucker auf meinem Teller, meine Leibspeise, als Tino an mir vorbeikam. Die Nudeln waren vergessen! Und dann sah er mich durch seine Brille an.

»Spaghetti mit Zucker esse ich auch für mein Leben gern«, sagte er.

»Die Lucia auch!«, krähte Shelley.

»Lucia«, sagte er, »dein Name bedeutet ›Licht‹, nicht wahr?«

»Ja!«, strahlte ich. Denn wenn die Jungs mich ärgern wollten, nannten sie mich Luzifer. Ich, deren heimlicher Beistand nach wie vor Gott war, hasste das. Aber Tino hatte meinen Namen richtig erkannt.

»Hast du schon einen Schwarm, Lucia?«, fragte er.

»Ich weiß nicht«, antwortete ich. Und das war die Wahrheit; denn ich kannte dieses Wort nicht!

Woher auch immer – Shelley wusste, was er meinte: »Du bist ihr Schwarm, Tino!« Ich saß mit glühenden Ohren da. So lange schon träumte ich davon, einen Prinzen zu treffen. Und nun wusste ich nicht mal, dass man so jemanden Schwarm nannte!

Während des ganzen Aufenthalts war Tino der Liebling unserer Jungs. Sie sahen in ihm ein Vorbild, das sie sonst allenfalls in Teacher Jonas finden konnten. Ich kam an Tino kaum heran und sah ihn meistens von ferne Fußball spielen. Als der letzte Tag im Ferienlager kam, war ich richtig traurig.

»Was ist mit dir denn, Lucia?« Er stand direkt neben mir!

»Och, ich will nicht wieder zurück«, druckste ich.

»Meine Gruppe reist auch morgen ab. Wir werden im gleichen Zug sitzen«, sagte er.

Im Abteil drängten sich die Jungs um Tino. »Er hat mir seine Adresse gegeben! Ich darf ihm schreiben!«, rief Timmy aufgeregt. Wenig später hatten alle namibischen Jungen seine Anschrift. Und ich trauerte! Zu gern hätte ich Tino geschrieben.

Plötzlich sagte Timmy zu mir: »Tino möchte, dass du zu ihm kommst!«

Ich schluckte. Das sollte wohl ein Witz sein! Aber ich ging trotzdem, klopfenden Herzens. »Ich wollte mich von dir verabschieden«, sagte mein »Schwarm«, kaum dass ich mit zittrigen Fingern die Tür zu seinem Abteil geöffnet hatte. »Wir könnten doch Brieffreunde werden«, schlug er vor. »Willst du mir nicht deine Adresse geben?«

»Das ist verboten«, antwortete ich kraftlos.

»Nanu, wieso denn das?«

»Wir kommen aus einem Land, in dem Krieg geführt wird. Unsere Feinde sollen nicht wissen, wo wir sind«, antwortete ich.

Tino lachte. »Was ist denn das für ein Land, dass ihr so gefährdet seid?«

»Hat dir das noch keiner von den Jungs gesagt?«, fragte ich. Er schüttelte ganz ernst den Kopf. Und ich hielt meinen Mund. Das böse Wort vom »Verräter« im Hinterkopf, selbst jetzt.

»Na, komm schon, frag wenigstens deine Erzieherin,

ob wir Brieffreunde werden können!«, bat Tino. »Ich bin sicher, sie wird's erlauben.«

Ich rannte aufgeregt zu Meme Rosi. »Bitte, darf Tino mein Brieffreund werden?«, flehte ich. Und sie ließ sich erweichen! Ich kritzelte unsere Schlossadresse, meinen Namen und auch den von ein paar Jungs auf einen Zettel und eilte zurück. Er gab mir seine Adresse auf einem weißen Stück Papier.

»Danke, Lucia, ich werde dir schreiben«, versprach er. Ich stand verlegen vor meinem Schwarm und wusste nicht weiter. Da beugte er sich vor und gab mir einen Kuss auf den Mund! Ich wusste gar nicht, wie mir geschah. So schnell hatte mein Herz noch nie gerast! Irgendwie erwischte ich den Griff der Abteiltür, schob sie auf. Tino winkte mir ein letztes Mal zu und ich lief auf Wattebeinen zurück zu meiner Gruppe, Tinos Zettel in meinen feuchten Fingern.

Ich war das einzige Mädchen, das seine Adresse hatte, und so glücklich wie noch nie zuvor in meinem Leben. Nun tat der Abschied gar nicht mehr so weh.

Kaum zurück im Schloss schrieb ich Tino sofort den ersten Brief. Es dauerte nicht lange und er antwortete. Auch ein paar der Jungs bekamen von ihm Post. Doch im Lauf der Zeit erhielten immer weniger Jungs Briefe. Mir schrieb er jedoch weiterhin und ich blieb fleißig im Zurückschreiben.

»Warum bekommen wir keine Post mehr von Tino? Aber du noch?«, meckerten sie. »Hast du ihm etwa irgendwelche Lügen über uns erzählt?«

»Nein«, meinte ich, »da kann ich wirklich nichts dafür. Vielleicht habt ihr ihm nicht so oft geantwortet wie ich.«

An ihren Mienen sah ich, dass ich Recht hatte. Für mich verging dies zweite Schuljahr wie im Flug, denn ich hatte Tino, dem ich erzählte, was ich erlebte.

Wenn ich mit den Jungs Indianer spielen wollte, dann ließen sie mich jedoch nicht mehr mitmachen. »Du hast uns an den Tino verraten«, sagten sie. »Wir lassen dich erst wieder mitmachen, wenn du ihm nicht mehr schreibst.«

Eine Weile hielt ich das noch aus. Aber sie durchsuchten meine Sachen, um mir Tinos Anschrift wegzunehmen. Es war gar nicht so einfach, ein Versteck zu finden, wo ich den kleinen weißen Zettel verbergen konnte. Ich ärgerte mich furchtbar und setzte mich schließlich im Gruppenraum an einen Tisch und formulierte sorgfältig einen letzten Brief an meinen Schwarm.

Lieber Tino, es tut mir Leid, dass wir uns nicht mehr schreiben können. Aber die Jungs machen mir das Leben schwer, wenn ich nicht aufhöre, dir zu schreiben. Deine Lucia

Ich gab den Brief wie üblich Meme Rosi, damit sie ihn zur Post brachte, und kehrte zu meiner Gruppe zurück. Schließlich öffnete ich meine Federtasche und holte den kostbarsten Schatz hervor, den ich besaß.

»Zerreiß den Zettel!«, riefen die Jungs.

Ich warf noch einen letzten Blick darauf. Dann zerfetzte ich Tinos Anschrift in lauter kleine Schnipsel. Ich rannte nach oben in unseren Schlafraum, warf mich auf mein Bett und heulte.

Brüderlich geteilt

Mit meinem Liebesleid und -glück war ich so beschäftigt gewesen, dass ich erst recht spät mitbekam, dass meine Freundin Mecky nicht mehr in Gruppe 1 war. Ich fragte die Erzieherinnen, was mit meiner kleinen, früheren Nachbarin aus Nyango geschehen war. Ich blickte in verschlossene Gesichter; niemand gab mir Antwort.

Ich wandte mich an Meme Erika: »Weißt du, wo Mecky geblieben ist?«

Meine mütterliche Freundin blickte mir tief in die Augen. Ich spürte, dass sie über etwas Bescheid wusste, worüber sie eigentlich nicht sprechen durfte. »Weißt du, Lucia, Mecky wohnt nicht mehr in Bellin.«

»Wo ist sie denn?«

Meme Erika streichelte mich sanft. »Weit weg, mein Kind.«

Mir kam ein Verdacht: »Ist sie in Afrika?«

Die lebenskluge Frau schüttelte den Kopf: »Sie ist bei ihren Eltern.«

Ich blickte sie verständnislos an. »Aber wieso denn? Warum kann ich dann nicht zu meinen Eltern?«

»Ich weiß es nicht, Lucia. Ihre Eltern wollten wohl nicht mehr, dass Mecky hier wohnt.«

Mehr bekam ich nicht heraus. Mecky war in den mehr als zehneinhalb Jahren, die wir Kinder in der DDR verbrachten, das einzige Kind, das uns vorzeitig verließ. Damals war ich traurig und enttäuscht. Ich vergaß Mecky nie und musste mehr als zehn Jahre warten, bis ich begriff, was damals geschehen war.

Im Februar 1982 trafen 25 neue Kinder aus Angola in Bellin ein, für die zwei weitere Gruppen gebildet wurden, die 7 und 8. Das war eine etwas seltsame Zahleneinteilung, denn eigentlich waren in der 5 und der 6 die Ältesten, in der 1 und der 2 die Jüngsten. Als es so festgelegt worden war, hatte niemand geahnt, dass der Befreiungskrieg so lange dauern und noch mehr Kinder nachkommen würden. Unser Präsident hatte die DDR-Führung jedoch überzeugen können, weitere Kinder aufzunehmen. Im Schloss waren nun so ziemlich alle Zimmer belegt.

Wir »Großen« kannten uns inzwischen gut aus, wussten, wo sich im Keller die Schlitten befanden und wie man ohne Hilfe rodelte. Direkt neben unserem bevorzugten Rodelhügel verlief der Bach. Mir machte es Spaß, diesen kleinen Hang hinunterzufahren. Auch, wenn ich dabei oft im eiskalten Wasser landete.

»Die Lucia ist schon wieder mit dem Schlitten in den Bach gefallen«, petzte Shelley den Erzieherinnen. Ich legte meine Sachen jedoch unverdrossen zum Trocknen auf die Heizung.

»Lucia, du machst das ja wirklich picobello«, lobte mich Meme Paula. Dann sah sie mich nachdenklich an.

»Jetzt sind doch so viele neue Kinder da, willst du nicht mal in die Gruppen 7 und 8 gehen und fragen, ob du den Erzieherinnen mit den Kleinen helfen kannst?«

Ich ließ mich nicht zweimal bitten! Nachdem Mecky fort war, sehnte ich mich nach einem kleinen Mädchen, für das ich mit meinen neun Jahren die große Schwester spielen könnte.

Die Neuankömmlinge machten anfangs alles genauso falsch wie wir. »Nein, du darfst die Zahnpasta nicht essen«, hörte ich eine deutsche Erzieherin auf eines der kleinen namibischen Mädchen einreden. Die verstand kein Wort und weinte, weil ihr diese leckere Paste weggenommen wurde. Ich beugte mich zu dem Mädchen herunter und erklärte es ihr in Oshivambo. Sie verstand immer noch nicht, was ich wollte. Also nahm ich meinen eigenen Zahnputzbecher und meine Bürste, die nicht weit entfernt in dem großen Waschraum neben denen der anderen Kinder aufgereiht standen. Ich machte ihr genau vor, wie sie es machen sollte, und spuckte in weitem Bogen ins Waschbecken. Die Kleine kicherte und machte es mir nach.

»Wie heißt du denn?«, fragte ich sie in unserer Sprache.

»Lilli«, antwortete sie scheu. Lilli war ein sehr dünnes, kleines Mädchen mit großen traurigen Augen und etwa so alt wie meine kleine Schwester Pena, als wir uns in Nyango getrennt hatten. Lilli war gemeinsam mit ihrer gleichaltrigen hübschen Cousine Nati eingetroffen. Die beiden Vierjährigen hatten zuvor lediglich im Flüchtlingslager Kwanza Sul gelebt. Ich nahm die Kleinen an den Händen und zog mit ihnen durchs Schloss, um ihnen zu erklären, was es zu entdecken gab.

»Du sprichst aber komisch!«, sagte Lilli.

»Wie meinst du das?«, fragte ich nach.

Sie und Nati kicherten niedlich und etwas ratlos.

Wenn sie mir etwas in Oshivambo erzählten, fiel mir auf, dass sie die Worte anders aussprachen als ich. Oft suchte ich nach einem Begriff in meiner Muttersprache, um ihnen Dinge zu erklären. Und stellte erstaunt fest – er war weg! Zuvor war mir das nicht aufgefallen, doch nun wurde es mir bewusst: Ich hatte begonnen, mein Oshivambo zu vergessen. Denn wir sprachen untereinander längst alle Deutsch. Nur die kleinen Geheimnisse, mit denen deutsche Lehrer und Erzieher ausgetrickst wurden, formulierten wir so, dass uns niemand verstand. Und natürlich, wenn wir auf die deutschen Erzieherinnen schimpften! Dabei entstand ein lustiger Mix aus Oshivambo und Deutsch.

»Jetzt seid ihr in Deutschland«, sagte ich zu Lilli und Nati, »ihr müsst Deutsch lernen.« Und ich machte es ihnen vor. Ganz so, wie Meme Polly mir in dieser Hinsicht zwei Jahre zuvor mit gutem Beispiel vorangegangen war.

Ich half den beiden sich warm anzuziehen, zeigte ihnen den Schnee und den Schlitten, den Bach und den zugefrorenen See. »Das ist Eis, darauf dürft ihr nicht treten!« Ich fühlte mich ein wenig wie eine Mutter, wenn ich mit den Kleinen zusammen war. So wie Mecky meine Märchen einst geliebt hatte, konnte ich den beiden allmählich von Aschenputtel und Rapunzel, Prinzessinnen und Prinzen erzählen. So lernten sie Deutsch und Oshivambo verlor immer mehr an Bedeutung.

Die Briefe, die ich nur noch selten an meine Mutter schrieb, formulierte ich schon lange auf Deutsch und legte sie Meme Rosi zum Übersetzen hin. Meme Tuahafifua antwortete in immer größeren Abständen. Die umständliche Kommunikation ließ ohnehin keinen wirklichen Austausch mehr zu. Stundenlang saß ich über dem leeren Blatt und überlegte, was ich ihr eigentlich noch zu sagen hatte. Oft stand da nur: »Wie geht es dir? Mir geht es gut.« Nachdem Lilli und Nati gekommen waren, konnte ich wenigstens von den beiden Cousinen berichten. Unter meinen Brief schrieb ich dann manchmal: »Wie geht es Jo, Martin und der kleinen Pena?«

Mutter schrieb, sie wäre sicher, dass es ihnen gut ginge. Gesehen hatte sie ihre drei anderen Kinder schon lange nicht mehr: »Ich studiere fleißig in Moskau«, teilte sie mir mit.

Wenn Meme Rosi mir diese dürren Worte vorgelesen hatte, blickte sie mich hinterher mitleidig an und fragte manchmal: »Na, Lucia, soll ich dir jetzt erst einmal deine Haare schön flechten?« Ich saß still und genoss es. Dann lief ich zum Spielen zu Lilli und Nati und versuchte nicht mehr daran zu denken, wie sehr mir Mutter fehlte.

In meiner eigenen Gruppe gab es nicht mehr so viele Raufereien wie früher. Die Zeiten, in denen wir uns das Essen gegenseitig wegnahmen, waren ohnehin endgültig vorüber. Im Gegenteil: Wir begannen brüderlich und schwesterlich zu teilen. Als es wieder Hähnchen gab, aßen unsere Erzieher nebenan in ihrem Speisesaal Kaninchen. Ricky, der sich mit Teacher Jonas gut verstand, ging hinüber und bat den Lehrer um einen Kaninchenknochen. Er kam damit zurück und machte sich genüsslich darüber her.

»Hey«, rief Boneti, dessen eigentlicher Name *Ich habe Stöcke* bedeutete, »lass mich auch mal probieren!«

Ricky gab ihm den Knochen und Boneti knabberte daran. Dann reichte er das Ding an Timmy weiter. Schließlich wanderte das beständig dünner werdende Häschenbein zwischen den Tischen hin und her. Selbst ich bekam noch eine Ahnung vom Kaninchengeschmack.

Plötzlich stand Teacher Jonas zwischen uns: »Scheische, was macht ihr denn da?« Er klang ganz schön sauer. »Ihr könnt doch nicht alle von dem Knochen essen! Wenn einer von euch eine Krankheit bekommt, dann haben sie am Ende alle.« Er blickte zornig in die Runde. »Räumt jetzt das Geschirr weg und dann sehen wir uns im Gruppenraum.«

Pwele und ich wechselten einen ängstlichen Blick. »Ob er uns wieder schlägt?«, fragte sie und begann ihre Wangen zu reiben. »Was machst du denn da?«, fragte ich.

»Wenn du dir vorher die Backen reibst, tut die Ohrfeige nicht so weh«, sagte sie. Das war ein neuer Trick! Bislang hatten wir uns nur die Ohren mit Vaseline eingeschmiert, damit Jonas abrutschte, wenn er uns daran zog. Während wir die Tische abräumten, rieben wir uns emsig die Wangen und kamen entsprechend gut durchblutet im Gruppenraum an.

»Stellt euch hintereinander auf«, befahl Lehrer Jonas. Wenn er nicht hinsah, rieben wir uns heimlich weiter die Wangen. »So eine Scheische macht ihr nie wieder«, schimpfte der Lehrer. »Merkt euch das!« Dann ging er durch die Reihe und es klatschte auf gut angewärmte Gesichter. »Heult ja nicht!«, herrschte er uns an. Und wir

133

Soldaten, Sams Elite, weinten nicht. Jedenfalls solange, wie Jonas in der Nähe war.

Er schickte uns rauf zum verhassten Mittagsschlaf. Knochen haben wir danach nie wieder geteilt. Aber Lehrer Jonas brachte uns auch gar nicht erst in Versuchung.

Teacher Jonas ließ uns wieder zum Appell antreten: »Der Präsident wird uns bald wieder besuchen!«

»*Viva Nujoma!*«, riefen wir begeistert.

»Der Präsident möchte sehen, wie gut ihr Singen und Tanzen könnt. Also gebt euch Mühe, damit Präsident Nujoma auf euch stolz ist.«

Ich erzählte meinen beiden Schützlingen Lilli und Nati davon und machte mir Gedanken, wie der Präsident auch auf mich stolz sein konnte. Ich ging gerade beim Sportraum vorbei, in dem unser Chor sonntags neue Lieder einübte. Ich verharrte mucksmäuschenstill vor der geschlossenen Tür und lauschte; Kinder aus den Gruppen 1 bis 6 sangen gemeinsam.

Plötzlich tauchte die dicke Edda auf: »Was machst du denn hier?«, schnauzte sie mich an. »Du mit deiner scheußlichen Stimme kannst doch sowieso nicht singen!« Sie lachte verächtlich und ließ mich stehen.

Ich schickte ihr einen gefährlich bösen Blick nach und dachte: Kann ich doch! Du wirst schon sehen!

Vorsichtig drückte ich die große schwere Holztür auf und schlich in den Raum. Ich setzte mich unauffällig auf den Holzboden und hörte zu. Der vielstimmige Gesang gefiel mir so gut!

»Na, Lucia«, sagte Meme Polly, die mit den anderen

namibische Kampflieder einstudierte, »was machst du denn hier?«

»Ich möchte auch gern mitsingen«, meinte ich.

»Sing uns doch mal etwas vor«, erwiderte sie. Ich gab mehr als nur mein Bestes! »Das war wirklich nicht schlecht. Wir könnten schon noch jemanden gebrauchen«, sagte Meme Polly. »Wie wäre es, wenn du bei den ersten Stimmen mitsingst?« Von da an fehlte ich nie, wenn am Sonntagmorgen gleich nach dem Frühstück Chorprobe war.

Vor dem zweiten Besuch des Präsidenten fuhren wir zu unserer Patenbrigade, den Näherinnen in Güstrow, die wir so gern mochten. Sie nahmen unsere Maße und stellten neue Röckchen und Hemden her; die im Schloss angestellten Näherinnen waren vollauf mit Flicken und Stopfen der Kleidung für über hundert Kinder beschäftigt. Alles, aus dem wir rausgewachsen waren, wurde picobello gepflegt an die jüngeren Kinder weitergegeben.

Sam Nujoma kam diesmal mit einer noch viel größeren Begleiterschar. Inzwischen konnten wir Großen uns wie richtige SWAPO-Pioniere benehmen. Wir marschierten vor dem Präsidenten und drehten uns auf Teacher Jonas' Kommando *»Light tuln«* perfekt nach links. Sam Nujoma blieb diesmal etwas länger und ich hatte zwei Gelegenheiten, um ihm zu zeigen, was ich gelernt hatte: den Chor und die Tanzgruppe.

Mir fiel auf, dass sich an seiner Seite eine rundliche Afrikanerin aufhielt, die sehr freundlich wirkte. »Das ist die Frau unseres Präsidenten«, erklärte mir Meme Polly, während wir auf unseren nächsten Einsatz warteten. »Ich habe gehört, dass sie bei uns bleiben wird, wenn der Präsident wieder zurückfährt.«

Wir Kinder lernten sie schon bald näher kennen und nannten sie Meme Sissy. Sie wohnte im Dachgeschoss, nicht weit entfernt von unseren Schlafräumen. Oft kam sie zu uns runter in die Gruppenräume und hörte sich an, was wir gelernt hatten. Sie half auch bei den kleinen Kindern als Erzieherin aus, wenn jemand ausgefallen war.

Wenn ich sie sah, fragte ich ganz unkompliziert: »Wie geht es dir, Meme Sissy?«

»Mir geht es sehr gut, Lucia. Es ist schön bei euch im Schloss!«, sagte sie.

Manchmal besuchte ich sie auch in ihrem Zimmer. Denn nicht immer kam sie zu uns runter. »Was ist mit dir, Meme? Warum bleibst du hier oben ganz allein?«, fragte ich.

»Heute fühle ich mich nicht so wohl, Lucia. Weißt du, ich habe eine Krankheit, wegen der ich manchmal müde bin. Dann brauche ich einfach etwas Ruhe.«

»Was hast du denn, Meme?«, fragte ich.

Und sie erklärte mir, dass sie an Diabetes litt. »Hier in der DDR gibt es gute Ärzte, die mir Spritzen geben. Du brauchst dir keine Sorgen zu machen, Lucia.«

Meme Sissy war, wenn es ihr gut ging, überall im Schloss unterwegs. Wenn ich in den Keller zu den Näherinnen ging, fand ich sie dort vor. Es machte ihr Spaß, gemeinsam mit den Frauen unsere kaputte Kleidung auszubessern. Sie war wirklich wie eine Mutter zu uns allen und begleitete uns auch auf Ausflüge außerhalb von Bellin.

Bald trafen noch ein paar weitere Kinder in Bellin ein, die in die bestehenden Gruppen integriert wurden. Darunter ein Junge, der mit Nachnamen Nujoma hieß. Er war der Bruder eines Mitschülers, der seit Dezember 1979 in einer der jüngeren Gruppen lebte.

»Die beiden haben es aber gut, jetzt leben sie bei ihrer Mutter und ihr Vater kommt auch oft zu Besuch«, meinte ich, als ich Meme Erika besuchte.

Meme Erika kannte die Familie Nujoma ziemlich gut, weil sie lange in Kwanza Sul und der angolanischen Hauptstadt Luanda gearbeitet hatte, bevor sie zu uns nach Bellin gekommen war. Sie lächelte mich an. »Es sind ihre Enkel, Lucia.«

Ich dachte scharf nach. Wenn das die Enkel waren, wer war dann Meme Sissy? Die Großmutter?

»Ja, Lucia, so ist es.« Meme Erika lächelte mich an. »Meme Sissy und der Präsident haben mehrere Söhne und schon viele Enkel.«

Als einer der Präsidentensöhne seinen Urlaub im Schloss verbrachte, war ich sehr überrascht. Denn der junge Mann trug keine Uniform, sondern fröhliche bunte Hemden und ganz einfache Sandalen. Meme Erika erklärte mir, dass er im nicht weit entfernten Stendal Verfahrenstechnik studierte. Teacher Jonas und er verstanden sich sehr gut. Sie saßen oft lange zusammen und unterhielten sich über Namibia und den Krieg.

Auch ein paar Soldaten besuchten uns während seines Aufenthalts. Sie erzählten uns, dass die Kämpfer zwar viele Erfolge errungen, die Südafrikaner unsere Heimat jedoch noch nicht verlassen hätten.

»Ihr müsst also gute Soldaten werden, damit ihr euer Land verteidigen könnt, wenn der Präsident euch ruft«, ermahnte uns Teacher Jonas eindringlich.

Ich näherte mich scheu einem der uniformierten Kämpfer. In mir brannte die Frage, ob mein Vater immer noch als »Verräter« galt. Als mir der Moment passend erschien, sagte ich mit einem Zittern in der Stimme: »Ich bin Lucia Engombe. Weißt du etwas Neues über meinen Vater?«

Der Kämpfer blickte mich unfreundlich an: »Fragst du etwa nach Immanuel Engombe?« Ich nickte. »Dieser Verräter ist gestorben.«

Ich starrte den Soldaten fassungslos an. »Aber wieso denn?«

Jetzt schob sich Teacher Jonas zwischen den Kämpfer und mich. »Dein Vater hat an einer Demonstration teilgenommen. Dabei wurde er getötet.«

Ich rannte aus dem Raum, um meine Tränen nicht zu zeigen. Ich schloss mich auf der Toilette ein, wo mich niemand finden sollte. Die Erinnerung an meinen Vater war ohnehin schon so sehr verblasst. Eigentlich wusste ich nicht viel mehr als das, was Mutter mir während ihres unglückseligen Besuchs zu meinem falschen achten Geburtstag gesagt hatte: Er war Schuldirektor gewesen. Inzwischen konnte ich wesentlich besser beurteilen, dass das ein sehr wichtiger Beruf war. Und dass es irgendwie seltsam war, dass ein Schulleiter während einer Demonstration getötet worden sein sollte. Demonstrationen kannte ich von den Versammlungen am 1. Mai, zu denen wir mit roten Nelken und roten Fahnen marschierten. Und zwar sehr friedlich.

Ich verließ mein Toiletten-Versteck und suchte meine kleinen Freundinnen Lilli und Nati. Es war besser, mit ihnen zu spielen, als über meinen Vater nachzudenken.

138

Das Grübeln brachte ihn nicht zu mir zurück. Mutter in meinen Briefen zu fragen, wagte ich nicht mehr: Auch für sie, so dachte ich jedenfalls, war er ja ein »Verräter«. Für mich war er es nicht, trotz allem. Ebenso wenig wollte mein Kinder-Dickkopf glauben, dass Vater tatsächlich tot war.

Milas Tränen

Das dritte Schuljahr hatte ich mit einem Zeugnis voller Einsen und Zweien hinter mich gebracht und anschließend zwei Wochen Sommerferien mit meinen Freunden und Freundinnen im Lager in Prerow an der Ostsee verlebt. Wir wussten nun, dass wir erst nach Afrika zurückmüssten, wenn wir unsere Ausbildung abgeschlossen hatten. Wir brachen darüber nicht etwa in Jubel aus; es war normal, dass wir in Bellin lebten. Wohin sollten wir sonst?

»Soldaten müssen bereit sein, für die Heimat zu sterben«, sagte Teacher Jonas oft.

Einmal hörte ich meinen Gruppenkameraden Greg leise sagen: »Ich will mich aber nicht erschießen lassen.«

»Scheische, was redest du da!«, brüllte Teacher Jonas und eilte auf Greg zu. Auch wenn ich es früher gehasst hatte, dass er so feuchte Hände hatte – inzwischen mochte ich Greg. Er ging Schlägereien aus dem Weg und war immer freundlich. Doch das hätte er nicht sagen sollen! Der namibische Lehrer und einstige Soldat ließ seine Hand mehrmals in Gregs Gesicht klatschen.

Nicht die SWAPO und auch nicht die DDR, aber die überschaubare Welt des Kinderheims Bellin war mein wahres Zuhause geworden. Es gab zwar gelegentliche Streitereien mit den anderen Kindern, aber ich dachte mir: In welcher Familie gibt es die nicht? Doch dann geschah etwas, was mich an eines meiner schrecklichsten Erlebnisse in Nyango erinnerte.

Es war an einem Sonntagvormittag im Herbst 1984. Meine Freundinnen Lilli, Nati und ich wussten nicht so recht, was wir spielen sollten.

»Wir suchen Mila«, schlug Nati vor. »Die hat vielleicht eine Idee!«

»Die Mila habe ich seit gestern Abend nicht mehr gesehen«, meinte ich.

Ihr Bett im Schlafraum war leer geblieben. Ich nahm an, sie wäre wieder einmal bei einer der deutschen Erzieherinnen, um das Wochenende dort zu verbringen. Aber ich hatte ein seltsames Gefühl, denn Mila hatte mich nicht darüber informiert. Melanie, Pwele sowie alle anderen, die wir drei fragten, wussten ebenfalls nichts. Auch Meme Hanna hatte ihr »Marienkäferchen« nicht mit nach Hause genommen. Die anderen Erzieherinnen, mit denen Mila sich verstand, hatten alle Dienst. Dann wird sie wohl bei den namibischen Frauen sein, die in dem alten Gesindegebäude links vom Appellplatz lebten, folgerte ich.

Also sah ich dort nach. »Nein«, sagte Meme Erika, »Mila war nicht hier.« Bei ihr war richtig was los: Sie hatte Besuch von ihren beiden Neffen und ihrem Sohn. Enttäuscht zog ich mich zurück.

Plötzlich hörte ich Pwele meinen Namen rufen. »Lucia! Da bist du ja! Komm schnell! Ich habe Mila gefunden«, stieß meine Freundin außer Atem hervor.

»Mila?«, fragte ich. »Ist sie denn doch im Heim?«

»Ja! Und es geht ihr gar nicht gut!« Pwele war sehr aufgeregt. »Es ist etwas passiert, Lucia. Die Mila hat die ganze Zeit geweint. Ich habe sie jetzt in unseren Schlafsaal gebracht. Sie ist völlig durcheinander.«

Wir beide rannten ins Schloss und hasteten die Treppen hinauf zu den Schlafräumen im Dachgeschoss. »Was hat sie denn?«, fragte ich.

Pwele blickte sich vorsichtig um. »Kann ich dir hier nicht sagen. Komm erst mal mit rauf! Melanie ist jetzt bei ihr.« Ich wurde immer neugieriger. Im Dachgeschoss öffnete Pwele vorsichtig die Tür zu unserem Schlafsaal.

Melanie hob sofort den Zeigefinger an die Lippen: »Seid leise«, flüsterte sie.

Mila lag in ihrem Bett. Sie hatte sich zur Seite gedreht, sodass ich ihr Gesicht nicht sehen konnte. Meine Freundin schlief ganz friedlich; nur die Uhrzeit war etwas ungewöhnlich. Sonntagvormittag durfte man nur bei Krankheit im Bett bleiben.

Plötzlich schlug Mila im Traum um sich. So, als wollte sie jemanden abwehren. Erschrocken wich ich einen Schritt zurück. Pwele und Melanie versuchten sie zu besänftigen. Aber sie schrie: »Lass mich!«

Pwele sagte ganz sanft: »Wir sind es doch nur, Mila. Pwele, Melanie und Lucia. Du brauchst keine Angst zu haben.«

Doch Mila schlug weiter um sich. Jetzt sah ich ihr Gesicht. Es war geschwollen, ihre vollen weichen Lippen waren an einer Stelle aufgeplatzt.

»Was ist mit ihr geschehen?«, fragte ich völlig verwirrt.

Pwele blickte mich besorgt an. »Sie hat gesagt, Jonas hat ihr was getan.« Meine Freundin sprach sehr leise.

»Teacher Jonas?«, wiederholte ich ungläubig. Er schlug uns oft, mit der Hand, mit dem Gürtel. Aber Mila hatte er als Einzige noch niemals geschlagen; sie galt nach wie vor als sein Liebling.

Aus Mila war eine Weile kein Wort herauszubekommen. Sie weinte, das Schluchzen ließ ihren ganzen Körper erzittern. Wir drei standen hilflos neben dem Bett unserer Freundin und starrten in ihr verletztes Gesicht.

»Wo hast du sie denn gefunden?«, fragte ich Pwele leise.

»Ich kam von unserem Gruppenraum und wollte zu den Toiletten neben Meme Pollys Zimmer. Da hörte ich jemanden leise wimmern«, erzählte Pwele. »Es war Mila. Sie stand vor dem Waschbecken und wusch sich.«

»Es war nicht meine Schuld«, sagte Mila ganz leise. »Er hat mich einfach in sein Zimmer hineingezogen.«

»Teacher Jonas?«, fragte ich. »Wieso? Was hast du bei ihm gewollt?«

»Er hat zu mir gesagt, dass ich ihm sein Abendessen aufs Zimmer bringen sollte«, brachte Mila unter Tränen hervor. »Ich musste ihm doch gehorchen. Aber ich wusste, dass er mich wieder küssen wollte.«

»Hat er dich schon mal geküsst?«, fragte ich entsetzt.

Sie nickte. »Sehr oft. Er war ... du weißt schon wie.«

Wir alle wussten, was sie damit meinte. *Du weißt schon wie*, das hieß, dass er Alkohol getrunken hatte. Dann ging er lieber nicht hinunter zu den anderen Erziehern in deren Essraum. Viele meiner Freundinnen meinten, er

143

würde sie seltsam anstarren, wenn er angetrunken war. Ich hatte das nie so empfunden. Aber ich ging dem Lehrer ohnehin nach Möglichkeit aus dem Weg, weil ich immer Angst hatte, etwas falsch zu machen und dafür dann Prügel zu beziehen.

»Er wollte mich auch diesmal wieder küssen und warf mich dann auf den Tisch. Ich habe mich gewehrt und ihn weggestoßen«, fuhr Mila unter Tränen fort. »Er war viel stärker.« Wieder versagte ihre Stimme. »Er schlug mich und versuchte immer wieder mir wehzutun ...« Sie konnte kaum weitersprechen und starrte uns aus tränennassen Augen an. »Er hat mich nicht fortgelassen und gesagt, er würde mich furchtbar bestrafen, wenn ich es jemandem erzählen würde. Ihr müsst versprechen, dass ihr es niemandem verratet! Ich habe solche Angst.«

»Nein, wir werden nichts sagen«, versprachen wir. Als handelte es sich um ein Indianer-Ehrenwort.

Mit Ehre hatte all das nichts zu tun, das war uns klar. Wir hatten einfach nur Angst. Vor allem ich. Obwohl ich so wütend war. Denn ich sah das zornige Gesicht der Erzieherin vor mir, die mich in Nyango während des Appells vor dem versammelten Kindergarten angeschrien hatte: »Hier ist die Sünderin. Ich hab sie dabei erwischt, wie sie es getrieben hat!« Ich war damals von einem Jungen überfallen worden und die Frau hatte einfach das Gegenteil behauptet. Damit hatte sie mich eigentlich noch mehr gedemütigt als der Junge.

Jetzt schien sich alles zu wiederholen. Der Lehrer durfte Mila einschüchtern, obwohl doch er etwas Verbotenes getan hatte. Wir alle waren ihm ausgeliefert und zu Respekt verpflichtet.

Wir wechselten uns den restlichen Tag über bei Mila ab und wenn eine Erzieherin nach ihr fragte, logen wir: »Ach, der geht es nicht gut. Zum Abendessen kommt sie aber wieder runter.«

»Na, das ist lieb von euch, dass ihr euch so um Mila kümmert«, sagte Meme Hanna großmütig.

Gegen Abend hielt ich bei Mila »Wache«. Mein stets leerer Magen verlangte trotz allem einfach sein Recht. »Ich bringe dir etwas zum Essen mit«, schlug ich Mila vor.

»Musst du nicht. Ich habe keinen Hunger«, sagte sie.

Im Speisesaal lud ich dennoch für sie einen Teller voll und machte mich auf den Rückweg.

»Wohin bringst du das?«, fragte Meme Hanna.

»Ach, nur zu Mila, die fühlt sich nicht wohl.«

Meme Hanna wurde nun doch neugierig: »Was für eine Krankheit hat sie eigentlich, dass sie nicht selbst nach unten kommen kann?«

Ich druckste herum: »Ich habe Mila versprochen, dass ich ihr Geheimnis nicht verrate.«

»Dann bekommt Mila auch nichts zu essen«, stellte Meme Hanna fest. Ich ließ den Teller stehen und machte mich aus dem Staub. Oben im Zimmer waren inzwischen wieder unsere Freundinnen Pwele und Melanie um Mila versammelt. Wir hielten Kriegsrat, was wir nun tun sollten. Unsere Wut auf den Lehrer war immer noch riesig. Aber auch die Angst, dass er uns alle bestrafen würde, wenn wir verrieten, was er Mila angetan hatte.

Nachdem sie ihren Dienst im Essensraum beendet hatte, kam Meme Hanna zu uns rauf. Sie trat an das Bett der apathischen Mila. Die kleine Platzwunde an der Lip-

145

pe unserer Freundin war gut zu erkennen. Auch, dass Milas Gesicht völlig verweint war.

»Na, Marienkäferchen, was hast du denn?«, fragte Meme Hanna einfühlsam.

»Ich habe mir wehgetan, Meme«, sagte Mila leise.

»Und deswegen bleibst du den ganzen Tag im Bett? Das ist aber schon seltsam, findest du nicht?«, hakte Meme Hanna nach. Wir Mädchen saßen mit gespitzten Ohren auf unseren Betten.

Mila gab keine Antwort.

Meme Hannas Stimme wurde lauter. »Was ist hier los? Wird mir jetzt bitte mal jemand sagen, warum Mila nicht aufsteht? Und woher sie die Platzwunde hat?« Mir wurde etwas mulmig. Das klang fast so, als verdächtigte sie uns, Mila verprügelt zu haben.

Mila, die damals gerade zehn war, zog die Tränen durch die Nase hoch. »Ich habe ihnen verboten, dass sie etwas verraten.«

»Was denn, Marienkäferchen? Was gibt es zu verraten?« Meme Hanna strich sanft über Milas kleine Zöpfchen.

»Der Teacher Jonas …«, presste Mila endlich hervor – und brach ab. Würde sie den brutalen Lehrer nun doch bloßstellen?

Wir alle hielten den Atem an.

»Hat er dich etwa so geschlagen, dass du jetzt so aussiehst?« Meme Hanna stöhnte auf.

Am liebsten hätte ich jetzt gerufen, dass er viel Schlimmeres getan hatte. Aber ich hielt meinen Mund. Vielleicht war ich feige. Vielleicht wollte ich auch einfach nur das Mila gegebene Versprechen halten. Aber ganz gewiss hatte ich Angst. Wir fühlten uns damals nicht als DDR-Kinder, sondern als SWAPO-Kinder. Auf die SWAPO-Fahne hatten wir unseren Pioniereid leisten müssen, für den Sozialismus zu kämpfen. Und für Frieden. Wir waren die »Elite des neuen Namibia«. Soldaten, die nicht weinen durften. Und Teacher Jonas war im Kinderheim der wichtigste Mann der SWAPO. Unser Ausbilder, den wir im vertrauten Umgang mit unserem Präsidenten und den Kämpfern erlebt hatten. Ein Mann, zu dem wir aufzuschauen hatten.

»Ja, er hat mich geschlagen«, sagte Mila endlich.

Und wir alle atmeten aus.

Mila hatte nicht gelogen und sie hatte nichts verraten, was Meme Hanna nicht ohnehin sehen konnte. Und was sie gewiss auch gewusst hat. Wie alle deutschen Erzieher gewusst haben müssen, dass Teacher Jonas' »Hand gelegentlich ausrutschte«, wie man das nannte. Denn unser Heim beherbergte inzwischen zwar rund 110 Kinder, die von mittlerweile wohl dreißig deutschen und namibischen Erzieherinnen betreut wurden. Diese Erwachsenen kannten sich aber untereinander sehr genau.

Meme Hanna nahm ihr weinendes »Marienkäferchen« tröstend in die Arme. Nach einer Weile blickte sie in unsere erstarrten Gesichter und sagte: »Nein, so geht das nicht weiter.« Irgendwann ging sie hinaus und schloss leise die Tür hinter sich.

Zwischen uns entbrannte eine heftige Diskussion, ob man Meme Hanna nicht doch hätte ins Vertrauen ziehen müssen. Die Sorge, hinterher der Rache des Lehrers ausgeliefert zu sein, überwog schließlich. Sobald die Jungs ins Zimmer kamen, erstarb das Gespräch darüber ohnehin.

Am nächsten Morgen kam Teacher Jonas in den Schlafsaal, als Mila und ich gerade unsere Betten machten. Er zischte ihr etwas zu, das ich nicht verstand. Als er meine bösen Blicke registrierte, ging er auf mich zu und gab mir eine schallende Ohrfeige. »Du hast dein Bett nicht richtig gemacht«, schimpfte er. Ich zog das Laken nochmals straff und rannte raus, damit er meine Tränen nicht sah.

Nach dieser Gemeinheit war der namibische Lehrer nicht mehr im Schloss zu sehen. Uns wurde gesagt, er mache eine Fortbildung in Rostock. Ich habe das wie alle anderen auch geglaubt. Denn ich konnte wirklich nicht davon ausgehen, dass der Lehrer, der selbst so gern strafte, zumindest wegen seiner Prügelei zur Rechenschaft gezogen wurde. Zu oft schon hatte ich erlebt, dass die Erwachsenen uns Kinder allein ließen, wenn wir richtige Probleme hatten.

Wer hätte Teacher Jonas auch zur Verantwortung ziehen können? Er selbst war der oberste Vertreter der SWAPO in Bellin. Die DDR war gewissermaßen nur der Gastgeber. Und die namibischen Erzieherinnen? Sie dachten wahrscheinlich, wie echte Ovambos eben denken: Wenn der Stammeschef dir den Fuß abschneidet, solltest du dankbar sein. Denn sonst schneidet er dir den Kopf ab.

In manchen Nächten träumte ich von einem Tier, das ich irgendwann einmal im Dschungel Afrikas gesehen hatte. Dann hörte ich meine Mutter sagen: »Das *Fimbifimbi* ist hinterlistig, ziemlich gefährlich und verzaubert Leute. Du musst seine Nähe meiden, denn die Macht des Chamäleons ist stark.«

Lehrer Jonas, dachte ich beim Aufwachen, war wie das Chamäleon: Die Erwachsenen hielten ihn für einen guten Erzieher. Doch wir Mädchen wussten, dass er sich nur verstellte.

So weit wie zum Mond

Nachdem Teacher Jonas fort war, war ich erleichtert. Ich konnte ihm ohnehin nicht verzeihen, dass er mich immer als »Verräterkind« bezeichnet hatte. Nach der Sache mit Mila lag ich abends in meinem Bett und betete zu Kalunga, dass ich diesen Mann nie wieder sehen möge.

Einige Wochen waren vergangen, als eine unserer Erzieherinnen sagte: »Teacher Jonas hat eine gefährliche Hirnhautentzündung. Er wird noch sehr lange fehlen.« Dann schlug sie vor: »Ihr solltet eurem Lehrer einen Genesungsbrief schreiben.«

Timmy, Fili, Kabeza und einige andere schrieben dem Lehrer: »Komm bald wieder zurück, Teacher Jonas, wir vermissen dich.«

Ich las den Brief. Aber weder Mila noch Pwele, Melanie und ich setzten unsere Namen zu den anderen. Das war der einzige Protest, den wir uns gestatteten. Vor dem Schlafengehen wandte ich mich mit einem inbrünstigen Gebet an Tate Kalunga, dass er uns diesen Mann noch eine Weile vom Leib halten möge.

Da er nun nicht die lästigen Manöverübungen mit uns

machen konnte, mussten deutsche Erzieherinnen für
Teacher Jonas einspringen. Inzwischen war es draußen
kühl und nass und Meme Paula klatschte resolut in die
Hände: »Los, Kinder, jetzt geht's nach draußen. Wir
müssen Manöver üben.«

»Ach, Meme, können wir nicht lieber Fernsehen gucken?«, nörgelte jemand.

»Nein, wir müssen«, sagte Paula, »sonst kriegen wir
Ärger mit der SWAPO.«

Wir verdrehten die Augen, zogen uns aber unsere
Strumpfhosen, die geflickten Hosen und Jacken, Halbschuhe und Mützen an.

Nadia, die den Anführer unserer Gruppe 5 gab, marschierte vorneweg. Es ging vorbei an der Haltestelle des
Schulbusses und am *Konsum*, dem einzigen Geschäft im
Ort, zum Wald. Zum Aufwärmen wurde *Left* und *Right
turn* geübt und dann fragte Meme Paula: »Was würde ein
Soldat machen, wenn jetzt ein Flugzeug vorbeifliegen
würde?«

Zwölf kleine Afrikaner, die niemals ganz die Erfahrungen eines Flüchtlingslagers vergessen hatten, flitzten
blitzartig unter die Büsche!

»Sehr gut!«, lobte die Erzieherin. »Und wie tarnt sich
ein Soldat?«

Dazu fiel mir nichts ein. Nur Timmy griff sich flugs
ein paar Reisige und hielt sie sich über den Kopf.

»Ihr anderen wärt jetzt tot«, meinte Meme Paula
ernsthaft. »Timmy, zeig uns mal in Ruhe, wie es genau
gemacht wird«, bat sie. Timmy brach von Sträuchern
Zweige ab und steckte sie sich in seine Wollmütze. Das
machten wir alle nach und warfen uns auf Paulas Kom-

151

mando in den Dreck, robbten durch die Büsche und versammelten uns schließlich wieder.

Was waren wir schmutzig! Aber wir strahlten über beide Backen. Mit Paula machte Manöver üben richtigen Spaß! Manchmal ließ sie uns auch tauziehen, uns an Seilen über Bäche hangeln und sackhüpfen. Dünn und lang wie ich war, hatte ich damit keine Schwierigkeiten.

Oft hieß es dann: »Lucia, mach es mal den anderen vor.« Wenn jedoch dafür die »Flimmerstunde« ausfallen musste, war ich alles andere als ein Vorbild an Sportlichkeit.

Seit dem Frühling 1984 unterrichtete an unserer Schule in Zehna ein neuer Mathelehrer, der gleichzeitig auch im Kinderheim Bellin einer der stellvertretenden Leiter wurde. Einige Kinder durften Herrn Zinke und seine Frau Sabine in deren kleiner Wohnung besuchen.

Sie berichteten Unglaubliches: »Tate Zinke hat in seiner Wohnung die getrocknete Haut einer schwarzen Mamba hängen! Die hat er selbst in Afrika gefangen und gehäutet!«

Ich sah mir Tate Zinke, der wie ein namibischer Vater genannt wurde, daraufhin etwas genauer an. Eigentlich sah er nicht aus wie ein Mann, der eine gefährliche Giftschlange tötet. Das war ein Mann mit einer großen Nase, einem Schnauzbart und vor allem sehr gütigen Augen. Vor einem Schlangenjäger hatte ich aber ziemlichen Respekt. Seine Frau Sabine war immer fröhlich und voll neuer Ideen. Meme Zinke kannte alle unsere namibischen Gesänge und viele Tänze.

»Tate Zinke und ich haben die letzten Jahre in Angola

gelebt«, erzählte sie. »Ich habe in Kwanza Sul den Kindergarten geleitet und mein Mann war dort der Schulleiter.« Wenn die Musiklehrerin mit den kurzen brünetten Haaren von Afrika sprach, wirkte sie sehr glücklich. In Angola hatte sie viele Kinderlieder mit dem Tonband aufgenommen, die sie uns vorspielte. Die Tänze, die sie dort kennen gelernt hatte, brachte sie auch uns bei. Wir hatten inzwischen drei Tanzgruppen, benannt nach den SWAPO-Farben Blau, Rot und Grün, in der alle Altersklassen gemischt wurden. Zum Tanzen trug ich nun ein knielanges, sanft glänzendes blaues Röckchen, ein ärmelloses Hemd und Turnschuhe. Zwischen uns drei Gruppen gab es einen richtigen Wettstreit, wer zuerst die neuen Tänze beherrschte. Deshalb war Meme Zinke bei uns doppelt beliebt.

»Bitte, zeigen Sie uns neue Tänze!«, baten wir Namibier oft die deutsche Lehrerin.

Tate Zinke unternahm viel mit den Jungs. Sobald es draußen wärmer wurde, baute er mit ihnen eine Hütte aus Zweigen. Wir Mädchen kamen neugierig näher.

»Das wird eine Otunda«, erklärte Tate Zinke. »Eine runde Hütte mit einem spitzen Dach. In Angola wohnen viele Menschen in solchen Hütten.«

Wir wohnten in einem Schloss; Afrika war weit weg. Auch für unsere namibischen Erzieherinnen. Sie beobachteten Tate Zinkes Versuche, uns an unsere afrikanischen Wurzeln zu erinnern, zunächst abwartend. Schließlich halfen aber auch sie mit. Nach und nach entstanden mehrere dieser afrikanischen Hütten.

Meine kleinen Freundinnen Lilli und Nati, ich und ein paar andere Mädchen wie Mila und Pwele gingen hinein und kamen zu dem Schluss: »Eigentlich ist das ganz gemütlich in so einer Hütte.«

Nicht weit entfernt waren schon große, gerade Äste zu einem Spitzdach zusammengebunden worden. Eigentlich fehlten nur noch die Zweige, um die Seiten abzudecken. Wir waren noch etwas unentschlossen, ob wir das machen sollten. Da sah ich, wie Kira und Nadia mit ein paar Kindern aus den Gruppen 7 und 8 heimlich etwas aus dem Schloss in den Park trugen.

»Was machen die?«, fragte Lilli. Wir schlichen uns an und stellten fest, dass Kiras Gruppe in einer der Hütten zu Mittag aß.

»Das ist eine tolle Idee!«, rief ich. »Los, wir bauen diese Hütte fertig und dann machen wir das auch!« Wir entrindeten einen ganzen Nachmittag lang Zweige, steckten sie sorgfältig zwischen die langen Streben und bedeckten anschließend den Boden mit Gräsern, damit wir auch weich sitzen konnten. Schließlich betrachteten wir stolz unser neues »Haus«.

»Jemand muss unsere Mutter sein!«, rief Lilli. Mila, Pwele und ich standen zur Wahl und es war eigentlich klar, dass ich die Mutter sein würde: Ich war nun mal die Größte.

Resolut übernahm ich das Kommando: »Ihr wisst, dass wir kein Essen aus dem Speisesaal mitnehmen dürfen. Also werdet ihr etwas zur Seite legen. Das steckt ihr euch in die Ärmel. Aber haltet sie unten zu, sonst fällt noch was raus und wir sind verraten!« Ich machte vor, was ich meinte.

Da jede von uns etwas Essen in die Hütte schmuggelte, kam eine Menge zusammen. Wir hatten auch abgesprochen, wer als Erste mit dem Essen fertig sein sollte. Diejenige sollte draußen warten, um die Kostbarkeiten auf einem Teller in Empfang zu nehmen. Denn wir wollten ja vernünftig speisen. Es schmeckte uns da draußen viel besser als im Schloss. Und es blieb auch niemals etwas auf den Essenswagen zurück.

Unsere Erzieherinnen waren zufrieden: »Sehr schön habt ihr aufgegessen. Denkt immer an die armen Kinder in Afrika, die sich über all das freuen würden, was ihr nicht esst.«

Diese Ermahnung war damals unnötig. Wir hatten ja unser kleines Afrika im Park. Wir brachten unsere Puppen mit und hatten auch oft Besuch von Jungs. Aber als »Vater« kam keiner so recht infrage. Ich fand, die wollten sich alle nur etwas von unseren mühsam aufgesparten Süßigkeiten und leckeren Hähnchenteilen holen.

Eine Weile waren wir mit unserem Hüttenleben richtig glücklich. »Jetzt sind wir eine Familie!«, jubelte Lilli. Die Erzieherinnen störten uns auch nicht in unserem Paradies, obwohl sie wahrscheinlich ahnten, was wir so trieben.

Als ich mich wieder mal mit einem Teller leckeren Essens durch die Büsche zur Hütte durchgeschlagen hatte, sprangen mir Lilli und Nati kreischend entgegen: »Eine Schlange! Eine Schlange!«

Ich warf nur einen flüchtigen Blick in unsere Familienunterkunft, sah gerade noch, wie sich etwas Bräunliches über das weiche Gras wand, und nahm ebenso wie alle anderen Reißaus. Wir waren eben nicht so mutig wie Tate Zinke, der in Afrika Schlangen fing und häutete.

In Bellin spielten wir nicht mehr Afrika und wenig später machte ein Gerücht die Runde, das ich zunächst kaum glauben mochte.

»Lucia«, sagte Ricky eines Tages zu mir, »Meme Hanna ist ganz traurig, weil wir alle im Sommer weggehen werden.«

»Zurück nach Afrika?«, fragte ich ungläubig. Ich hatte noch nichts davon gehört, dass die Soldaten der SWAPO die Südafrikaner vertrieben hätten! Ich fühlte mich richtig schlecht, denn Namibia war für mich so weit entfernt wie der Mond. Inzwischen lebten wir seit mehr als fünf Jahren in Deutschland. In der Schule brachte uns Frau Rudnik gerade bei, wer Goethe und Schiller waren, und dazu gehörte auch die Gruppenfahrt nach Weimar.

»Nein«, meinte Ricky, »nicht nach Namibia. Wir sollen in eine Schule in der DDR gehen, aber diese neue Schule ist ziemlich weit entfernt. Bei Magdeburg, hat Meme Hanna gesagt.«

Magdeburg? Heimatkunde, wo wir sowohl die DDR als auch Afrika durchnahmen, war nicht gerade mein Favorit.

Es stellte sich ziemlich rasch heraus, dass Meme Hanna ihrem Liebling Ricky die Wahrheit gesagt hatte. Wir mussten zum Appell antreten. Unser Heimleiter hielt eine kleine Ansprache: »Vom nächsten Schuljahr an werden die Gruppen 3, 4, 5 und 6 in der Schule der Freundschaft in Staßfurt leben.«

Schule der Freundschaft, das klang ganz gut. Doch wir waren ein Schloss gewöhnt mit einem riesigen Park, mit Seen in der Nähe, in denen im Sommer geschwommen wurde. Wir pflanzten in unseren eigenen Gärten

Gemüse und Erdbeeren an. Und wir hatten unsere Memes!

»Wirst du auch mitkommen?«, fragte ich Meme Erika und Meme Sissy, die seit Jahren bei uns wohnte. Beide schüttelten die Köpfe ebenso wie die deutschen Erzieherinnen, die uns so ans Herz gewachsen waren. Immerhin Meme Polly, Tate Zinke und seine Frau Sabine sollten uns begleiten. Mir war wegen dieser Neuerungen ziemlich mulmig zumute! Aber ich war es nicht gewohnt, die Entscheidungen zu hinterfragen, die für uns getroffen wurden.

Nach meinem DDR-Alter war ich jetzt zwölf. Ein hoch aufgeschossenes dünnes Mädchen, das nervös wurde, wenn es vor seinen elf Mitschülern ein Gedicht aufsagen musste. Obwohl ich sie alle seit fünfeinhalb Jahren kannte.

Wir redeten über kaum etwas anderes als über unseren bevorstehenden Umzug. Sogar unsere weißen Schulkameraden sprachen uns darauf an, mit denen wir sonst wenig Kontakt hatten. Eines Nachmittags wartete ich gemeinsam mit den anderen nach dem Sportunterricht gerade im Speisesaal der POS Allende auf den Bus, als ein deutsches Mädchen auf mich zukam: »Du bist doch die Lucia?« Ich nickte. »Ich soll dich fragen, ob du dem Torsten seine Freundin werden willst?«

»Wie bitte?!« Ich dachte, ich höre nicht richtig. Der dünne Torsten, der mich mit seinem Freund Jürgen so gern verkloppt hatte? Jetzt, wo wir fortgeschickt werden sollten, wollte er …? »Nee«, sagte ich kurz und knapp. Die anderen Mädchen bogen sich vor Lachen.

»Die Lucia mag doch keine Jungs!«, rief Nadia.

Das stimmte irgendwie. Aber eigentlich mochte ich mich selbst nicht. Ausgerechnet jetzt, kurz vor dem Wechsel in eine völlig neue Umgebung fühlte ich mich furchtbar hässlich! Das schmerzhafte Kämmen der Haare hatte meine Kopfhaut mit einem Meer an Pickeln und Wunden übersät. Damit sich kleine Zöpfchen flechten ließen, wurden die Haare jedes Mal straff gezogen. Meine Haarwurzeln entzündeten sich und eiterten, Schuppen bildeten sich.

»Du musst dir die Haare schneiden lassen«, sagte Meme Edda. Sie hatte gut reden! Ihre Haare ballten sich in vollen weichen Locken.

Eine der Namibierinnen schnitt mir meine einstige Pracht vom Kopf. Ich sah in den Spiegel und heulte los. »Was hast du mit mir gemacht!«, kreischte ich. Loch an Loch reihte sich, von einer Frisur konnte keine Rede sein. Das war eine Glatze! Eine Tarnkappe wäre das Richtige gewesen; es gab jedoch nur ein Kopftuch.

»Mach das Kopftuch ab!«, fuhr mich die dicke Edda an, als ich in den Speisesaal ging.

»Wie siehst du denn aus!«, grölten die Jungs, rissen mir meine Verhüllung vom Kopf und ließen sie durch die Luft segeln.

»Lasst die Lucia in Ruhe. Die leidet schon genug!«, rief Meme Edda. Ich glaubte, nicht richtig gehört zu haben. Das war das erste Mal, dass sie auf meiner Seite war. Und das einzige Mal.

Kurz bevor uns die Schule in Zehna in die letzten Sommerferien in Bellin entließ, kam die Direktorin auf mich zu. »Lucia«, sagte sie, »du hast einen Schreibwettbewerb gewonnen.«

»Wirklich?«, fragte ich. »Das ist ja toll!« Ich war richtig
stolz. Da Meme Edda mich damals wegen meiner angeb-
lich hässlichen Stimme beleidigt hatte, schrieb ich meine
Märchen inzwischen auf und schmückte sie mit eigenen
Zeichnungen. Sogar in meinem Zeugnis der vierten
Klasse erwähnte Frau Rudnik das lobend.

»Was habe ich denn gewonnen?«, fragte ich.

»Ein Cello«, antwortete die Schulleiterin. Sie reichte
mir einen Zettel mit einer Adresse. »Da fährst du hin und
holst dir das Cello ab.«

Als sie gegangen war, guckte ich in die Runde meiner
Mitschüler: »Weiß einer von euch, was ein Cello ist?«

Nadia kicherte. »Sieht aus wie eine Geige …« Dann
prustete sie lachend hervor: »Ist aber so groß wie du!«

»Oh«, machte ich und ließ den Zettel in meiner Ho-
sentasche verschwinden. Die anderen bogen sich vor Lachen. Das Cello war vergessen und ich enttäuscht. Ich
hätte gern ein Andenken an Zehna und Bellin behalten.
Allerdings etwas Kleines, etwas, das ich hätte mitnehmen
können. Nach Staßfurt oder nach Namibia. Je nachdem.

Wieder ein Abschied

Viel war es nicht, was ich im Juli 1985 von Bellin nach Staßfurt mitnahm. Neben den wenigen Briefen von meiner Mutter vor allem ein paar Kleidungsstücke, die ich in einen Koffer packte.

»Wann kommst du denn wieder, Lucia?«, fragten Lilli und Nati, die meine kleinen Schwestern geworden waren. Sie sollten in diesem Sommer eingeschult werden und ich wäre zu gern dabei gewesen.

Ich hatte keine Ahnung, was ich antworten sollte. Niemand hatte uns gesagt, ob wir unsere Belliner »Familie« wiedersehen würden. »Ich komme euch bestimmt mal besuchen!«, versprach ich großzügig. Das hatte ich gewiss während der »Flimmerstunde« so aufgeschnappt. Meiner Erfahrung entsprach es nicht. Seitdem ich in Bellin lebte, verließen mich Erzieherinnen, die mir ans Herz gewachsen waren, und besuchten uns nicht einmal mehr. So war es auch mit Vater in Nyango gewesen und mit Mutter, die nicht mehr nach Bellin gekommen war. Abschiede und keine Wiedersehen. Mir tat das Herz sehr weh, als ich Lilli und Nati in die Arme schloss und noch

160

ein letztes Mal Meme Erika, Meme Hanna, Meme Paula und Meme Rosi umarmte. Aber ich verbiss mir die Tränen, wie ein guter Soldat.

Auch Meme Margit und die dicke Edda wünschten alles Gute. »Wenigstens diese beiden wirst du niemals vermissen«, tröstete mich Mila. Erst wenige Tage vor der Abfahrt hatte ich gehört, dass einige Jungs der Gruppen 5 und 6 einen Brief an Teacher Jonas geschrieben hatten. Sie wollten, dass er wieder bei uns arbeitete, wenn wir in Staßfurt waren. Ich hoffte ganz stark, dass es anders kommen würde! Doch darüber sprach ich lieber nicht mit Mila. Jonas' Name war zwischen uns tabu, seitdem er verschwunden war.

Es dauerte eine ganze Weile, bis alle 50 Kinder aus den vier Gruppen ihre Sachen gepackt und sich ein letztes Mal auf dem Appellplatz vor dem Schloss aufgestellt hatten.

Unsere einzelnen Gruppenkommandanten mussten berichten: »Gruppe 5 vollständig angetreten!«, rief der einstige Bonbon-Mogler Kabeza, der inzwischen unser »Käpt'n« geworden war.

Unmengen von Thermoskannen voller Tee und Säfte und Berge von belegten Broten wurden in die beiden Busse gebracht. Zum letzten Mal gingen wir 50 dann zu zweit nebeneinander aus dem Tor hinaus. Wir hatten uns ganz schön verändert in den zurückliegenden fünfeinhalb Jahren, viele gute und manche schlechte Tage erlebt. Nur zwei Kinder, die im Dezember 1979 mit mir angekommen waren, fehlten: außer Mecky ein Junge aus der Gruppe 3, der im Mai 1985 an Blutkrebs gestorben war.

Der Sommer war so schön in Bellin! Ich warf noch einmal sehnsüchtige Blicke auf die Pflaumenbäume am Straßenrand, die nun am Fenster vorbeiglitten. Dann spürte ich Milas Kopf an meiner Schulter. Sie weinte. Jetzt wollte auch ich nicht mehr tapfer sein. Erst schluckte ich mein Schluchzen noch hinunter, aber als Mila losheulte, machte ich mit. Ich war traurig, weil etwas zu Ende ging und ich nicht wusste, was mich erwartete.

In diesem Augenblick spürte ich, dass ich nirgends richtig hingehörte. Als ich aus Nyango nach Bellin gekommen war, hatte ich geglaubt, es wäre das Paradies. Doch ich traf auf mehr Erzieher, als ich je in Afrika gesehen hatte. Einige von ihnen waren grausamer gewesen als die im Flüchtlingslager. Doch es gab wenigstens einige nette Memes. Und die blieben nun zurück.

Ich konnte nur hoffen, dass wir in Staßfurt auf Frauen träfen, die es genauso gut mit uns meinten. Während draußen die sommerliche DDR in kräftigem Grün strahlte, erinnerte ich mich an eine Ansprache unseres Belliner Heimleiters einige Wochen zuvor: »In Staßfurt werdet ihr ein Internat gemeinsam mit 700 Jungen und 200 Mädchen bewohnen. Sie kommen aus Mosambik.«

In Heimatkunde hatte Frau Rudnik eine große Wandkarte ausgerollt und auf Mosambik gedeutet. Während sie erzählt hatte, dass Mosambik ebenso wie Angola portugiesische Kolonie gewesen und seit seiner Unabhängigkeit 1975 ein sozialistischer Staat war, hatte ich die Karte angestarrt. Der nordwestliche Nachbarstaat von Mosambik hieß Sambia. Ein nach Osten ausgestreckter Arm Namibias reichte wiederum ein kurzes Stück nach Sambia hinein. Die Kinder, mit denen wir uns ein Internat teilen sollten, waren also so etwas Ähnliches wie entfernte Nachbarn.

»In Mosambik sprechen die Menschen Portugiesisch«, hatte Frau Rudnik erklärt. Und mir fiel nur ein, was wir schon in Nyango während der Appelle gerufen hatten: »*A luta continua!*«

Während unser Bus südwärts durch die DDR rollte, versuchte ich mir diese Kinder vorzustellen. Ob sie wie wir Deutsch gelernt hatten? Ob sie aussahen wie wir?

Nach ein paar Rastaufenthalten und einer Fahrt, die mir ewig lang erschien, rief einer der Jungs von vorn: »Da! Auf dem Ortsschild steht: Staßfurt!« Ich blickte aus dem Fenster, sah breite, gerade Straßen, Industrieanlagen und lange eckige, mehrstöckige Häuser.

Dunkel erinnerte ich mich jetzt daran, wie Frau Rudnik uns in Heimatkunde auf Staßfurt vorbereitet hatte. In der 28 000 Einwohner zählenden Stadt, bekannt für ihre alten Salzbergwerke, gäbe es eine für die ganze DDR wichtige Fabrik, den VEB Fernsehgerätewerke Friedrich Engels. Das hatte ich mir auch nur deshalb gemerkt, weil ich so gern fernsah. Dass VEB die Abkürzung für *Volkseigener Betrieb* war und dort 2000 Werktätige arbeiteten und 350 Lehrlinge ausgebildet wurden, hatte ich schon längst wieder vergessen. Ich sah die vielen jungen Deutschen auf den Straßen vor den großen Industrieanlagen und strich mir über den Kopf. Meine »Glatze« machte mich so hässlich!

»Wir sind da! Das ist die Schule der Freundschaft«, sagte Tate Zinke plötzlich. Ich presste meine Nase gegen die Busscheibe. Unser künftiges Zuhause wirkte riesig, mehrere ganz neue Häuser gruppierten sich umeinander. Zur

Straße hin verwehrte ein mannshoher Zaun den Zutritt. Der Bus hielt vor einem Tor. Ein Pförtner in einem flachen Glaspavillon ließ es auf Knopfdruck zurückrollen. Dann fuhren wir in das Internatsgelände hinein.

Zahlreiche junge Afrikaner reckten die Köpfe, als wir ausstiegen. Es wären Kinder, hatte Frau Rudnik gesagt. Ich aber sah afrikanische Jugendliche, die um ein paar Jahre älter als wir waren. Ich blickte mich um, entdeckte weite asphaltierte Flächen und vier in mattem Gelb gestrichene Häuser, von denen jedes so lang wie unser altes Schloss zu sein schien. Aber viel höher! Sechs Stockwerke. Drei von diesen langen Blöcken waren in verschiedene Eingänge aufgeteilt. Ein viertes Haus stand quer dazu. Den drei Blöcken gegenüber befand sich die vier Etagen hohe Schule.

»Ganz schön groß«, meinte Timmy.

»Schule der Freundschaft«, stellte Boneti fest. Er mochte seinen Furcht erregenden Namen *Ich habe Stöcke* nicht und hatte sich lieber zu unserem Witzbold entwickelt. Wir sahen ihn alle an, denn er würde jetzt wohl etwas Lustiges von sich geben. »Hat aber eine Menge Freunde, die DDR, so groß wie das hier ist«, meinte er.

Damit lag Boneti sogar richtig! Nicht nur unsere Schule beschwor die Freundschaft, sondern die ganze Straße, an der sie lag, die Straße der Völkerfreundschaft. Denn dort waren auch Wohnheime für Kubaner und Vietnamesen, die in der DDR ihre Berufsausbildung absolvierten. Die »längste Straße der DDR« nannten die Staßfurter sie, weil sie »von der Karibik über Afrika bis nach Asien« reichte.

Mir war das einerlei: Ich sehnte mich zurück nach

Bellin. Dorthin, wo ich einen Großteil meiner »Familie« zurückgelassen hatte. Diese Schule der Freundschaft erschien mir zu gigantisch! 900 Kinder, hatte Frau Rudnik gesagt! In dieser Menge drohten wir 50 zu verschwinden.

Zur eigentlichen Schule führten breite Stufen hinauf zu vielen Glastüren. Noch waren sie verschlossen; es war Ferienzeit. Gleich links vom Schuleingang war die Wand mit einem Gemälde verziert, das so groß wie die ganze Hausfront war. Mir kam es so vor, als wäre allein dies Bild größer als unsere alte »POS Salvador Allende« in Zehna. »Nein, das wird nicht eure Schule sein«, hörte ich Tate Zinke sagen. »Eure ist ein paar Kilometer weiter entfernt, in Löderburg.«

»Warum besuchen wir nicht diese Schule?«, erkundigte sich Nadia.

»Weil alle Klassenräume besetzt sind. Hier lernen die mosambikanischen Schüler. Eure Schule wird euch aber auch gefallen«, beruhigte uns Tate Zinke. Auf der Fahrt hatte er erzählt, dass er selbst als Jugendlicher ganz in der Nähe aufgewachsen war. Für ihn war Staßfurt wie eine Heimkehr. Seine Freude darüber wirkte richtig ansteckend. »Der Harz mit seinen schönen Bergen ist nicht weit. Im Winter gibt es da viel Schnee.«

Jetzt war Sommer und wir standen in der heißen Sonne, um von unserem neuen Heimleiter mit einem Appell begrüßt zu werden. Nachdem er ein kräftiges: »*All dismissed*« in den warmen Sommernachmittag hinausgeschrien hatte, führte er uns Kinder zum ersten der drei Häuser. Es lag der »Straße der Völkerfreundschaft« am nächsten.

Wir sollten den auf der linken Seite des Wohnblocks

gelegenen Eingang benutzen. Unsere Gruppen wurden nach einem simplen Prinzip eingeteilt. Die Jüngsten, Gruppe 3, wurden im dritten Stock einquartiert, darüber die 4, meine Gruppe 5 erhielt die fünfte Etage und die fünfzehnköpfige Nummer 6 musste bis ins oberste Stockwerk hinauf, ins sechste. Die unteren zwei Etagen blieben leer.

Auf jeder Etage befand sich rechts und links je eine Tür. »Die Mädchen rechts, die Jungs links!«

Wir Mädchen aus Gruppe 5 – Nadia, Kira, Melanie, Pwele, Mila und ich – gingen durch die uns zugewiesene Tür. Hinter einem kleinen Vorraum lagen zwei unterschiedlich große Zimmer. Eines mit zwei Etagenbetten, das andere mit einem. Kira, Melanie, Pwele und ich teilten uns ein Zimmer. Nadia bezog gemeinsam mit Mila das andere. Ich war enttäuscht, dass es so gekommen war, und auch etwas überrascht, denn Nadia und Mila hatten in Bellin nie etwas gemeinsam unternommen. Doch ich akzeptierte die Entscheidungen unserer Wortführerinnen und war bereit, mich mit der Situation abzufinden. Mila und ich wechselten einen stummen Blick; immerhin waren wir Zimmer an Zimmer.

Kira wollte unbedingt unten schlafen, neben der Tür, ich nahm das Bett über ihr. Das hielt ich für eine ganz gute Lösung: Wer oben war, konnte sich besser mit einem Buch zurückziehen. Unser Zimmer war kleiner als das im Schloss, mit geblümten Tapeten, langen weißen Vorhängen vor den Fenstern, einem breiten Schrank, einem Tisch mit vier Stühlen. Verglichen mit der großzügigen Anlage draußen wirkten die Räume eng. Wir mussten zwar noch in den Keller zum Duschen, aber es

166

gab pro Apartment ein Bad mit einer kleinen Wanne und einem Waschbecken mit Spiegel, was für die Katzenwäsche morgens ausreichen würde.

Wir erkundeten das große Schulgelände und stellten fest, dass unsere Erzieher in einem separaten Wohnblock untergebracht waren. Rechts vom Schulkomplex lag eine helle Turnhalle und dahinter der Sportplatz. Von einem kleinen Hügel konnte man dort die Plattenbauten des nahen Staßfurt erkennen. Das Essen wurde in einem großen Flachbau mit vielen Fenstern eingenommen, der sich schräg gegenüber vom eigentlichen Schulgebäude nahe der angrenzenden Hauptstraße befand.

»Mir gefällt es hier«, verkündete Mila. »Es ist alles so schön neu und offen.« Vor allem sie, die unter Teacher Jonas' Annäherungsversuchen gelitten hatte, war glücklich, dass die Erzieher nicht mehr mit uns im gleichen Haus wohnten.

Einige von den mosambikanischen Jungen und Mädchen hatten uns entdeckt und fragten, woher wir kämen. Sie erzählten uns, dass sie die Schule der Freundschaft mochten. »Die Lehrer sind sehr nett zu uns«, sagten sie. Doch sie hatten es nicht so einfach gehabt wie wir. »Als wir aus Mosambik kamen, mussten wir sehr schnell Deutsch lernen, denn die Schule begann sofort.«

»Wie lange seid ihr denn schon da?«, fragte ich.

»Schon seit drei Jahren«, antwortete der Junge, der mit einem schweren Akzent sprach.

»Und in welche Klassen geht ihr?«, wollte ich weiter wissen.

»Wir kommen nach den Ferien alle in die achte Klasse«, erwiderte der Junge. Nein, sie waren wirklich keine

»Kinder« mehr; die meisten waren 15 Jahre alt. »Nächstes Jahr beginnen wir eine Berufsausbildung«, fuhr der junge Mosambikaner fort.

Ich staunte: »Mit 16?« Wir schienen es wirklich besser zu haben! Uns hatte man erklärt, dass wir die Schule bis zum Ende der zehnten Klasse besuchen durften.

Torte durch zwölf gleich Mathe

Für uns gab es zunächst noch ein paar Wochen Ferien. Zeit, um in gemeinsamen Ausflügen die Staßfurter Umgebung zu entdecken. Der Sommer war heiß und der Löderburger See nah, der durch den Braunkohletagebau entstanden war. An seinen weißen Sandstränden tummelten sich viele Menschen mit sehr heller Haut. Hier fielen wir nicht so auf wie an der Ostsee, weil die Löderburger den Anblick von Afrikanern gewohnt waren.

Es gab jedoch viele hohe, Schatten spendende Bäume, unter die sich einige von uns zurückzogen. »Ich will doch nicht noch brauner werden, als ich ohnehin schon bin!«, sagten ein paar unserer älteren Mädchen. Mir war das egal; ich liebte es zu schwimmen und nutzte das klare Wasser aus.

In dem einstigen Bergmannsort Löderburg lag unsere neue Schule. Die rund drei Kilometer wurden wir wie früher in Bellin mit Bussen gebracht. Die Willi-Wallstab-Oberschule war lange nicht so schön wie die Schule der Freundschaft; sie bestand aus mehreren zweistöckigen und zwei Häusern mit vier Etagen. Alles wirkte grau und alt, war gewiss schon vor vielen Jahrzehnten erbaut worden. Unsere vier Räume lagen im ersten Stock; die Zusammensetzung der Klassen blieb die gleiche wie in Zehna.

»Wenn ihr morgen wiederkommt, dann wird gemeinsam in der Klasse gefrühstückt«, sagte unsere Klassenlehrerin Frau Dahlmann, eine Frau von Anfang 40 mit gewellten blonden Haaren. Um uns besser kennen zu lernen, ging sie mit uns zu einem Bäcker. Während wir Brötchen kauften, genoss ich den köstlichen Duft. Es roch besser als jedes Parfüm. In den ersten Stunden bastelte Frau Dahlmann mit uns und ließ uns von Bellin erzählen.

Wir kehrten begeistert ins Heim zurück: »Das ist ja richtig toll hier!«

Der Sommer war immer noch sehr heiß, als der reguläre Unterricht begann. Die Klassen mit den deutschen Kindern bekamen immer Hitzefrei. Doch wir sollten weiter lernen. »Ihr seid doch die Hitze aus Afrika gewohnt«, meinte der Löderburger Schulleiter. »Die vier namibischen Klassen brauchen kaum Hitzefrei. Die halten mehr aus als die DDR-Schüler. Ihre Haut passt sich der Hitze besser an.«

Das fand ich total unfair! Ich schwitzte und kämpfte vergeblich mit meiner Konzentration. Bis Frau Dahlmann einsah, dass sie mit uns trotz gegenteiliger Anweisung keinen Unterricht machen konnte. »Wir gehen ein Eis essen!«, beschloss sie.

Mathe hatte ich in Zehna überhaupt nicht gemocht. Doch dann betrat in Löderburg eine zierliche Frau mit schneeweißen Haaren das Klassenzimmer. Wir erhoben uns von unseren Plätzen und meldeten: »Die Pioniere der fünften Klasse sind zum Unterricht bereit!«

Die Lehrerin blickte uns mit ihren wachen, klaren Augen an und sagte mit ihrer etwas hohen Stimme: »Ich bin Frau Wortmann.« Dabei lächelte sie uns so freundlich an, dass ich diese Lehrerin sofort mochte.

Wir mussten Brüche lernen. Doch weder in meinen Kopf noch in jene meiner Mitschüler wollte hinein, was Viertel oder Achtel waren. Frau Wortmann gab sich mit uns alle erdenkliche Mühe. Mich interessierten die Brüche jedoch nicht wirklich. Immer hatte ich ein Buch während des Unterrichts dabei. Inzwischen las ich Liebes- und Kriminalromane. Mein Platz war ganz hinten in der vierten Reihe, der letzten, mit je drei Einzeltischen; dort fiel ich nicht so auf. Wenn Frau Wortmann etwas fragte, kroch ich förmlich unter meinen Tisch.

Ein paar Unterrichtsstunden später betrat die Mathelehrerin das Klassenzimmer mit einer Torte. Wir machten große Augen! Es hatte doch niemand Geburtstag.

»So, nun schaut mal her!« Frau Wortmann stellte die leckere Torte auf den Lehrertisch. »Jetzt teilen wir die Torte in vier gleich große Stücke. Wer mag das machen?« In der ersten Reihe riss Nadia sofort ihren Arm hoch. Als sie die Aufgabe erfüllt hatte, sagte die Lehrerin: »Aber ihr seid ja zwölf. Was machen wir denn da?«

Als die Stunde zu Ende war, hatten wir nicht nur begriffen, wie aus einer kreisrunden Torte zwölf Zwölftel wurden, sondern den angenehmen Geschmack einer leckeren Aprikosentorte auf der Zunge.

»Wir werden bald die erste Mathearbeit schreiben«, kündigte Frau Wortmann an. »Wenn ihr eure Sache gut macht, dann lade ich euch zu mir nach Hause zum Kuchenessen ein!«

Doch so einfach war das nicht! Frau Bothe, eine Frau von Mitte zwanzig mit kurzen dunklen Haaren und kalten Augen, war als neue Erzieherin für meine Gruppe zuständig. Sie erklärte uns beim Appell: »Ohne Erzieher und schriftliche Erlaubnis des Direktors dürft ihr die Schule der Freundschaft nicht verlassen.«

Für uns war das völlig normal; an ein Leben hinter Zäunen waren wir gewöhnt, seitdem wir in der DDR lebten. Und auch daran, dass unser Alltag klar strukturiert war: Wie in Bellin brachten uns Busse morgens in die Schule nach Löderburg, wo es um 13 Uhr Mittagessen gab. Dann folgte Nachmittagsunterricht, Hausaufgaben wurden gemacht, Appelle fanden statt, Sing- und Tanzgruppen übten oder es wurde für den Sport trainiert. Platz für eigene Aktivitäten gab es kaum. Warum also sollten wir daran denken, das Heim zu verlassen?

Noch stellten wir uns diese Frage nicht.

Für Frau Wortmanns Torte war ich immer zu haben; für Mathearbeiten reichte meine Begeisterung dennoch nicht. Es wurde eine Drei. Was bei unseren Noten eine mittlere Katastrophe darstellte. Auf keinem Zeugnis hatte ich etwas Schlechteres als eine Zwei. Ähnlich positiv standen die anderen elf da. Die meisten von uns strengten sich sehr an, doch einige wenige wie Pwele taten sich sehr schwer. Ihr wollte es nicht richtig gelingen zu lesen. Sie wurde, wie das genannt wurde, »durchgeschoben«, denn die SWAPO erlaubte nicht, dass Kinder sitzen blieben.

Immer wieder wurde uns während der Appelle eingeschärft: »Ihr seid die Elite des neuen Namibia. Ihr lernt, damit unsere Revolution neue Führer bekommt. Ihr lernt für Sam Nujoma, unseren Präsidenten!« Es war gewissermaßen eine Frage der Ehre, sich für den Präsidenten anzustrengen.

Zerknirscht über mein – trotz Torte – schlechtes Abschneiden fragte ich deshalb Frau Wortmann: »Habe ich eine Chance, meine Note zu verbessern?«

»Mit Nachhilfe kannst du es schaffen, Lucia«, antwortete sie. Frau Wortmann gab mir und den anderen Mathe-Sorgenkindern in der Löderburger Schule Nachhilfe. Obendrein brachte sie dazu Kuchen mit. Niemals hat Lernen so viel Spaß gemacht!

Es dauerte bis zum Januar 1986, dass wir tatsächlich zu Frau Wortmann nach Hause durften. Frau Bothe gab jedem von uns einen Ausweis mit Namen und Foto. »Den Ausweis müsst ihr dem Portier zeigen, wenn ihr raus und rein geht«, schärfte sie uns ein.

An Frau Wortmanns 58. Geburtstag gingen wir die drei Kilometer ohne namibische Erzieher zu Fuß zu ihrem Wohnhaus in Löderburg. Es war bitterkalt, doch das war unwichtig; wir machten seit der Ankunft in der DDR unsere ersten Schritte ohne Erzieher!

Unsere Mathelehrerin wohnte zusammen mit ihrer etwas jüngeren Schwester, die uns ebenso freundlich begrüßte. Die Geschwister besaßen ein Einfamilienhaus mit alten, edlen Möbeln. Wenn wir eintrafen, hatten Frau Wortmann und ihre Schwester bereits den Wohnzimmertisch ausgezogen. Stets erwartete uns eine geschmückte Kuchentafel. Wir rückten eng zusammen, bis alle zwölf aus der Klasse Platz gefunden hatten, und schlemmten

Apfelkuchen mit viel Sahne und tranken Milch. Von da an war es uns genau einmal im Monat erlaubt, Frau Wortmann und ihre Schwester zu besuchen.

Dank Frau Wortmanns Beistand gehörte ich schon bald zu den besten Schülern. Leider! »Jetzt brauchst du keine Nachhilfe mehr, Lucia«, sagte die Lehrerin und lächelte mich warmherzig an. Ich machte ein langes Gesicht! »Dann hilf doch den anderen Kindern wie zum Beispiel Pwele«, schlug die Lehrerin vor. Obwohl ich so viele Verpflichtungen hatte, nahm ich fortan als ihre Helferin an dem beinahe familiären Nachhilfeunterricht teil.

Egal, ob es später die Herren Pythagoras oder Tales waren, deren mathematische Erkenntnisse in mein verträumtes Hirn Eingang finden mussten – Frau Wortmann zeigte mir den Weg dorthin. Und ich strahlte, wenn ich die schön geschwungene Zwei in Mathe im Zeugnis las. In der Gesamteinschätzung auf meinem Zeugnis hieß es außerdem: *Lucia ist immer bereit, anderen Schülern zu helfen.* Das war genau das, was von einem Pionier erwartet wurde: *Seid bereit, immer bereit* lautete das Motto. Mit Torte und Freundlichkeit ging das wesentlich leichter als mit Strammstehen.

Frau Wortmann sah in uns nicht nur ihre Mathematikschüler, sondern ihre Kinder. Und wir fanden bald heraus, dass wir in ihr etwas wiedergefunden hatten, was uns fehlte – eine Meme! So wurde aus Frau Wortmann unsere heiß geliebte Meme Rosemarie, deren Garten wir im Spätsommer wegen des bemerkenswert großen Birnbaums schätzten. Für den Heimweg stopften wir uns die Früchte in die Taschen.

So sehr ich Frau Wortmann auch mochte – Musik war mir nach wie vor lieber. Was zweifellos an Meme Zinke lag und ihrer Art uns fühlen zu lassen, wie man Musik lieben kann. Sie stellte ein Tonbandgerät in den Musikraum im zweiten Stock der grauen Löderburger Schule. »Jetzt setzt euch mal ganz still hin und schließt die Augen. Hört einfach nur zu«, sagte sie und schaltete das Tonbandgerät ein. Sie brachte uns bei, wie man die einzelnen Stimmungen beschrieb, die Musik auslösen konnte.

Dann schrieb ich in mein Heft: »Die Musik ist lyrisch, denn sie hat einen traurigen Unterton.« Oder: »Sie wird stürmisch, schneller, forte, allegro …«

Mozarts »Kleine Nachtmusik« und Beethovens »Für Elise« klangen in meinen Ohren wie Zauber. »Bitte, Meme Zinke, darf ich nicht auch Klavierspielen lernen?«, fragte ich und warf einen sehnsuchtsvollen Blick auf das Instrument im Musikraum.

»Nein, Lucia, das geht nicht«, erwiderte Meme Zinke. »Ihr seid Namibier. Ihr müsst eure Kultur pflegen, damit sie lebendig bleibt. Darum haben wir den Chor und die Tanzgruppen.« Ich wagte es nie wieder, sie nach dem Klavier zu fragen, und gab mir Mühe, noch mehr von den schnellen, von rhythmischem Stampfen und Klatschen begleiteten Tänzen Namibias zu erlernen. Dabei sang ein Mädchen vor, ein anderes schlug die Trommel, zwei Tänzerinnen traten vor und bewegten sich rasend schnell eine Minute lang im Rhythmus der Trommel, dann löste ein anderes Paar sie ab. Außerdem versammelte Meme Zinke uns jeden Mittwoch im Musiksaal zur Chorprobe und hielt unsere mehrstimmigen Gesänge auf dem Tonband fest, das ihr ständiger Begleiter zu sein schien.

Spielte sie am nächsten Tag im Schulunterricht Tschaikowskijs »Nussknacker-Suite« auf dem Band vor – schmolz ich dahin. Die klassische und die namibische Musik waren für mich wie die deutschen Märchen mit ihren Prinzessinnen und die namibischen mit ihren Löwen. Die Löwen in der weiten Savanne Afrikas waren ein Teil von mir; meine Sehnsucht aber galt den Prinzessinnen in den grünen Wäldern Deutschlands.

In Englisch, das wir seit der 3. Klasse in Zehna hatten, stand ich immer auf einer Zwei. Die Bücher, die wir jetzt im Englisch-Unterricht benutzten, waren zwar in Finnland gedruckt, aber mit der SWAPO abgestimmt worden. Sie zeigten uns ein Afrika, das mir seltsam erschien. So fragte das Buch zum Beispiel: *Can monkeys read?* Das war zwar komisch, aber das finnische Lehrwerk zeigte den Affen auf dem Dach eines rosafarbenen Autos, der durch einen bunten *Game Park* fuhr.

»Fährt man denn in Afrika mit dem Auto durch den Zoo?«, fragte ich die Lehrerin.

»Musst du immer so viele Fragen stellen? Kannst du nicht mal für ein paar Minuten ruhig sein?«, blaffte sie mich an. Denn sie konnte ebenso wenig wie ich wissen, dass in Namibia ein *Game Park* ein riesiges Farmgelände mit Wildtieren ist.

Diese Lehrerin wurde schon bald von einem riesengroßen Mann mit Brille und steifem Oxford-Akzent abgelöst. Da hatte ich schon amerikanisches Englisch gehört, das mit vielen Ä's gesprochen wurde. Und ich fand dieses Englisch viel besser. Denn wir beobachteten in der Schule der Freundschaft nun öfters die Mosambikaner. Die verehrten nicht nur ihre afrikanische Kultur, wie sie sagten, sondern einen jungen Sänger aus Amerika, Michael Jackson. »*Beat It*«, sangen sie und bewegten sich dazu mit seltsamen eckigen Verrenkungen. Und manche setzten sich ihre Schirmmützen verkehrt herum auf den Kopf, trugen Sonnenbrillen und breite silberne Ketten. Auf den weiten Plätzen zwischen den hohen, kantigen Häusern wirkte das sehr lässig. Aber auch sehr ungewohnt. Auf jeden Fall hatten wir in unserer Dorfschule in Zehna niemals jemanden gesehen, der sich so benahm. Die schienen von einem anderen Stern gefallen zu sein.

Mila, ich und ein Mädchen aus Gruppe 4, Anna, schauten kichernd zu. Annas Nähe hatte ich schon in Bellin gesucht, aber sie hatte mir immer die kalte Schulter gezeigt. Jetzt in Staßfurt, wo wir vier verbliebenen Gruppen zu einer ganz neuen Gemeinschaft zusammenwuchsen, wurden wir allmählich Freunde. Die Sprache der Mosambikaner erinnerte Anna wohl an ihren Vater. Er war ein weißer Portugiese gewesen, ihre Mutter Afrikanerin. Sie hatte von uns allen die hellste Haut und war so dünn wie ich, aber nicht so groß.

Ich mochte mich selbst damals überhaupt nicht, warf neidische Blicke auf Nadia und Melanie, deren erste sanfte weibliche Rundungen bereits das Interesse der Jungs erweckten. Warum musste ich nur diese dürre Bohnenstangenfigur haben? Allmählich kam mir ein Verdacht: Der Sport war schuld! Deshalb war ich so schlank wie ein Junge.

»Ich möchte nicht für den Kreisausscheid trainieren«, sagte ich zu unserem Sportlehrer.

»Aber Lucia! Du bist doch eine unserer besten Läuferinnen!« Der Mann sah mich richtig enttäuscht an.

Ich hatte seit meinem ersten traurigen Sieg in Bellin stets gut abgeschnitten und zählte auch in Löderburg zu den schnellsten Leichtathletinnen. Doch das Training für den Kreisausscheid, an dem nur die Besten der Gegend teilnahmen, war wirklich hart. Um zunehmen zu können, wollte ich darauf lieber verzichten. Mit den Süßigkeiten, die wir von unseren zehn Mark Taschengeld am Schulkiosk kaufen konnten, bemühte ich mich redlich, meinem Körper eine etwas weiblichere Silhouette zu geben. Vor allem die leckeren Butterkekse aus Cottbus hatten es mir angetan.

In der ersten Hälfte der 5. Klasse bemühte sich unsere Geographie-Lehrerin Frau Staedt, uns unsere Heimat Namibia näher zu bringen. Das war für Frau Staedt nicht so einfach. Denn es gab natürlich kein Erdkundebuch. Die Akademie der Pädagogischen Wissenschaften der DDR hatte eigens für uns ein dünnes graues Büchlein schreiben lassen: *Geographie Namibia.* Auf der ersten Seite las ich: *Noch ist der Kampf um die Unabhängigkeit Namibias nicht beendet. Lerne dein Land kennen und lieben. Eines Tages wirst du dort in Frieden leben!*

Wir hatten alle den Eindruck, dass die schlanke blonde Frau Staedt sich für diese politischen Dinge nicht so sehr begeisterte. Ihr war es wichtiger, dass wir lernten, in welchen Gegenden Namibias es öfter und in welchen es weniger regnete. Ob Namibias Wiesen so grün und die Flüsse so blau waren, wie es die Farben der SWAPO verhießen, konnte sie uns allerdings auch nicht sagen.

»Ich würde gerne mal so wie früher Herr Zinke in Afrika Kinder unterrichten«, sagte sie und blickte uns durch ihre große Brille nachdenklich an. Später erfuhr ich, dass sie das nicht durfte, weil ihr Bruder »im Westen« lebte. Umso interessierter hörte sie zu, wenn wir uns noch an ein paar Details aus Angola oder Sambia erinnerten. Am tollsten war jedoch Frau Staedts große Leidenschaft, die ihr schon bald den Ehrentitel »Meme Staedt« einbrachte: Sie fotografierte uns während des Unterrichts.

»Stellt euch mal vor die Afrika-Karte«, sagte sie. »Zeig auf das Land, aus dem du kommst, Lucia!«, bat Frau Staedt und drückte auf den Auslöser.

»Kann ich auch so ein Bild haben?«, fragte ich. Gegen ein paar Pfennige unseres Taschengelds verkaufte sie uns dann die Schwarzweiß-Abzüge. Als ich mich vor der Afrikakarte posieren sah, stellte ich fest, dass ich nicht auf Namibia, sondern Angola gedeutet hatte. Irgendwie stimmte das ja auch …

»Ich habe gar kein Foto von dir, Lucia«, bettelten meine Freundinnen Mila, Melanie und Anna. Ich gab stets bereitwillig Fotos her und stand am Ende ohne ein Bild da! Damals machte mir das nicht so viel aus; ich fand mich einfach überhaupt nicht hübsch. Oft lag ich abends im Bett und betete zu Tate Kalunga, dass ich nicht mehr so viel wachsen möge. Kalunga schien mich nicht zu hören. Im Gegenteil!

»Teacher Jonas ist wieder da!« Diese Nachricht sprach sich wie ein Lauffeuer herum. Bald darauf ließ er uns wieder zum Appell antreten. Doch der Erzieher, der uns in Bellin aus nichtigem Anlass verprügelt hatte, wirkte seltsam verändert. Er war stiller geworden und marschierte nicht mehr so zackig wie einige Monate früher.

Mila wunderte sich am meisten über die Veränderung, die mit ihm vorgegangen war: »Der behandelt mich, als ob ich für ihn Luft wäre.«

»Sei doch froh«, sagte ich leichthin. Wir beide waren zu jung, um darüber weiter nachzudenken. Am besten war, dass Jonas nicht mehr unser direkter Erzieher war, sondern als SWAPO-Offizier für die offizielle Politik der Partei zuständig war. Damit hörte in Staßfurt auch die Prügelei auf. Eines Tages rief er mich zu sich: »Lucia, ich habe einen Brief für dich!«

Mein Herz schlug schneller. Mutter hatte mir seit einem knappen Jahr nicht mehr geschrieben. Der Brief war geöffnet worden. Das war nichts Besonderes. Wie schon in Bellin lasen die namibischen Erzieher alle unsere Post, bevor wir sie erhielten.

Ich zog eine Geburtstagskarte aus dem Umschlag. Es standen nur ein paar englische Worte darauf: *Du bist am 13. Oktober 1972 geboren*. Ratlos wendete ich die Karte in meinen Händen. Ich fand keinen Absender auf der Karte. Was hatte das zu bedeuten?

Fast fünf Jahre waren vergangen, seitdem ich meine Mutter gefragt hatte, wann mein Geburtstag war. Seitdem hatte sie mir nicht auf diese Frage geantwortet. Plötzlich tauchte diese Karte wie aus dem Nichts auf. Ich verstand überhaupt nichts mehr: Das war mittlerweile mein drittes Geburtsdatum! Ein paar Monate zuvor hatte mir jemand meinen alten Impfpass aus Sambia gegeben. Darin wiederum war der 7. Oktober 1975 eingetragen.

»Von wem kommt denn diese Karte?«, erkundigte ich mich bei Teacher Jonas.

»Das ist von deiner Mutter«, erwiderte er kurz angebunden und ließ mich stehen. Ich wollte mein Geburtsdatum nicht glauben. Bis mein Zeugnis kam und ich es in den 13. Oktober 1972 abgeändert fand.

»Mach dir nichts draus, Lucia«, meinte Witzbold Boneti. »Hauptsache, du bist überhaupt geboren worden.«

Er hatte Recht! Ich beschloss, mich nicht über diesen Geburtstags-Wirrwarr zu ärgern, sondern ihn als Scherz aufzufassen. Fortan hatte ich eben zweimal Geburtstag. Und da das mit diesem Datum offensichtlich nicht so eng zu sehen war, kombinierte ich kurzerhand die Daten miteinander. Mein Geburtsdatum war von da an der 13. Oktober 1973. Mochte das Zeugnis auch etwas anderes behaupten.

Ich stand mit meiner Konfusion nicht allein. Manche von uns wussten immer noch nicht genau, wann sie geboren worden waren. Geburtstage waren Glückstage. In jeder Hinsicht.

Das Loch im Zaun

Auch nach meinem selbst gesetzten Geburtsdatum steckte ich mitten in der Pubertät. Ständig liefen mir und meinen Freundinnen die teilweise hübschen mosambikanischen Jungs über den Weg! Wir waren richtig fasziniert von den Mosambikanern. Sie machten Dinge, von denen wir gerade zu träumen begannen. Wenn wir abends, nachdem die Erzieherinnen die Eingangstür zu unserem Aufgang längst verschlossen hatten, aus dem Fenster sahen, waren sie noch draußen. Mit großen Augen beobachteten meine Freundin und ich, wie sich Pärchen küssten.

»Hast du den José gesehen?«, kicherte Anna. »Der sieht doch echt süß aus.«

»Na ja«, sagte ich, »das mag schon sein.« Er hatte ziemlich helle Haut mit Sommersprossen, was ich bei einem Afrikaner recht ungewöhnlich fand. »Aber ich finde ihn ziemlich aufdringlich.«

Mich hatte er doch tatsächlich einmal auf dem Gelände so angesprochen: »Ich nicht wissen warum, aber du sehr gut aussehen mit deiner Glatze.« Mir war nicht so

ganz klar, ob er mich veralbern wollte oder es ernst
meinte. Bei den Mosambikanern wusste ich nie so recht,
woran ich war. Ein Mädchen lehrte uns zum Beispiel ein
lustiges Lied auf Portugiesisch, das wir gern sangen. Und
die mosambikanischen Jungs lachten sich kaputt.

»Warum lachen die eigentlich so doof?«, fragte ich den
José.

Er grinste breit. »Das Lied fragen, welche Farbe haben
dein Höschen!«

Ich war so sauer auf das Mädchen, das uns so reinge-
legt hatte! Die machten sich lustig über uns kleine Namibierinnen! Zumindest ich war von da an vorsichtiger,
wenn die Mosambikaner uns etwas in Portugiesisch beizubringen versuchten. Überhaupt unterhielten sie sich
lieber in ihrer Sprache als in Deutsch.

Wir trafen sie regelmäßig im großen Speisesaal, wo
Hunderte von Schülern gleichzeitig Essen bekamen. Wir
Namibier hatten bald herausgefunden, dass es ratsam war,
früh vor der Eingangstür zum Saal zu warten, bis geöffnet
wurde. Die Mosambikaner galten nämlich als ziemliche
Schmutzfinken. Wenn sie an einem Tisch gegessen hatten, glich der hinterher einem Schlachtfeld. In den großen blauen Teekannen schwammen Essensreste und alles
war voller Krümel. Bevor Mila, Melanie, Anna und ich
uns an den Tisch setzen konnten, mussten wir erst einmal
abwischen. Also drängten wir uns rechtzeitig vor den
Eingangstüren, um die Ersten zu sein, sobald aufge-
schlossen wurde.

Plötzlich tauchten die Mosambikaner auf und wollten
uns von unserer Position verdrängen. »Stellt euch bitte
hinten an. Wir waren vor euch da«, sagte jemand von uns.

»Du weggehen. Ich stärker sein!«, wurden wir ange-
herrscht.

»Lern erst mal richtig Deutsch zu sprechen und komm
wieder, wenn du es kannst.« Solche frechen Sprüche
brachte Monsieur besonders gern. Das führte oft zu Raufereien. Glücklicherweise gab es einige friedliebende Mosambikaner, die ihre heißblütigen Landsleute besänftigten.

Die zischten dann mit zusammengebissenen Zähnen:
»*Epa crianca qui!*«

»Was heißt denn das nun wieder?«, fragte ich José ge-
nervt.

»Das heißen: Ihr sein schlimme Kinder«, meinte mein
Dolmetscher in seinem gebrochenen Deutsch. Aber er
konnte mir ja viel erzählen … Vielleicht hatten die Mosambikaner mit diesem Urteil aber auch Recht: Wir fünfzig waren so laut wie ein paar hundert von denen! Wir
fühlten uns nach den Jahren in Bellin wie befreit. Im
Schloss hatten wir Tischdienste gehabt und Erzieher, die
uns ständig beobachtet hatten. In dem großen Staßfurter
Esssaal dagegen stellte man sich an einer langen Theke
an, bekam sein Essen und suchte dann gemeinsam mit
seiner Clique einen freien Tisch. Oder jemand hatte
schon einen für die anderen blockiert.

Im Sommer 1986 zogen auch die Gruppen 1 und 2
von Bellin nach Staßfurt um, weil das Kinderheim Bellin
umgebaut werden sollte. Wir, die im Dezember 1979 aus
Angola gekommen waren, waren wieder eine Familie.
Für die es bald einen Namen gab: Wir waren nach unserem Ankunftsdatum die *79er*. Die Gruppen 1 und 2 bezogen die noch leer stehenden, unteren beiden Etagen in
Staßfurt und fuhren mit uns zusammen nach Löderburg.

Unter 300 Schülern waren wir insgesamt 78 afrikanischen 79er nicht mehr zu übersehen. Im Heim dagegen stellten wir nach wie vor eine Minderheit dar, die um Anerkennung rang.

Mochten wir auch lauter und frecher sein, die pfiffigen Jungs und Mädchen aus Südostafrika hatten uns ein paar Jahre Erfahrung voraus. Wir standen gerade vor Frau Bothe stramm zum Nachmittagsappell, den wir mit der aus Bellin gewohnten Disziplin ausführten. Plötzlich nahm ein Mosambikaner Anlauf, sprang wie eine Katze an dem Zaun hoch und schwang sich einfach darüber. Unser Appell war vergessen! Wir glotzten ihm sprachlos hinterher, wie er lässig in Richtung Innenstadt schlenderte.

»Das ist ja unmöglich!«, schimpfte Frau Bothe. »Diese Mosambikaner haben überhaupt keine Manieren. Wehe, wenn ich jemanden von euch erwische, der das nachmacht! Ihr geht nur aus dem Gelände, wenn ihr euch beim Pförtner abgemeldet habt!«

»Ja, Frau Bothe!«, antworteten wir gehorsam und sehnten die Nachmittage bei Frau Wortmann herbei.

Im letzten Winkel des Heimgeländes – hinter der Turnhalle, der Waschküche, zu der wir unsere Schmutzwäsche selbst brachten, und dem Sportplatz – lagen unsere Schulgärten. Dort konnten wir Erdbeeren oder Radieschen anbauen. Selten sah ich eine reife Erdbeere, weil Hunderte von hungrig zugreifenden Händen längst geerntet hatten. Radieschen dagegen mochte ich nicht. Doch wir wurden stets eingeteilt, saubere Reihen zu ziehen.

»Sieh mal dort hinten, Lucia«, sagte Nadia, »da ist das Loch.«

»Welches Loch?«

»Hast du noch nicht gehört? Da kann man raus. Der Zaun ist an dieser Stelle nicht dicht. Das müssen die Mosis gemacht haben, um ungesehen verschwinden zu können«, klärte mich meine Gruppenkameradin auf.

»Bist du da auch schon mal raus?«, fragte ich.

»Ach was!«, protestierte sie und legte den Radieschensamen sorgfältig in die gezogene Reihe. Dann kicherte sie: »Aber angeblich hat's eine von uns schon gemacht.«

»Ich glaube dir kein Wort. Warum soll denn eine von uns durch den Zaun verschwinden?«, fragte ich.

Nadia grinste mich kurz an und schaufelte Erde über ihre Aussaat. »Die Liebe, Lucia, die Liebe!«

In Gedanken ging ich unsere Jungs durch und fragte mich, ob einer von denen mit einer von unseren Mädchen etwas begonnen hatte. Sie stellten uns nach, das schon. Manchmal lauerten sie uns auch auf und einige Mädchen beschwerten sich bei ihren Freundinnen, dass ihnen Jungs an den Busen gefasst hätten. Mir war das nicht passiert. Da war aber auch nicht viel zu fassen. Allerdings hatte Nadia nichts von einem Pärchen erzählt, das durch den Zaun verschwunden war.

Hatte etwa eine von uns einen Freund außerhalb, in Staßfurt?

»Unsinn«, sagte Anna. »Wir sind doch immer zusammen. Wie soll man denn einen Jungen kennen lernen?«

»Natürlich nur hier im Heim!«, meinte Mila. »Ein Mädchen aus der Gruppe 6 hat einen Freund, das ist ein Mosi.«

»Ein Mosambikaner?«, fragten wir alle überrascht.

186

»Der sieht hübsch aus«, meinte Mila. Uns konnte das nicht überzeugen; wir waren viel zu jung. Doch ein paar Mädchen wirkten nicht mehr wie Kinder! Hinter denen waren auch unsere Jungs her.

Eines Abends blickten wir aus dem Fenster. »Ist das nicht die Sandy?«, fragte Anna. Sie trug wegen ihrer Kurzsichtigkeit eine Brille. Wir pressten die Nasen an die Fensterscheibe. Obwohl die Tür zu unserem Block von den Erziehern abgeschlossen worden war, spazierte doch tatsächlich die Sandy mit einem Mosi herum! Arm in Arm, heftig knutschend, gingen sie zu einem der anderen Häuser hinüber.

Das war die Sensation. Wir sprachen von nichts anderem mehr! Die Erste von uns hatte es gewagt, die Isolation unseres Heims zu durchbrechen. Unsere Jungs waren ganz schön sauer, dass einer der Mosis ihnen die Sandy weggeschnappt hatte. Und manche von uns Mädchen waren etwas eifersüchtig auf Sandy. Ich selbst hatte mit ihr praktisch kaum Kontakt. Ich befürchtete vor allem, dass sie großen Ärger bekommen würde, wenn sie nachts draußen herumlief und sich mit ihrem Freund traf.

Als Teacher Jonas uns ein paar Tage später morgens zum Appell antreten ließ, hörte ich den Kommandeur der Gruppe 6 rufen: »Gruppe 6 angetreten!«

»Ist Gruppe 6 vollständig?«, fragte der namibische Erzieher.

»Nein, Sandy fehlt!«, berichtete der Kommandeur. Unsere Mitschülerin war schon am Abend bei ihrem mosambikanischen Freund geblieben. Wir wussten nicht, ob sie verschlafen oder einfach keine Lust hatte, morgens strammzustehen.

»Das werde ich der Heimleitung melden müssen«, sagte Teacher Jonas.

Mit dem neuen Schuljahr hatten wir einen Heimleiter bekommen, an den wir uns noch dunkel erinnerten. Herr Halter war in unserem ersten Belliner Jahr Heimleiter gewesen. Der kleine dicke Mann mit den spärlichen Haaren war damals recht freundlich zu uns gewesen. Vier Jahre später hatte er sich ziemlich verändert. »Was euch fehlt, ist Disziplin!«, sagte er in seiner Antrittsrede.

Nachdem Sandy nicht zum Appell erschienen war, schickte der Heimleiter zwei unserer Jungs in eines der von den Mosambikanern bewohnten Häuser. Die zerrten Sandy vor aller Augen aus dem Haus heraus.

»Lasst mich los!«, schrie Sandy. Es half ihr nichts. Sie wurde in die Krankenstation gebracht, die von meinem Block aus gesehen im letzten Haus untergebracht war. Ich erfuhr nicht, was dort mit ihr geschah. Als ich Sandy einige Zeit später wieder einmal sah, hatte man ihre Haare kurz geschoren. Das war eine Strafe, die Frau Bothe sich für jene Mädchen ausgedacht hatte, die »aus der Reihe tanzten«, wie sie es nannte.

Sandys Freundinnen erzählten: »Sandy hatte von ihrem Freund schon einen Ring geschenkt bekommen. Sie wollte ihn sogar heiraten. Die hat ihn wirklich sehr lieb gehabt.«

Ihr Beispiel schreckte uns andere ab, sich mit den Mosis einzulassen. Jedenfalls für eine gewisse Zeit. Doch wenn wir sahen, wie die sich in ihren schicken Klamotten lässig bewegten, guckte man natürlich schon hin.

Mich beschäftigte das Loch im Gartenzaun immer noch. »Sag mal«, fragte ich José, als ich ihn wieder einmal traf, »verschwinden eigentlich öfter welche von euch durch diesen Zaun?«

Er nickte ernsthaft. »Wir müssen bald zurück nach Afrika. Nicht alle von uns wollen. Sie suchen Mädchen aus DDR, um zu heiraten. Sie hoffen, dann nicht zurückmüssen nach Mosambik.« José berichtete, dass es in seiner Heimat noch immer recht gefährlich war.

»Wegen Bürgerkrieg es geben Landminen, die Menschen kaputtmachen oder töten. DDR schöner sein«, sagte José und blickte mich ganz seltsam an.

Ich machte, dass ich wegkam. Seine Verliebtheit machte mir Angst – und der Gedanke an Krieg und Verletzungen noch viel mehr. Über beides nachzudenken oder sogar eine Verbindung zwischen Krieg und Liebe zu sehen, überforderte mich. Ich wollte nicht wissen, ob es auch mir einmal so wie José ergehen könnte: dass man an das eigene Land dachte und nicht zurück wollte.

Aber deshalb gab es das Loch im Zaun. Menschen wollten ihrem Schicksal entkommen. Vielleicht auch durch die Liebe zu einigen unserer Mädchen.

Verabredung im Dunkeln

Unsere Jungs, die sich an die älteren und sehr hübschen Mosambikanerinnen nicht herantrauten, stellten immer öfter unseren Mädchen nach. Und die fanden dieses erste Spiel mit der Liebe aufregend. Meine Freundin Melanie hatte bereits ein Auge auf Nick geworfen. Einmal klopfte es an der Tür zu unserem Sechser-Apartment, ich öffnete. Draußen stand Nick: »Ist die Melanie da?«

Ich guckte um die Ecke. Melanie lag in ihrem Bett und zog sich die Decke übers Gesicht. »Hat Kopfweh«, sagte ich.

»Dann muss ich mich sofort um sie kümmern«, grinste er und trat einfach ins Zimmer. Er legte sich angezogen neben sie und ich zog mich auf meine obere Bettetage zurück. Nach einer Weile ging er und flüsterte: »Also vergiss nicht, Melli, heute Nacht!«

Na, dachte ich, was mag da wohl passieren? Die Erzieher schlossen uns wie immer ein, wir gingen schlafen und es wurde dunkel. Aber es geschah nichts. Irgendwann ging ich noch mal aufs Klo, und als ich zurückkam, war die Zimmertür versperrt. Was war jetzt los? Sollte ich etwa im Treppenhaus schlafen? »Lasst mich rein!«

»Wer ist denn das?«, hörte ich drinnen jemanden sagen. Es war keine meiner fünf Apartment-Bewohnerinnen.

Kira, unser Gruppenkommandeur, öffnete und meinte: »Es ist Lucia, der kann man vertrauen. Die sagt nichts weiter.«

»Sie soll's erst versprechen!«, meinte eine Jungenstimme. Die gehörte Boneti, unserem Witzbold.

»Okay, ich versprech's!«, murmelte ich und Kira ließ mich rein. In den beiden winzigen, aneinander grenzenden Räumen war es stockdunkel, aber ich spürte, dass jede Menge Leute darin waren. Es wurde gekichert und geflüstert. Ich wartete erst einmal an der Tür ab, um herauszufinden, was hier eigentlich vor sich ging.

»Timmy, wie findest du die Mona?«, meldete sich plötzlich Nadias kichernde Stimme zu Wort. Ich hatte keine Ahnung, dass auch diese beiden anwesend waren!

»Sie ist ein hübsches Mädchen«, antwortete Timmy und alle lachten. Na ja, dachte ich, im Dunkeln ist gut munkeln, da traut er sich. Mona war wirklich sehr hübsch geworden; wir nannten sie gelegentlich Engelsgesicht.

»Der Timmy mag dich, Mona, und sagt, dass er dich hübsch findet. Würdest du ihn als Freund nehmen?«, fragte jetzt wieder Nadia, offensichtlich die Moderatorin dieses *blind date*, einer Verabredung im Stockdunkeln.

»Ja«, erwiderte meine Freundin leise. Mich freute es, dass diese beiden zueinander finden sollten. Schlagartig ging das Licht an.

»Ihr dürft euch küssen!«, rief Nadia. Das im Schutz der

191

Dunkelheit verkuppelte Pärchen musste in die Mitte treten. Mona und Timmy küssten sich und wir klatschten begeistert. Dann wurde das Licht gelöscht. Es ging in die nächste Runde.

»Nick, wie findet du die Melli?«, fragte Nadia.

»Ach, die sind doch sowieso schon zusammen!«, riefen einige und damit war diese Verbindung von der Gruppe abgesegnet.

»Boneti, wie findest du die Lucia?«, wollte Nadia nun wissen. Mir schoss das Blut in den Kopf. Was war ich froh, dass mich niemand sehen konnte!

Der Witzbold Boneti sagte im Schutz der Finsternis: »Ich mag die Lucia gern. Sie ist zwar immer so kratzbürstig, aber ich glaube, ich könnte mit ihr gehen!«

Ich wusste genau, was jetzt kam, und wäre am liebsten gar nicht mehr anwesend gewesen! Boneti und ich! Und küssen! Nachdem Nadia ihre Gegenfrage an mich abgeschossen hatte, musste ich wahrheitsgemäß antworten: »Der Boneti ist nicht mein Typ. Tut mir Leid.«

Das Spiel ging sofort weiter; ich atmete auf. Als Nächste wurde Kira mit einem Jungen verkuppelt, der mich in Bellin einmal so entsetzlich gewürgt hatte, dass ich überhaupt keine Luft mehr bekommen hatte. Die dominante Kira würde bei diesem Burschen bestimmt gut aufgehoben sein, dachte ich zufrieden.

Mila, Anna und ich blieben in dieser Nacht solo. Was nicht hieß, dass unsere Jungs nicht nach anderen Wegen gesucht hätten, es doch noch zu probieren.

»Die entführen Mädchen!«, warnte mich Anna. »Letzte Nacht sind ein paar Jungs zu uns in die Gruppe 4 gekommen und haben jemanden mitgenommen. Das Mäd-

Meine Mutter Tuahafifua als junge Krankenschwester

Meine Mutter Tuahafifua und mein Vater Immanuel haben sich im sambischen Flüchtlingslager Old Farm für den sonntäglichen Kirchgang fein gemacht. Wenige Wochen nachdem dieses Foto entstanden ist, wurden wir in das Lager in Nyango gebracht. Dort wurde unsere Familie für immer getrennt.

Mein erstes Zuhause in der DDR. Von 1979 bis 1985 lebte ich in diesem Schloss im mecklenburgischen Bellin. Die weitläufige Anlage war mit Mauern und Zäunen gesichert.

Die Faust zum Gruß geballt, riefen wir beim Appell: »Viva SWAPO!« und »Viva Nujoma!«, um die Partei und unseren Präsidenten hochleben zu lassen. Schon als Kinder lernten wir den Umgang mit Gewehren. Denn wir sollten uns an den Gedanken gewöhnen, unser Leben im Kampf gegen die südafrikanischen Besatzer unserer Heimat Namibia zu opfern.

Manöverübungen waren ein fester Bestandteil unseres Lebens. Oft gab es auch Nachtmanöver, in denen ich mit meiner Angst zu kämpfen hatte.

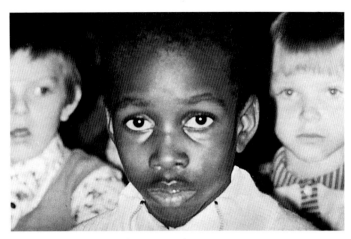

1981: meine Einschulung in Zehna

Im vier Kilometer von Bellin entfernten Zehna war eine neue Schule errichtet worden, die Polytechnische Oberschule Dr. Salvador Allende. Dort wurden wir nach einem leicht veränderten DDR-Lehrplan unterrichtet.

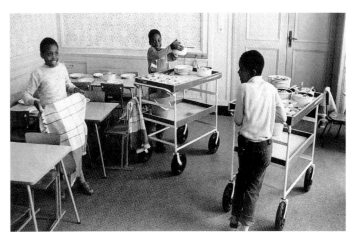

Einer der Speisesäle im Schloss Bellin. Unser Heimleben war straff organisiert: Keiner kam um den regelmäßig wechselnden Tischdienst herum.

1986 im Ferienlager in Prerow an der Ostsee war ich als Zöpfeflechterin sehr begehrt. Um den Hals tragen meine Freundin und ich das Tuch der SWAPO-Jugendpioniere.

Unsere namibischen Erzieher achteten darauf, dass wir die Traditionen unserer Heimat nicht vernachlässigten: Hier führe ich einen afrikanischen Tanz vor.

22. April 1989: meine Jugendweihe im Speisesaal der Staßfurter Schule der Freundschaft. Ich bin die Zweite von rechts. Während dieser Zeremonie wurden wir in die SWAPO-Jugendliga aufgenommen.

Meine Klasse, die 7b, mit unserer Erdkundelehrerin Monika Staedt. Ich sitze übrigens in der ersten Reihe, die Zweite von rechts.

1993: meine Klasse in der Deutschen Oberschule Windhoek

Regine und ich auf ihrer Farm in Namibia. Dort fühle ich mich zu Hause.

Man sagte mir: »Dein Vater ist tot.« Ich war 20 Jahre alt, als ich mich dennoch auf die Suche nach ihm machte.

chen ist dann erst am anderen Morgen aufgewacht und wusste gar nicht, wo sie war!«

Ich machte mir richtig Sorgen! Wenn ich erst einmal schlief, hätte man auch mich sonst wo hinschleppen können. Nichts hätte ich gemerkt. Manchmal wurden morgens die tollsten Geschichten erzählt, was in unserem Zimmer vorgefallen sein sollte – und ich hatte alles verpennt. Nachdem Anna mich gewarnt hatte, wollte ich nicht einschlafen, tat es dann aber doch. Irgendwann träumte ich, dass jemand an meinem Bett war, und schlug wild um mich.

»Denen hast du es heute Nacht aber gezeigt!«, lobte mich Pwele, als wir morgens aufstehen sollten.

Wie immer war es für mich viel zu früh. »Was meinst du?«, fragte ich verpennt.

»Weißt du das nicht mehr?«, fragte Pwele und band sich ihr Pionier-Halstuch um. »Die Jungs wollten dich heute Nacht wegschleppen. Du hast dich wie eine Wilde gewehrt. Da sind sie abgehauen.«

Ich zog mir meinen weiten Pulli über, dessen Ärmel schon wieder zu kurz wurden, und dachte, dass ich wenigstens im Schlaf echte Heldentaten vollbringen konnte. Bei dem, was mich nun draußen erwartete, würde ich mich dagegen mit wenig Ruhm bekleckern. Wieder mal stand ein Manöver an. Wogegen ich nicht grundsätzlich etwas hatte. Aber musste man denn auch im Winter ein guter namibischer Soldat werden? In Namibia wurde den Südafrikanern die Hölle doch bei Backofenhitze heiß gemacht, damit sie endlich unsere Heimat freigaben. Nahm ich jedenfalls an.

Gruppenkommandeur Kira meldete Teacher Jonas,

dass wir alle vollzählig waren, und dann marschierten wir durch den rückwärtigen Eingang des Heimgeländes hinaus. Unser Ziel war der nahe Gänsefurter Wald. Der Wind war nicht so besonders kalt; jedenfalls nicht für die anderen. Ich klapperte mit den Zähnen, schmiss soldatisch die Beine – und bibberte weiter.

Wir waren inzwischen die *Pioniere des 26. August*, so benannt nach dem Tag, an dem der bewaffnete Kampf der SWAPO gegen Südafrika begonnen hatte. Unsere blauen Tücher waren wieder rot wie zu Zeiten der *Thälmann-Pioniere*, aber die drei Farben der SWAPO waren geblieben. Liegestützen, Seilspringen und Sackhüpfen vertrieben die Kälte und Müdigkeit aus meinem Körper. Teacher Jonas teilte uns in verschiedene Teams ein und erklärte uns diverse Aufgaben, die in möglichst kurzer Zeit erledigt werden mussten.

»Ihr werdet euch nur mit dem Kompass orientieren, um die andere Gruppe zu finden«, befahl er. Hatten wir das geschafft, mussten wir einen Weg markieren. Mal mit kleinen roten Fahnen, mal mit Kreidekreuzen an Bäumen, sodass uns eine andere Gruppe ausfindig machen konnte. »Macht ein Feuer!«, lautete das nächste Kommando. Wir sammelten abgebrochene Äste und trockenes Gras und ich war froh, als ich mich am Feuer wieder aufwärmen durfte.

Die Nachtmärsche in völliger Finsternis hasste ich nach wie vor. Ich tapste durch den dunklen Wald und betete jedes Mal zu Tate Kalunga, dass ich wieder heil im Heim ankommen möge. Natürlich hörte inzwischen niemand mehr meine Gebete – außer Kalunga; und ich überstand die Nachtmärsche unbeschadet.

Teacher Jonas war mit unseren Leistungen fast immer zufrieden, denn unsere Kondition und Einsatzbereitschaft war wirklich gut. Unser Ausbilder wiederholte bei jeder Gelegenheit: »Disziplin ist das Wichtigste für einen Soldaten.«

Zumindest so lange, wie die Erzieher uns beaufsichtigten. Nachts war im Heim immer mehr los! Sobald wir eingeschlossen waren, besuchten wir uns gegenseitig und die Pärchen fanden ungestörte Plätze. Der beliebteste Treffpunkt war die heimliche Nachtdiskothek, die in unserem Gruppenraum im 5. Stock veranstaltet wurde. Das Mondlicht schien ins Fenster und die Paare tanzten eng umschlungen. Manchmal tanzte ich mit Anna, aber das machte nicht so viel Spaß. Ich ging lieber schlafen.

Dann hörte ich, dass einige Kinder nachts einen Gruselfilm sahen, von dem es mehrere Fortsetzungen gab. Kira war diejenige, die diese TV-Serie besonders liebte. »Wenn das wieder mal läuft, dann sag mir Bescheid!«, bat ich sie.

Eines Nachts weckte sie mich: »Lucia, die Jungs haben unten im Gruppenraum 1 diesen Gruselfilm laufen. Kommst du?« Ich war sofort hellwach. Für die Jungs war es eine strategische Meisterleistung gewesen, den Fernseher nachts funktionsfähig zu machen. Frau Bothe nahm das Antennenkabel immer mit, bevor sie das Haus verließ. Jemand hatte sie ablenken müssen, während ein anderer das Kabel unauffällig verschwinden ließ.

Ich wickelte mich in meinen blauen Bademantel und tastete mich gemeinsam mit Kira im dunklen Treppenhaus nach unten. Einer musste immer vor der Tür Wache halten, ob nicht zufällig doch ein Erzieher nach dem Rechten sehen wollte.

Wenn wir erwischt wurden, hieß es nämlich: »Ihr macht Pflegeobjekt!« Das mochte niemand! Mit gebücktem Rücken stand man dann auf dem endlos weiten Schulhof der Schule der Freundschaft und klaubte das Unkraut zwischen den Ritzen der Betonplatten heraus oder leerte die Papierkörbe.

Seit Tinos sanftem Küsschen hatte ich keinen Jungen mehr an mich herangelassen. Doch dann traf es mich wie der Blitz. An nichts anderes mehr konnte ich denken als an den hübschen Jungen mit den braunen Haaren, die ihm so verwegen in die Stirn fielen.

Mit dem Grund für mein inneres Chaos stieß ich erstmals an der Eingangstür der Löderburger Schule zusammen: *»Ladys first«*, sagte er.

»Thank you«, brachte ich heraus und schob mich an ihm vorbei. Schüchtern schlug ich die Augen nieder, nahm gerade noch wahr, dass der Gentleman eine dunkelrote Jacke trug. Von da an sah ich ihn immer wieder. Vor allem, wenn ich überhaupt keine Zeit hatte. Wenn ich mit den anderen Mädchen quer über den Schulhof rennen musste, um rechtzeitig beim Sportunterricht zu sein, der in einer Halle außerhalb des Geländes stattfand.

»Da drüben ist ein hübscher Junge«, meinte Mona, die alle Jungs um den Finger wickeln konnte. Ich blickte hoch und sah in seine schönen blauen Augen. Ich spürte, wie meine Beine Pudding wurden! Er war's! Wenn wir nach der Chorprobe auf den Bus gewartet hatten und gerade einsteigen wollten … wer bog um die Ecke? Natürlich er! Es war zum Verrücktwerden. Und ich hatte keine Ahnung, wie er hieß!

Die guten Cottbusser Butterkekse hatten nichts geholfen. Ich war so dünn geblieben wie zuvor, ohne weibliche Rundungen, ohne Polster auf dem Po. Hosen zu kaufen war eine Qual; sie waren alle zu weit. Ich entschloss mich, wieder aktiv Sport zu machen und für den anstehenden Leichtathletik-Wettkampf, die Spartakiade, zu trainieren. Die 800-Meter-Läufe waren meine Spezialität. Ich stand vor der Pinnwand, die wir Wandzeitung nannten, und studierte die Trainingszeiten, gleich daneben hingen die Mannschaftsaufstellungen des Volleyballteams.

»Hey, Silvio, bist du bei mir im Team?«, rief jemand.

»Ja, klar, wie immer!«, lautete die Antwort. Mir wurde heiß: seine Stimme! Ich drehte mich um und sah den Jungen mit der roten Jacke. Und er sah mich an. Und er lächelte. Niemand außer mir war dort. Das war sein Geschenk für mich!

»Silvio, du sollst noch mal ins Sekretariat kommen!«, rief wieder der andere Junge. Silvio drehte ab, lief die Treppe hinauf. Er war mir so nah gewesen! Fieberhaft durchforstete ich die Listen der Volleyballer. Da war er, der einzige Silvio weit und breit: Silvio Marx.

»Er hat dich angelächelt?« Anna und Mila wollten es kaum glauben. Wenigstens konnte ich ihnen sagen, für wen ich schwärmte. Und ich wusste, dass er in die zehnte Klasse ging. Mehr als zehn hatte die Willi-Wallstab-Oberschule nicht. Wer sich danach weiterbilden wollte, musste die Erweiterte Oberschule besuchen. Mir blieb also nicht viel Zeit, um meinen Schwarm anzusprechen. Aber daran war gar nicht zu denken! Ich musste ihn nur aus der Ferne sehen und hätte nicht mal mehr meinen eigenen Namen sagen können!

Warum war ich nur so furchtbar scheu? Die anderen Mädchen meines Alters hatten zum Großteil feste Freunde. Entweder unter den namibischen Jungs, wobei es inzwischen zu scheußlichen Eifersuchtsszenen kam. Ständig beschuldigten sie sich, die Jungs gegenseitig auszuspannen. Oder sie trafen sich wieder mit den Mosis. Die waren inzwischen junge Männer, deren Ausbildung in der DDR kurz vor dem Ende stand.

Plötzlich machte ein Gerücht die Runde: »Die Gloria ist schwanger!«

»Um Himmels willen! Von wem denn?«, fragte ich.

»Von ihrem Freund Tony.« Nadia wusste wieder mal alles und ich nichts, denn ich hatte nur meinen Silvio im Kopf. Ich mochte Gloria zwar auch, traute mich aber nicht, sie auf ihre angebliche Schwangerschaft anzusprechen. So eng waren wir schließlich nicht befreundet und eine Schwangerschaft war eine unglaubliche Sache. Ich musterte sie jedoch genauer und stellte neidlos fest, sie sah noch viel schöner aus als früher. Ihr Busen war größer, ihre Haut wirkte wunderbar rein.

»Was soll sie denn machen mit einem Kind?«, fragten sich Mila, Anna und ich. »Sie geht zur Schule!« Wir waren gerade mal in der siebenten Klasse.

Mila schüttelte ernsthaft den Kopf: »Auweia, das gibt Ärger!« Mit *Pflegeobjekt machen* und Haare abschneiden dürfte Frau Bothe in dem Fall wohl kaum weiterkommen, so viel war klar.

»Mir tut Gloria wahnsinnig Leid«, sagte ich. »Wieso musste ihr nur so etwas passieren?« Ich fühlte mich völlig hilflos. Plötzlich waren die Probleme von Erwachsenen über uns hereingebrochen, während mein kleines Herz noch im wilden Rhythmus eines verliebten Teenagers pochte.

»Sie hat gesagt, sie will das Kind behalten«, warf Nadia in die Runde.

Es kam anders.

Uns Mädchen ließen Frau Bothe, Meme Polly und Teacher Jonas in der Turnhalle der Schule der Freundschaft antreten. Frau Bothe straffte ihren Körper und ließ den Blick über die Mädchen der Gruppen 6, 5, 4 und 3 schweifen.

»Pionierinnen, einige von euch geben sich allergrößte Mühe, ihrem Land Schande zu bereiten!« Frau Bothes ohnehin kalte Stimme klang geradezu metallisch. Mich fröstelte. Ich war völlig arglos. Was würde jetzt kommen? Hatten sich die heimlichen Fernsehabende bis zu ihr herumgesprochen?

Plötzlich stupste mich Mila an: »Wo ist Gloria?«

Ich beugte mich vor und blickte die Reihe entlang. Tatsache: Gloria fehlte. Alle anderen waren vollzählig erschienen.

»Sie ist auf der Krankenstation«, flüsterte Nadia.

»Was!? Was hat sie denn?«

»Ruhe!«, herrschte uns Frau Bothe an. »Euch wurde klipp und klar gesagt, dass ihr nicht in die DDR gekommen seid, um Kinder zu bekommen. Ihr seid hier, um zur Schule zu gehen.« Sie blickte die neben ihr stehende

Meme Polly an. »Und euch wurde erklärt, wie Kondome zu benutzen sind.«

Ich dachte scharf nach. Ja, da war etwas gewesen … Ich hatte das schon längst wieder vergessen. Meme Polly hatte mit den ältesten Mädchen eine Art Sexberatung gemacht. Sie hatte uns erklärt, dass es gefährliche Geschlechtserkrankungen gab. Und dass wir Kondome benutzen sollten, damit wir nicht schwanger wurden. Sie wären jederzeit auf der Krankenstation abzuholen. Wir hatten gekichert.

Was war mich das angegangen? Dergleichen war von meinen Vorstellungen himmelweit entfernt. Allerdings nicht von dem, was meine teilweise wesentlich jüngeren Kameradinnen bereits erlebten.

Teacher Jonas verschränkte die Hände vor dem Schoß, während er zu sprechen begann. »In Kuba sind einige Mädchen schwanger geworden. Namibische Mädchen, die ihre Ausbildung so wie ihr in einem sozialistischen Bruderstaat machten. Wisst ihr, was mit denen passiert ist?«

Er blickte uns der Reihe nach an. Es war totenstill.

»Sie wurden zurück nach Angola geflogen!«, sagte Teacher Jonas. »Das war kein schöner Empfang. O nein! Ihre Mütter waren enttäuscht von ihnen. Sie sagten: ›Tochter, während wir für die Freiheit unseres Landes gekämpft haben, solltest du lernen. Und was hast du gemacht? Du hast dich mit Männern herumgetrieben! Du bist nicht länger meine Tochter.‹ Diese Mädchen durften nicht mehr zu ihren Familien zurück. Nie mehr! Sie wurden verstoßen. Sie waren eine Schande für ihre Familie. Eine Schande für ihr Land.«

Der Lehrer kostete unser betroffenes Schweigen aus.

»Einige Mädchen wurden von ihren Familien vor den Augen anderer mit Stöcken ausgepeitscht«, fuhr er fort. »Ihr könnt euch überlegen, ob ihr das auch wollt. Wer von euch nach Hause gehen will, kann das tun. Wer aber das Geld verschwendet, das die Ausbildung kostet, der wird sofort zurückgeschickt!«

Mit gesenkten Köpfen standen wir vor den Erziehern, keine rührte sich.

»Ihr seid die Elite des neuen Namibias. Die Revolution braucht euch! *Viva SWAPO! Viva Nujoma!*«

Wir fuhren erschrocken zusammen, jubelten automatisch unserer Partei und ihrem Führer zu und rissen unsere Mädchenfäuste in die Luft. Dann schlichen wir schweigend aus der Turnhalle hinaus auf den weiten Pausenhof der Schule der Freundschaft. Einige Jungs hatten uns draußen erwartet. Die Versammlung zersplitterte sich in die üblichen Cliquen, die ihre Köpfe zusammensteckten.

»Warum haben die uns so ausgeschimpft?«, fragte ich ratlos.

»Ich will nicht zurück nach Angola!«, stellte Mila klar.

Nadia hatte inzwischen von den Jungs die neuesten Informationen. »Gloria ist auf der Krankenstation. Die SWAPO will sie nach Angola zurückschicken, weil sie von Tony ein Baby erwartet.«

»Ach, deshalb der ganze Aufstand!«, meinte Anna.

»Klar, die wollen uns Angst machen!« Kira hatte sich zu Nadia und uns gesellt. »Wer ein Baby bekommt, kann nach Hause.« Sie lachte bitter. »Nach Hause! Ich habe nicht vergessen, wie es in Kwanza Sul aussieht.«

Wir schüttelten alle die Köpfe. »Nein, wir wollen unsere Schule in der DDR machen.«

»Auch Gloria muss die Schule hier beenden dürfen!«, sagte Kira, unser Gruppenkommandeur, entschlossen. »Ein paar Jungs haben gesagt, sie wollen mit Teacher Jonas reden, damit Gloria nicht zurückverfrachtet wird.«

Ich dachte in diesem Moment an Silvio. Und bekam es furchtbar mit der Angst zu tun. Würde er wirklich mein Freund und ich schwanger, dann müsste ich ja auch nach Afrika. Aber wohin dort? Nyango? Ich hatte nicht die geringste Vorstellung, was in den seither vergangenen acht Jahren geschehen war! Von Mutter hatte ich ohnehin schon lange keine Briefe mehr bekommen. Mein Vater war angeblich tot, was ich aber immer noch bezweifelte.

Diese Ungewissheit, dieses Nichts, diese Angst für einen Jungen?! Wenn ich Silvio dann sah, zitterten meine Beine dennoch.

Als Gloria wieder im Heim war, sah ich sie tagelang nicht. »Sie muss nicht zurück nach Angola?«, fragte ich, als ich eines Abends in unserem Zimmer hörte, dass sie auch bald wieder in die Schule gehen würde.

Kira flocht Nadias Haare. Die beiden drucksten herum. Endlich rückte Kira mit der Sprache heraus. Selten hatte ich sie so niedergeschlagen erlebt. »Nein, sie kann bleiben.«

Meine Clique rückte enger zusammen und sah Kira neugierig an. »Und das Baby?«

»Es gibt keins mehr«, erwiderte unsere Kommandeurin. »In der Krankenstation wurde es ihr weggemacht.«

Ich starrte Kira sprachlos an. In meiner Welt aus

Schwärmerei und Träumen hatten solche Antworten keinen Platz. Von Abtreibungen hatte ich nie zuvor gehört. Mein Glaube an Gott war ganz einfach; er war derjenige, der mir in der Not beistand und jedes Lebewesen beschützte. Dass Menschen ein Ungeborenes töteten, war mir unvorstellbar. »Es ist tot?«, fragte ich.

»Klar. Was dachtest du denn?«, sagte Kira gereizt.

»Au, reiß nicht so an meinen Haaren«, meckerte Nadia.

»Das können sie doch nicht einfach so machen!«, rief ich. »Das arme Baby!«

Nadia sah mich aus ihrer sitzenden Position von unten herauf an. Der Blick aus ihren ohnehin schmalen Augen hatte etwas Gefährliches. »Sag lieber: die arme Gloria! Die heult bloß noch. ›Ich wollte mein Baby behalten‹, jammert sie die ganze Zeit. Aber die haben ihr keine Wahl gelassen. Entweder Baby und Angola oder Schule und DDR. Tja, was willste da machen?«

»Ihr habt doch den Jonas gehört«, schimpfte Kira. »Genau genommen hat Gloria sogar noch Glück gehabt.«

Benommen kroch ich in mein Bett über Kira, ließ mich zurückfallen und zog mir die Daunendecke über den Kopf. Irgendwie stimmte etwas in meiner Welt nicht. Es war nur ein Gefühl. Und das reichte aber nicht, um erfassen zu können, was mich so niederschmetterte. Ich versuchte mir vorzustellen, wie das sein mochte, in Glorias Haut zu stecken. Du weißt nicht, wo deine Eltern sind und wo dein Haus steht. Es gibt nur eine Partei und die droht dich dorthin zu schicken, wo du nicht hin willst. Gleichzeitig weißt du nicht, wo das überhaupt wäre. Aber du liebst einen Jungen und hast sein Kind im

Bauch. Und das ist alles, was du hast. Und dann ist es weg.

Was hast du dann noch?

Mila riss meine Decke fort. »Hast du das gehört, Lucie! Die Mosis gehen! Alle! Ganz bald.« Sie blickte runter zu Kira, deren Haare immer noch nicht fertig geflochten waren. »Was hast du gesagt: Wann müssen Tony und die anderen weg?«

»In vier Wochen!«, wiederholte Kira, was sie anscheinend gerade zuvor den anderen erzählt hatte. »Sagt Tony. Wenn er überhaupt noch was sagt.«

Vier Wochen, das war nach dem wichtigen Kreisausscheid, bei dem die besten Staßfurter Athleten gegeneinander antraten. Und dann noch mal zwei Monate – und Silvio wäre fort. Ich drehte mich auf die Seite und starrte die Wand an.

»Die ist bestimmt wieder in Gedanken bei ihrem Liebsten«, hörte ich Nadia sagen. »Hast du ihn eigentlich schon geküsst?«

Kira kicherte: »Die Lucie ist ein Tomboy. Ein Tomboy küsst doch keinen Jungen.«

Ich hätte heulen mögen. Warum auch immer. Gründe gab es genug.

Was hat die Schwarze denn?

Für den Kreisausscheid hatte ich viel trainiert. Ein paar Mal war ich schon gegen die DDR-Mädchen gelaufen und wusste, dass ich nicht schlecht war. Aber mein Bauch spielte ausgerechnet an diesem Tag so verrückt, dass ich absagen wollte. Doch der Sportlehrer überredete mich.

Auf dem Sportplatz waren alle Schüler und Schülerinnen aus dem gesamten Kreis Staßfurt versammelt, die sich für den Kreisausscheid qualifiziert hatten, und jede Menge Zuschauer. Wer von uns Namibiern nicht antrat, war erschienen, um die Teilnehmer anzufeuern. Ich saß zusammen mit Nadia auf einem kleinen Hügel und musste warten, bis meine Altersklasse, AK 16, dran war. Vielleicht war es nicht wirklich kalt, aber mich fror – wie so oft. Ich blickte mich um. Nach Silvio. In dem Augenblick stoppte in einiger Entfernung ein Motorrad mit einem schwarz gekleideten Fahrer. Er nahm den Helm ab.

Es war Silvio und er sah so gut aus in seinem schwarzen Zeugs. Unter all den vielen Menschen sah er mich natürlich nicht!

Frau Staedt, unsere nette Geographie-Lehrerin, stand

plötzlich neben mir und legte den Arm um meine Schultern. »Lucia, ich drücke dir die Daumen. Du wirst die Schnellste sein!«

»Danke, Meme Staedt«, sagte ich. »Aber ich habe so Bauchweh!«

»Du schaffst es, Lucia. Ich werde dich fotografieren!« Sie trug wie immer ihren Apparat bei sich.

Sekunden später hörte ich die Durchsage: »AK 16 an den Start zum 800-Meter-Lauf!« Damit war meine Altersklasse gemeint.

Ich blickte mich noch rasch nach Silvio um. Der war weg. Ich wärmte mich auf und spürte, wie dieses unangenehme Grummeln im Bauch wieder stärker wurde.

Der Startschuss fiel und ich rannte los. Alle ließ ich hinter mir, obwohl mein Bauch verrückt spielte. Während ich rannte, konnte ich meinen nervösen Darm nicht gleichzeitig kontrollieren. Er machte, was er wollte. Ich spurtete einfach weiter und erreichte das Ziel mit deutlichem Abstand als Erste. Das war mein Sieg. Aber ich spürte den Durchfall in meiner Hose. In meiner Panik wusste ich nicht weiter.

Wie aus dem Nichts stand Meme Staedt neben mir und ich gestand ihr mein Unglück. »Komm mit, Lucia. Meine Wohnung ist gleich da drüben neben dem Sportplatz. Dort kannst du dich frisch machen. Bis zur Siegerehrung hast du genug Zeit.«

Ich schnappte mir meine lange graue Trainingshose und den Pulli und ging mit Meme Staedt mit. So etwas Peinliches war mir in meinem ganzen Leben noch nie passiert!

»Du bist super gelaufen, Mädchen!«, lobte mich meine

liebevolle Retterin. »Gerade wegen dieses Missgeschicks. Dafür kannst du doch nichts. Ich finde, du kannst richtig stolz auf dich sein.«

Ich duschte mich schnell, zog mich um und ein paar Minuten später trafen wir wieder auf dem Sportplatz ein. Nach mir waren noch ein paar Mädchen gegeneinander gelaufen und ich wusste nicht, ob ich von allen die schnellste Läuferin gewesen war.

Aus dem Lautsprecher tönte es: »Siegerehrung AK 16!« Das Mädchen, das den dritten Platz gemacht hatte, stieg aufs Treppchen, die mit dem zweiten besetzte die andere Stufe. Es waren DDRlerinnen. »Erster Platz im 800-Meter-Lauf: Lucia Engombe!«

»Engombe! Engombe! Lucia! Ja! Lucia!« Die Namibier schrien wie wild durcheinander und ich schritt zur Siegerehrung. Ein Lehrer hängte mir eine Goldmedaille um und überreichte mir eine Urkunde: »Schön gemacht, Mädel, weiter so!« Was war das für ein himmlisches Gefühl, da oben zu stehen! Meme Staedt lächelte glücklich und drückte auf den Auslöser.

Ich gesellte mich zu meinen Kameradinnen, als Mila mich anstieß: »Da ist Silvio!« Ich blickte in die gewiesene Richtung. Er stand dort mit ein paar anderen DDRlern. Und lächelte. Das galt mir! Mein Herz raste.

Ich hörte Nadia, die neben mir stand, sagen: »Kira, sieh mal da drüben. Der Junge lächelt dich an.«

Das fand ich wirklich zu witzig! Mila und ich lächelten zu Silvio hinüber und winkten. Und er winkte zurück! Das war ja noch besser als der erste Platz im 800-Meter-Lauf!

»Hä?«, machten Nadia und Kira und ich spürte ihre

verwunderten Blicke. »Unser Tomboy hat tatsächlich einen Verehrer!«, sagte Nadia. Doch sie sagte es auf eine so nette Art, dass ich fühlte: Sie gönnte es mir.

Unsere Jungs trugen schon seit Wochen einen seltsamen Wettstreit mit den DDR-Jungs aus. Sie rempelten sich auf dem Schulhof an und oft folgte eine Klopperei. Wie Jungs eben so sind. Der Anführer der DDRler wurde Pille genannt, ein großer Bursche mit dunkelblonden Locken. Gelegentlich machten er und seine Freunde sich auch extra breit, wenn sie uns namibischen Mädchen begegneten, und stießen uns an. Ich fand das nicht weiter schlimm und ging nie zur Seite, auch wenn es manchmal etwas wehtat. Wenn ich an den Schulwänden Sprüche las wie *Neger stinken*, fand ich das eher komisch; wir waren keine Neger und fühlten uns nicht angesprochen. Bei dem Kräftemessen mit den deutschen Jungs waren unsere außerdem fast immer die stärkeren, dennoch forderten die anderen sie stets aufs Neue heraus.

Greg war inzwischen einer unserer stärksten Jungs geworden und vor allem auf ihn hatten die weißen Jugendlichen es abgesehen. »Wo ist denn eure Klasse?«, fragten sie. Aber wir verrieten es nicht. In der Schule waren wir nämlich in einem anderen Teil untergebracht als Pille und seine Kumpels.

Nadia ging in der Pause auf die Toilette und bemerkte, dass ihr Pille und seine Freunde folgten. Sie rannte zu unserem Klassenraum. Plötzlich flog die Tür auf. Pille und ein paar seiner Kumpels standen in unserem Raum. Ich wusste überhaupt nicht, was das sollte!

»Wo ist der Greg?«, fragte Pille.

»Ihr solltet besser gehen. Wir haben gleich Englisch-Unterricht«, meinte Nadia ganz ruhig, die zu dieser Zeit unser Kommandeur war.

Pille ging auf Greg los und brüllte: »Ihr kriegt doch alles in den Arsch gesteckt!«

Wir trugen eigentlich dieselben Sachen wie die DDR-Jugendlichen. Gemeinsam mit einem Erzieher kauften wir sie auf Wertbon in den Staßfurter Geschäften. Pro Vierteljahr standen jedem von uns 250 Mark zu, die für Kleidung draufgingen. Doch wir kombinierten Jeans, T-Shirts und Pullis so, dass sie gut aussahen, und manche Mädchen schneiderten auch ihre Klamotten um. Die DDRler waren nicht so geschickt wie wir und nahmen an, wir würden Kleidung bekommen, die aus dem Westen stammte.

Im nächsten Augenblick brach die tollste Schlägerei los. »Mensch, Pille, hau zu, lass den Schwarzen nicht los. Mach ihn fertig!«, riefen die DDRler.

Greg wurde in unserem geheimen Sprachenmix Oshideutsch angefeuert: »*Denga okalumbu richtig gut komatako!*« Das hieß: Schlag den kleinen Weißen richtig fest auf den Po.

Es sah wirklich nicht gut aus für Pille. Obendrein zerriss dabei seine Jacke. »Die zahlste!«, schimpfte Pille.

»Ihr seid doch hier rein gekommen und habt Stunk gemacht«, bemerkte Fili spitz. Schon ging es unter lauten Rufen in die nächste Runde. Niemand bekam mit, dass der groß gewachsene Englischlehrer eintrat.

»Was ist hier los!«, schrie er. Augenblicklich wichen alle auseinander. »Raus mit euch«, sagte er zu den DDRlern. Die trollten sich und der Englischlehrer wendete sich uns zu: »Ihr solltet euch schämen, so was auch noch anzufeuern.«

Ich war nur froh, dass Silvio mit diesen Raufbolden nichts zu tun hatte. Aber leider gelang es mir immer noch nicht, mit ihm ein Wort zu wechseln. Mein Mund schien wie versiegelt zu sein. Allerdings traute Silvio sich genauso wenig. Es war wirklich zum Heulen.

Mit meinem Liebeskummer schwer beschäftigt, lief der Auszug der 900 Mosis an mir völlig vorbei. Plötzlich waren sie weg und ein paar der namibischen Erzieherinnen baten: »Wir brauchen die Mädchen aus den Gruppen 5 und 6, um die Apartments der Mosambikaner sauber zu machen.«

Unsere Begeisterung hielt sich zwar in Grenzen, doch wir wollten sie auch nicht im Stich lassen.

»Wenn ihr uns helft, gibt es eine richtig gute Belohnung für euch«, sagten die Namibierinnen.

Wir packten kräftig an, obwohl wir uns vor dem Dreck der Mosis ekelten. Säckeweise schleppten wir den Müll aus den Häusern.

»Im Gruppenraum der 6 gibt es morgen nach dem Frühstück eine Party!«, sagten die namibischen Erzieherinnen. »Nur für euch Mädchen. Denn heute ist Internationaler Frauentag.« Wir mussten nicht in die Schule und hatten kein Programm. Ein echter Feiertag. Zum Frühstück aß ich kaum etwas, denn von einer Party erwartete ich auch leckeres Essen als Belohnung für einen Tag Putzen.

Ich staunte nicht schlecht: Ein ganzer Tisch war voll beladen mit Säften und alkoholischen Getränken! Wein, Schnaps, Bier, Sekt, lauter Sachen, die ich in meinem Leben noch nie angerührt hatte. Irgendwann hatte ich mal gehört, dass Erwachsene alles munter mischten. Das tat ich auch. Sekt zu Wein, Schnaps zu Bier. Dass es kein Essen gab, fiel mir gar nicht auf. Mein Sekt-Wein schmeckte so lecker …

Irgendwann war nichts mehr übrig und ich half noch mit beim Abspülen der Gläser. Gloria stand neben mir und ich sagte: »Puh, mir ist vielleicht schwindlig.«

»Sei bloß leise«, flüsterte Gloria, »sonst kriegen wir nicht noch mal Alkohol.«

»Ja, ist gut«, sagte ich noch und dann merkte ich auch schon, dass nichts gut war. Ich drückte Gloria das Handtuch in die Hand und machte, dass ich zum Klo kam. Ich erbrach mich und fühlte mich schon wieder so weit besser, dass ich diszipliniert die Toilette reinigte. Ich ärgerte mich über mich selbst! Warum hatte ich nur so viel getrunken? Irgendwie geschah mir das recht. Ich kroch ins Bett und alles drehte sich. Inzwischen hatte sich in allen Etagen herumgesprochen, dass wir an einer seltsamen Party teilgenommen hatten, und die Jungs drängten sich neugierig vor unserer Tür. Nadia hatte sich auch selbst außer Gefecht gesetzt, aber sie kam besser zurecht. Beim nächsten Brechanfall schaffte ich es nicht mehr bis zum Klo. Erst stürzte der Wein-Sekt aus mir heraus, dann näherte sich mir der Boden.

Eine meiner Freundinnen hörte ich noch schreien: »Sanitäter! Sanitäter!«

»Ich komme schon!«, rief Ricky und legte mich sofort in die stabile Seitenlage. War doch gut, dass wir als Pioniere ausgebildet waren.

»Lucia! Lucie!«, riefen alle durcheinander. Dann hörte

211

ich gar nichts mehr. Es wurde dunkel. Und irgendwann schlagartig hell: Ein Erzieher der Gruppe 6 klatschte mir mehrmals mit der flachen Hand ins Gesicht. Das tat weh!

»Los, Jungs, bringt sie in die Krankenstation!«, sagte der Erzieher. Sie bewiesen, dass sie eine nahezu Bewusstlose auch ohne Trage mühelos fünf Etagen abwärts abtransportieren konnten. In der Krankenstation untersuchte mich die Ärztin.

»Sofort ins Krankenhaus! Alkoholvergiftung!« Das bedeutete, dass ich zum ersten Mal einen Krankenwagen von innen sah und mit hohem Tempo und Blaulicht in die Klinik verfrachtet wurde.

Nach langem Schlaf, Untersuchungen, Tabletten und noch längerem Schlaf nahm ich wahr, dass ich mich in einem Zimmer mit vier älteren Damen befand. Eine Schwester reichte mir Salamibrote. Aber die waren wirklich nicht das, wonach mein Magen lechzte.

»Wenn du dein Brot nicht willst, kannste es mir geben«, sagte meine Bettnachbarin. Ich schämte mich derart für meine Dummheit, dass ich am liebsten unsichtbar gewesen wäre, und machte die Augen gar nicht erst wieder auf. Das war ohnehin das Beste, was ich tun konnte. Wenn ich meinen Kopf auch nur ein wenig zur Seite drehte, tat es schrecklich weh.

»Was hat die Schwarze denn?«, fragte eine der älteren Damen.

Etwas getan, das sie nie wieder tun wird, dachte ich und wartete darauf, dass der Arzt mir sagen würde, dass ich wieder ins Heim dürfte. Glücklicherweise geschah das kurz darauf und ich hütete noch ein paar Tage in der Krankenstation das Bett. Dort durften mich meine

Freundinnen besuchen und brachten mir auch die Schulaufgaben.

»Die Ärztin sagt, dass du fast gestorben wärst«, meinte
Anna. »Du sahst wirklich sehr schlecht aus.«

»Habt ihr Silvio gesehen?«, fragte ich und die beiden
lachten sich krumm und schief.

Als ich wieder in die Schule kam, wussten natürlich
alle Bescheid. Zu allem Überfluss nahmen wir in Biolo-
gie den Alkohol durch! Ich gab ein wunderbares Beispiel
ab. »Macht es nicht so wie Lucia«, sagte die Biolehrerin.
»Alkohol ist sehr gefährlich.« Wenn sie mir das nur eher
gesagt hätte …

Ein Stopp-Schild in meinem Kopf

»Morgen werden die zehnten Klassen verabschiedet«, erzählte mir Mila. »Es gibt einen großen Appell. Silvio wird bestimmt auch da sein. Ich bin neugierig, ob er sich fein gemacht hat.«

»Der sieht doch immer gut aus«, sagte ich und war dennoch gespannt. Ich zog mir extra das rote Kleid mit den gelben und grünen Ahornblättern an und die gelben Sandaletten.

Leider dauerte der Unterricht – *Einführung in die Sozialistische Produktion* – ausgerechnet diesmal besonders lang. Ich traf erst ein, als schon alles vorbei war.

»Ich werde ihn nie wieder sehen«, klagte ich. »Ich wollte doch zu ihm gehen und ihm gratulieren, dass er es geschafft hat.«

»Wenn du dich getraut hättest«, meinte Anna nüchtern.

»Da ist er doch!« Mila hatte ihn entdeckt. Er stand auf dem großen grauen Schulhof zusammen mit einigen seiner Klassenkameraden und ein paar Eltern. Er trug ein schickes Sakko, verwegen fielen ihm die Haare auch jetzt in die Stirn. Ich starrte zu ihm herüber. Er starrte zu mir zurück.

Als Kind hatte ich Märchen so geliebt. Zum Beispiel das von den zwei Königskindern, die nicht zusammenkommen konnten, weil das Wasser so tief war. Zwischen Silvio und mir lag nur ein halber Schulhof aus festem grauem DDR-Teer; er blieb auf seiner Seite und ich auf meiner.

Nachdem die Mosis fort waren, war unsere große, mit hohen Zäunen gesicherte Schule der Freundschaft plötzlich leer. Wo zuvor 1000 Kinder und Jugendliche gewohnt hatten, waren jetzt nur wir 78 übrig. Wir hatten den riesigen Speisesaal für uns, mussten uns nicht mehr am Eingang drängeln und an der Essenausgabe benahmen wir uns diszipliniert deutsch. Der Frühsommer war heiß und die Köchin hinter der Theke schwitzte über ihren heiß dampfenden Spaghettitöpfen.

»Ach, Frau Pricke, bekomme ich noch einen Nachschlag Nudeln?«

»Aber klar, Lucia!« Sie wischte sich mit der Hand den Schweiß von der Stirn, die Tropfen flogen nur so.

»Und noch etwas Tomatensauce?«, bat ich.

Sie lächelte mich an, fuhr mit der Kelle in die Sauce, füllte mir noch einmal nach und ich schnappte mir den Teller mit meinem Lieblingsessen, um mich zu meiner Clique zu setzen. Hinter mir hatte Monsieur angestanden, inzwischen ein ziemlich großer junger Mann.

»Das ist ja scheußlich, wie die Frau das macht!«, rief Monsieur laut. »Ihr Schweiß tropft voll in unser Essen.«

»Ich tue nur meine Pflicht!«, sagte Frau Pricke pikiert.

Boneti, der wiederum hinter Monsieur gewartet hatte, meinte: »Will noch jemand etwas Schweiß? Frau Pricke gibt Nachschlag!«

Die freundliche Köchin, ohnehin schon rot im Gesicht, wurde noch roter und wir bogen uns vor Lachen. Ich setzte mich auf einen Platz und betrachtete nachdenklich meinen Haufen roter Nudeln.

»Schmeckt's, Lucia?«, grinste Boneti.

»Scherzkeks!«, zischte ich. Monsieur und er hatten mir gründlich den Appetit verdorben.

Während wir etwas lustlos in unseren Nudeln herumstocherten, drehte sich das Gespräch um etwas, das zuvor nur den Mosis offen gestanden hatte – »der Klub«. Das war ein Häuschen von etwa hundert Quadratmetern Grundfläche, das versteckt gegenüber unserer Wäscherei lag. Heimleiter Halter hatte den Gruppen 5 und 6 nun erlaubt, diesen Raum zu benutzen. Zuvor mussten wir mit Schrubbern, Schmierseife und Scheuerlappen anrücken und gründlich den reichlich zurückgelassenen Dreck unserer afrikanischen Fast-Nachbarn wegputzen.

»Aber nur die Großen dürfen in den Klub«, schärfte Frau Bothe uns ein.

Ein Junge aus der 6 übernahm die Rolle des DJ, spielte die Kassetten mit der vom Radio aufgenommenen Musik Michael Jacksons und manchmal auch Hip-Hop. Wobei er kaum auf den von der SED verlangten sechzigprozentigen Anteil an DDR-Musik achtete. Ich tanzte gern und es machte mir auch nichts aus, allein zu tanzen. Denn ich dachte dabei an Silvio und fragte mich, ob er auch so musikalisch war.

Bislang stand gelegentlich mittwochs in der Löderburger Schule Disko-Nachmittag auf dem Pionierplan. Dann waren wir unter Lehreraufsicht wild herumgehopst und hatten das Licht schnell an- und ausgeschaltet.

An der Schule sprach sich bald herum, dass wir von den Mosis den Klub geerbt hatten.

»Stimmt das, dass ihr jetzt eure eigene Disko habt?«, hörte ich Pille auf dem Pausenhof fragen.

Greg, der zu unseren besten Tänzern gehörte, sagte: »Ja. Wir dürfen den Klub am Wochenende benutzen.«

»Was denn, etwa umsonst?«

Greg schien einen Moment zu zögern. Niemand war auf die Idee gekommen, für den Klub bezahlen zu müssen. Schließlich hatten wir ihn erst mal sauber machen müssen.

»Sag mal, und ein Schwimmbad habt ihr auch?«, fragte Pille.

»Nee, wie kommste denn da drauf?«, meinten unsere Jungs. »Wer erzählt denn so was?«

»Na, man hört so Sachen«, gab Pille zurück.

Greg blieb gelassen. »Da hörste die falschen Sachen. Wenn wir schwimmen wollen, gehen wir zum Löderburger See. Haste doch gesehen.«

»Aber ihr habt einen Tennisplatz«, hakte Pille nach.

»Unsinn!«, riefen die Jungs. »Haben wir nicht. Nur den Klub, den die Mosambikaner hinterlassen haben.«

Als wir mit unserem Bus, der direkt vor der Schule hielt, zurückgebracht wurden, standen die DDRler in Gruppen vor der Schule und guckten uns nach. Wer von ihnen in Staßfurt wohnte, und das waren etliche, musste zu Fuß gehen, Rad fahren oder auf den öffentlichen Bus warten.

»Die haben eine völlig falsche Meinung von uns«, sagte Monsieur. Noch kam niemand auf die Idee, daran etwas ändern zu wollen.

Wir trafen die Staßfurter und Löderburger am See und gelegentlich tauchte auch Silvio auf, um mein Herz schneller schlagen zu lassen. Auf seinem Motorrad fuhr er langsam neben Mila, Anna und mir her, wenn wir zum Baden gingen, und schickte ein scheues Lächeln in meine Richtung. Das war zwar ganz toll, aber langsam machte es mich etwas traurig, dass er sich nicht traute mich anzusprechen. Manchmal zweifelte ich sogar daran, ob er wirklich in mich verliebt war. Kira gab nämlich immer damit an, dass er eigentlich sie meinte. Meine Freundinnen lachten sie zwar aus. Mein Selbstbewusstsein reichte allerdings nicht, um mitzulachen. An manchen Tagen musste man mich richtig überreden, damit ich überhaupt das Heim verließ. Ich fand, ich hätte die falschen Klamotten an oder war einfach zu dünn.

Eines Abends kam Nadia wieder mal mit einer Nachricht an, die mich auf andere Gedanken brachte: »Die Gruppen 7 und 8 kommen in den Sommerferien zu uns!«

»Auf Besuch?«, fragte ich. Drei Jahre waren vergangen, seitdem ich mich von Lilli und Nati verabschiedet hatte. Ich sehnte mich so nach meinen beiden kleinen »Schwestern«.

»Nein, die Kleinen bleiben ganz hier! Und stellt euch vor, im nächsten Schuljahr werden wir alle hier zur Schule gehen. Alle acht Gruppen.«

»Wir wechseln die Schule?!«, fragten wir tags drauf Meme Staedt und Meme Wortmann. Unsere beiden

Lieblingslehrerinnen waren selbst ganz geknickt. »Das heißt, Sie unterrichten uns nicht weiter?«

»Ja, Kinder, ihr bekommt neue Lehrer. Wir bleiben hier an dieser Schule.«

»Nein! Sie müssen mitkommen!«, protestierten wir lautstark.

Die beiden Lehrerinnen erklärten uns, dass die Pläne dafür andernorts gemacht wurden. Irgendwo zwischen Ostberlin und Luanda, dem Hauptsitz der SWAPO. »Ihr seid nicht aus der Welt, Kinder, wir können uns ja nach wie vor sehen«, trösteten uns die beiden Memes. »Ganz sicher komme ich euch besuchen«, versprach Meme Staedt.

Am 1. Juli 1988 bekam ich die Quittung für meine Silvio-Schwärmerei: Mein Zeugnis enthielt praktisch nur Zweier, für unsere Verhältnisse war das gerade noch Durchschnitt. Neben Kunsterziehung stachen meine klaren Favoriten hervor: Meme Zinkes Musikunterricht hatte mich zu einer Eins beflügelt und in Sport war ich auch so manchem davongerannt. In der Gesamtbeurteilung hieß es, dass mein großes Interesse die Literatur wäre; meine von Liebeskummer überfließenden Tagebücher waren damit natürlich nicht gemeint.

Kurz darauf trafen endlich die Gruppen 7 und 8 aus Bellin ein und ich zeigte Lilli und Nati die Schule der Freundschaft. Ich war nicht schlecht verwundert, wie groß meine einst »kleinen Schwestern« in der Zwischenzeit geworden waren. Die beiden staunten, dass bei uns alles so anders war als im Schloss. Wir hatten zwar mehr Freiheiten, doch die waren mit manchmal unangenehmen Auseinandersetzungen mit den weißen Jugendlichen verbunden.

So umlagerten Jugendliche aus Staßfurt und Löderburg den Kiosk vor unserem Zaun. Dort gab es Leckereien, die in den beiden Orten schwerer zu bekommen waren. Es bildete sich stets eine lange Schlange, in der Deutsche und Namibier gemeinsam anstanden. Irgendwie fanden die DDRler heraus, dass auch der Enkel unseres Präsidenten dort seine Bonbons kaufte.

»Warum kaufst du uns die Süßigkeiten weg? Ihr habt es viel zu gut in eurem Nest, ihr Schwarzen!«, fuhren die DDRler den erst Zehnjährigen an. Der Kleine bekam es mit der Angst und rannte zurück hinter den hohen Zaun. Da die DDRler mit ihrer Vermutung nicht Recht hatten, musste der Präsidenten-Enkel für seine Bonbons trotzdem raus zum Kiosk. Er traute sich aber nicht mehr.

»Wir beschützen dich«, sagten unsere großen Jungs wie Nick, Timmy, Monsieur und Greg und passten auf den Präsidenten-Enkel auf, wenn der sich für Leckereien am Kiosk anstellte.

Wir Großen bekamen inzwischen monatlich 20 Mark Taschengeld. Ob das für die Jugendlichen der DDR viel oder wenig Geld war, konnten wir nicht beurteilen. Ich zumindest dachte darüber nicht nach; ich hatte nie die Gelegenheit, mit den Deutschen über ihr Taschengeld zu sprechen. Wir hatten keine Ahnung, woher das Geld stammte, über das wir verfügten. Es war selbstverständlich, dass es da war. So wie die Spaghettis, die Bonbons, der Klub und die Schule der Freundschaft.

Wir Älteren mussten mit Teacher Jonas in diesem Sommer ins Ferienlager. »Das sind gar keine richtigen

Ferien«, maulten wir. »Von morgens bis abends haben wir Programm und überhaupt keine Freizeit.« An manchen Tagen mussten wir gleich mehrere Male zum Appell antreten und beweisen, wie gut wir marschieren konnten, die Umgebung wie ein Soldat mit dem Kompass erkunden und viel Sport treiben.

Schließlich verteilte der namibische Erzieher an uns alle Gewehre: »Ihr müsst lernen zu schießen.« Er führte uns vor, wie das ging, und zielte auf eine Scheibe. Wir benutzten allerdings nur Platzpatronen, aber die machten auch ganz schön Krach. Manche Jungs schlossen die Augen, wenn sie abdrückten. Ich tat das nicht; ich traf ohnehin nicht. Seit der Vogeljagd in Nyango hatte ich mich in diesem Punkt kein bisschen verändert. Fürs schlechte Schießen gab es zwar keine Strafe, wer es jedoch mit geschlossenen Augen tat, durfte sich nicht erwischen lassen.

Als wir aus dem Lager zurückkamen, waren in einige Blöcke Kubaner eingezogen, die in Staßfurt und Umgebung ihre Ausbildung machten und gleichzeitig in die Schule gingen. Sie waren viel älter als wir und manche Mädchen guckten den hübschen Männern aus der Karibik hinterher. Auch die Jungs fanden die Kubaner sympathisch und hörten ihrer Musik gern zu.

Teacher Jonas hatte uns längst erklärt, dass die Kubaner Seite an Seite mit den PLAN-Kämpfern der SWAPO gegen Südafrika siegten. Ausführlich erzählte er uns vom Freiheitskampf Fidel Castros und Che Guevaras gegen die Imperialisten. Daran dachte kein Mensch mehr, wenn die hübschen Jungs mit unseren Mädchen gefühlvoll im Klub tanzten. Die konnten sich bewegen!

Ein hübscher, ziemlich hellhäutiger Kubaner forderte mich an einem solchen Abend auf. Er zog mich eng an sich; mir brach der Schweiß aus. »Du tanzen gut«, meinte er mit seinem taufrischen Deutsch. »Ich heißen Carlos.«

Ich sah dem schönen jungen Mann kurz ins Gesicht. Und schon geschah es wieder: Ich verwandelte mich in einen stummen Fisch, der keinen Ton mehr hervorbrachte. Was war nur los mit mir? Egal ob Silvio oder Carlos, mir machten Männer Angst. Ich musste ständig an Teacher Jonas' Warnungen denken, dass jedes schwangere Mädchen sofort nach Afrika geschickt wurde. Das war wie ein riesiges Stopp-Schild, das ich mit mir herumschleppte.

Carlos begegnete mir ständig, aber er war nicht so schüchtern wie Silvio. »Ich dich lieben«, sagte er und mir wurde ganz mulmig. Silvio, der mir nach wie vor an der Eisdiele in Staßfurt mit seinem Motorrad begegnete, winkte mir nur zu. Ich wollte ihn mir aus dem Kopf schlagen. Stand Carlos dann vor mir, schubsten mich meine Freundinnen zu ihm: »Lucie, dein Mann ist da, nun tanz doch wenigstens mit ihm.« Meine sonst so tanzwütigen Beine verwandelten sich aber augenblicklich in zwei Holzstöcke …

Der hübsche Kubaner erkannte wohl im Lauf des folgenden Winters, dass es mit uns nichts werden konnte. Immer öfter tanzte er im Klub mit Norma aus Gruppe 2. Die beiden waren ein hübsches Pärchen. Mir gab es jedes Mal einen Stich ins Herz, wenn ich die Verliebten so eng umschlungen sah. Doch ich war nicht eifersüchtig, denn es war ja mein eigener Fehler gewesen. Auch die freche

Nadia hatte sich inzwischen in einen von Carlos' Freunden verguckt. Sie brachte ihn sogar mit in unser Apartment.

»Und was ist, wenn dich einer von den Erziehern mit ihm sieht?«, fragte ich.

»Ach, ich habe schon aufgepasst und du hältst ja dicht, Lucia.« Sie sah mich verschwörerisch an: »Passt du auf, ob ein Erzieher kommt?«

Nicht immer musste jemand Schmiere stehen, wenn Kubaner zu Besuch kamen. Meine Mitschülerinnen schlichen sich auch einfach aus dem Block und legten Kissen in ihre Betten. Sahen dann die Erzieherinnen nach, glaubten sie, alles wäre in Ordnung. Eine Zeit lang ging das auch gut. Die Mädchen vergaßen jedoch, dass die erwachsenen Frauen die heißblütigen Männer besser einzuschätzen wussten als frühreife Teenager …

Aus diesem Grund entschloss die Heimleitung sich zu einem radikalen Schritt: »Die Kubaner dürfen nicht mehr in den Klub!«, hieß es plötzlich.

Unsere Jungs grinsten. Für sie waren die karibischen Männer eine kaum zu schlagende Konkurrenz. Doch die Mädchen maulten: »Was soll denn das? Das darf doch nicht einfach verboten werden!« Aber die SWAPO fürchtete, dass sich wiederholen würde, was sie schon mit den Mosambikanern erlebt hatten: dass wieder Mädchen schwanger wurden. Sie bedachten allerdings nicht, dass man nicht unbedingt einen Klub brauchte, um sich zu treffen. Ein Kubaner setzte sich mit seiner Gitarre kurzerhand hinter den Klub und spielte dort, wo ihm die Mädchenherzen nur umso leichter zuflogen. Nichts fanden meine Mitschülerinnen romantischer, als einem ausgesperrten Kubaner bei dessen Liedern zu lauschen, die von verschmähter Liebe handelten.

Lange war davon gesprochen worden, dass wir in die von den Mosambikanern geräumten Zwei-Betten-Apartments umziehen sollten. Im Herbst 1988 war es endlich so weit. Mit Melli teilte ich mir eines der winzigen Zimmer, die mit zwei Betten, einem Schrank, einem Tisch und zwei Stühlen ausgestattet waren. Es war eng, aber gemütlich. Es war das erste Mal, dass ich in einem vergleichsweise so intimen Raum wohnte.

Für uns war das wunderbar. Doch für die Erzieherinnen war es nun wesentlich unübersichtlicher geworden, uns zu überwachen. Meine Freundinnen nutzten das aus; mich blockierte das Stopp-Schild in meinem Kopf.

Die Führer von morgen

Der Frühling des Jahres 1989 näherte sich mit schnellen Schritten. Aber mir war überhaupt nicht romantisch zumute: Am 22. April sollte die Jugendweihe stattfinden. Und es war völlig selbstverständlich, dass wir alle daran teilnehmen würden.

»Einige wollen nicht zur Jugendweihe«, erzählte mir Mila. »Die treffen sich gerade im Gruppenraum der 6. Teacher Jonas ist auch da. Es geht ziemlich hoch her. Monsieur will sich lieber konfirmieren lassen.« Sein Vater war in Cassinga ebenso Pfarrer gewesen wie Kabezas Pa in Nyango.

Das Wort Konfirmation elektrisierte mich! Genau das wollte ich auch: endlich meinen so lange verheimlichten Glauben an Gott bekennen! Ich sprintete zu der Versammlung.

»Mit der Jugendweihe tretet ihr in die *SWAPO Youth League* ein«, erklärte Teacher Jonas gerade. Er blickte die Anwesenden eindringlich an. »Ihr wisst, dass die SYL die Jugendorganisation der SWAPO ist. Und ihr seid die Elite des jungen Namibia. Als *cadres*, die Führer von morgen, müsst ihr Mitglieder der Partei werden. In der SYL lernt ihr alles, was ihr dazu wissen müsst.«

Ach, das hatte ich alles schon mal gehört. Zumindest mit halbem Ohr. Und Jonas hatte uns die Filme der SYL gezeigt: In – zugegeben – schicken Uniformen standen die Jugendlichen stramm, grüßten, präsentierten ihre Gewehre und marschierten wie richtig gute Soldaten. So ein steifer Haufen! Nein, da wollte ich nicht mitmachen. Jetzt erinnerte ich mich an die fröhlichen Gottesdienste mit Tanz und Gesang in Nyango und sehnte mich danach, in die Kirche gehen zu können.

»Überlegt euch gut, ob ihr das Angebot der Partei ausschlagt oder annehmt«, sagte Teacher Jonas. Seine Stimme klang nicht so, als ob wir wirklich eine Wahl hätten.

»Ich möchte mich konfirmieren lassen«, beharrte Monsieur. Das fand ich richtig gut von ihm. Es machte mir Mut.

»Sonst noch jemand, der die Partei, die so viel für ihn getan hat, im Stich lassen und sich der Kirche zuwenden will?«, fragte der oberste SWAPO-Vertreter.

Insgesamt meldeten sich vier von uns. Darunter war ich. Alle anderen begannen mit den Vorbereitungen zur Jugendweihe. Sie trafen sich regelmäßig und erzählten davon, dass sie sich tolle Kleidung für den großen Tag kaufen durften. Die Heimleitung gewährte sogar eine einmalige Erhöhung des Kleidergeldes. Das wurmte mich. Und ich nahm meinen ganzen Mut zusammen, um zu Teacher Jonas zu gehen.

»Wenn man nicht an der Jugendweihe teilnimmt, gibt es dann auch keine neuen Kleider?«, fragte ich.

»Du brauchst dann keine neuen«, sagte Jonas. Ich trottete mit hängendem Kopf davon. »Aber du kannst dich jederzeit anders entscheiden«, rief er mir nach.

»Ach, komm schon, wer will denn wirklich in die SYL?«, fragte Mila. »Aber es gibt neue Klamotten. Wir werden total schick aussehen.«

Noch ein, zwei Tage zögerte ich. Als Jonas mich dann erneut fragte, sagte ich: »Ja, ich will doch zur Jugendweihe.«

Bei der nächsten Versammlung in der Turnhalle verkündete Teacher Jonas: »Ihr müsst lernen, wie eine richtige Partei funktioniert!« Ich hatte mir schon gedacht, dass es mit der Aussicht auf schöne Kleidung nicht getan sein würde. »Wenn ihr nicht versteht, welche Aufgaben die *cadres* haben, könnt ihr keine nützlichen Mitglieder der SWAPO werden«, erklärte er.

Es ging also um eine wirklich bedeutende Sache. Ich zog den Kopf ein: Schon als *Pionier des 26. August* hatte ich in meiner Rolle als *Deputy* keine gute Figur gemacht. Dabei hatte ich nur darauf zu achten gehabt, dass meine Zimmerkameradinnen Ordnung hielten. Danach hatte ich mich noch als Mitglied der Fanfarengruppe versucht. Doch sobald hoher Besuch wie der namibische Botschafter erschien und alle zum Appell antraten, war mir schon vor Aufregung die Puste ausgegangen, bevor der erste Ton erklungen war.

Ich atmete auf: Teacher Jonas wählte einige der besten Schüler und Schülerinnen der Gruppen 3, 4, 5 und 6 aus und wies ihnen ihre Funktionen zu. Nick wurde unser Sportchef, meine Freundin Anna war für Politische Information zuständig, Fili wurde als Kassenwart eingesetzt. Mona gab als Kulturchefin eine kleine Zeitung heraus, für die wir kurze Artikel schreiben durften, die zuvor von der SWAPO durchgesehen werden mussten. Ricky wurde unser Disziplinkommandeur.

»Ohne Disziplin kann ein Soldat keinen Kampf gewinnen«, wiederholte Teacher Jonas, obwohl wir das alle längst wissen sollten. Rickys Aufgabe bestand darin, die Verstöße jedes Kindes gegen die Ordnungsvorschriften an die SWAPO zu berichten.

»Ich melde, dass Lucia während des Appells gesprochen hat«, trug Ricky vor.

»Pionierin Lucia, du machst heute Pflegeobjekt!«, wies Teacher Jonas mich an. »Zupf das Unkraut aus den Platten vor dem Schuleingang.«

Ich warf Ricky zwar einen giftigen Blick zu. Doch sein Job als Partei-Petze brachte ihm viel Verdruss. Denn wir ließen unseren Frust an dem armen Ricky aus. Er fragte nach dem Mittagessen oft: »Haben wir nachher noch mal Schule?«

»Nee, Ricky, iss du nur weiter deine Spaghetti!«, sagte Boneti. Nach und nach verkrümelten wir uns zum Unterricht.

Gruppenkommandeur Nadia meinte bei Beginn der Nachmittagsstunden: »Ich melde, dass alle Schüler anwesend sind. Außer Ricky.«

»Ist er krank?«, fragte der Lehrer.

»Nein, der ist nicht krank!«, berichtete Nadia.

»Und warum fehlt er?«

»Ich habe ihn Spaghetti essen sehen. Er holte sich noch Nachschlag bei Frau Pricke!«, sagte Witzbold Boneti. Die Klasse bog sich vor Lachen. Ricky lernte ziemlich rasch, dass ein Disziplinkommandeur nicht mehr sehr viele Freunde hat, und achtete fortan genauer auf den Stundenplan.

Die größte Aufgabe fiel Letti zu, mit der ich in Nyango am engsten befreundet gewesen war. Sie wurde zur Vorsitzenden der *Youth League* bestimmt. »Du wirst alle Anliegen von euch an die Parteiführung weitermelden«, erklärte Jonas ihr.

Wir hatten zwar eine Menge Sorgen. Jemand, der von der SWAPO offiziell beauftragt worden war, diese weiterzugeben, schied dafür allerdings aus. Sollten die verliebten Mädchen etwa ihren Kummer melden, wenn sie keine Gelegenheit fanden, sich mit den Kubanern zum Tanzen zu treffen? Oder sollte man sich bei der Partei ausweinen, dass man in der Schule nicht mal für eine Zwei gelobt wurde? Nur Einser galten als Leistung.

Unsere Lehrer an der Schule der Freundschaft waren lange nicht so freundlich wie die Löderburger – nur Pauker. Anfangs hatte Meme Staedt uns noch besucht, doch dann verbot das Herr Halter. Denn wir hatten uns bei ihr ausgeweint, wie unglücklich wir mit manchem unserer Lehrer waren, die uns oft anschrien.

»Sie hetzen die Schüler gegen das Kollegium dieser Schule auf!«, bekam Meme Staedt zu hören.

»Tut sie gar nicht, sie ist einfach nur nett und unsere Freundin. Das musst du der SWAPO sagen!«, beauftragten wir unsere frisch gekürte SYL-Vorsitzende Letti. »Wir wollen treffen dürfen, wen wir mögen.«

»Wir müssen uns an die Vorschriften halten«, berichtete Letti nach dem Gespräch mit der SWAPO. Was natürlich niemand anders war als Teacher Jonas.

Wir verdrehten die Augen. »Hätten wir uns ja denken

können.« So mussten sich unsere beiden Memes jedes Mal bei der Heimleitung anmelden, wenn sie uns besuchen wollten.

»Ist ja wie im Gefängnis«, meinte Boneti. Er grinste. Aber es war nicht komisch.

Kurz vor der Jugendweihe ging ich mit meinen Freundinnen nach Staßfurt zum Einkaufen und erstand einen petticoatähnlichen Rock mit schwarzweißen Blumen, eine weiße Bluse mit breitem Gürtel und Schuhe mit für mich ungewöhnlich hohen Absätzen. Das war alles sehr teuer, sehr fesch, doch bei den Schuhen hatte ich gleich meine Zweifel, ob es die richtigen waren, um SYL-Mitglied zu werden. Mich erwartete garantiert stundenlanges Stehen beim Appell.

Die Mädchen waren schon am Vortag der Jugendweihe aufgeregt und schminkten sich schon mal probehalber. Ich sah ihnen zu. Für mich kam das nicht infrage. Ohne Schminke fühlte ich mich besser.

»Also, Lucia, so geht das nicht«, sagte Anna. »Zur Jugendweihe musst du dich anmalen.«

»Nur ohne Schminke bin ich ich selbst«, widersprach ich. »Sonst sehe ich aus wie eine Puppe!«

»Mit deinen Haaren musst du auch was machen. Wir drehen sie dir über Nacht ein!«, verkündete Anna.

»Meinetwegen!« Ich fügte mich in mein Los und wachte mit Lockenwicklern plus Kopfweh auf. Vormittags mussten wir zunächst in unseren Pionier-Uniformen zum Appell in die Turnhalle. Wir standen draußen und warteten, eisig pfiff der kalte Aprilwind. Als wir endlich reingelassen wurden, meldete unser Kommandeur Nick, dass wir angetreten waren. Der namibische Botschafter hielt eine lange, sehr ausführliche Rede.

Das Festessen bereiteten einige namibische Erzieher gemeinsam mit den DDR-Köchinnen. Es war unserem namibischen Nationalgericht nachempfunden. Denn in der DDR gab es kein Ziegenfleisch und Maismehl, aus dem *Pap* zubereitet wurde. Geschmackloser fester Griesbrei und Lammgulasch waren dennoch eine Abwechslung. Es waren auch deutsche Gäste aus Ostberlin und Staßfurt eingeladen, sogar Meme Wortmann und Meme Staedt. Neben mir saß eine blonde Frau, die sich offensichtlich etwas schwer tat, unser Nationalgericht richtig lecker zu finden.

»Esst ihr das jeden Tag?«, fragte sie.

»Nein«, antwortete ich, »Spaghetti mit Tomatensauce mögen wir lieber.« Die Frau sah mich ganz komisch an.

Meine Freundinnen fieberten dem großen Schminken entgegen. Am Nachmittag sollte ja unser großer Auftritt sein. Anna malte mich an; aus dem Spiegel blickte mich ein fremdes Gesicht an.

»Du siehst total süß aus!«, riefen meine Freundinnen begeistert. Ich stöckelte mit meinen zu hohen Schuhen zum Speisesaal, wo wir vereidigt werden sollten, und kam mir etwas albern vor, als Lilli und Nati mich in meiner fraulichen Aufmachung sahen. »Ach, du bist so schön!«, schwärmte Lilli und schenkte mir ebenso wie Nati eine Glückwunschkarte zur Jugendweihe. Als neue SYL-Vorsitzende unserer Schule hielt Letti eine Rede und viele andere Leute gaben uns gute Wünsche mit. Während ich da vorn stand, hatte ich Zeit genug, meine Schuhwahl zutiefst zu bedauern.

Am besten war der Abend, als die Gruppen 5 und 6 im zur Diskothek umfunktionierten Speisesaal tanzen durften. Jemand hatte Wein besorgt. Ich hielt schon ein Glas in der Hand, als ich die warnenden Blicke meiner Freundinnen spürte. Seit meiner Alkoholvergiftung war ich von lauter Aufpasserinnen umgeben!

»Na gut, gebt mir Saft«, meinte ich.

Zu Whitney Houstons *I wanna dance with somebody* rauschte ich mit Anna über die Tanzfläche und war glücklich. Doch einige Mädchen bedauerten, dass die jungen Männer aus Kuba ausgesperrt blieben. Immer wieder verschwanden Mädchen und feierten mit ihren Freunden draußen weiter. Kleine Cliquen saßen zusammen und besprachen etwas ganz Wichtiges, während unser DJ mit den guten West-Platten für Stimmung sorgte. Einige von uns hatten Diplomaten-Eltern, die selbst ausgefallene Scheiben über Verbindungen beschaffen konnten.

Als ich meine Füße in den hochhackigen Schuhen ausreichend strapaziert hatte, gesellte ich mich zu dem immer größer werdenden Trupp Mädchen, die offensichtlich Kriegsrat hielten. Sie wirkten sehr aufgeregt. »Um was geht's denn?«, fragte ich.

»In Staßfurt gibt es eine gute Disko. Bislang gehen da nur DDRler hin«, sagte Nadia. »Immer nur der Klub mit unseren Jungs, das ist doch langsam öde.«

»Dürfen wir denn das?«, fragte ich.

»Na klar. Ich habe schon gefragt«, meinte Letti.

Am folgenden Samstagnachmittag ließ ich mich von Anna schminken und wir gingen gemeinsam mit Melli los. Bei der Eisdiele sah ich Silvio mit ein paar Jungs. Wie immer wagte er nur ein scheues Lächeln.

Eingesperrt

Die Staßfurter DDR-Jugend hatte im modernen Kreiskulturhaus in Staßfurt ihre eigene Disko, die jeden Samstag stattfand. Vor den Türen standen schon viele deutsche Jungs. »Was wollt ihr hier?«, fragte ihr Anführer Pille. Er und seine Kumpel machten einen unfreundlichen Eindruck. »Ihr habt doch euren Klub!«

Wir waren fast so viele wie sie. Über 20 Namibier hatten sich außer Anna, Melli und mir inzwischen eingefunden. Das gab uns Selbstvertrauen. »Unser Heimleiter hat mit der Stadtverwaltung gesprochen«, erklärte Ricky, der Disziplinkommandeur. »Uns wurde erlaubt, die Disko zu besuchen.«

»Das stimmt«, sagte plötzlich ein deutscher Jugendlicher. Wir blickten ihn verblüfft an und er erklärte: »Ich bin einer der zuständigen Ordnungsschüler.« Er trug das blaue Hemd mit dem Abzeichen der FDJ, der Freien Deutschen Jugend, einer stilisierten Sonne. Außerdem hatte er einen weißen Schlagstock in der Hand, was seinen folgenden Worten zusätzliches Gewicht verlieh. »Die Namibier sind Freunde der DDR. Sie dürfen rein.«

Wir Mädchen strahlten den freundlichen FDJler an und stürmten die Disko. Mir gefiel die Musik, die sie spielten, und am liebsten hätte ich sofort getanzt. Die anderen trauten sich nicht und allein wollte ich wiederum auch nicht. Irgendwann ging es richtig los und wir Namibier füllten die kleine Tanzfläche. Von da an gingen wir jeden Samstagnachmittag um 15 Uhr in die Jugenddisko. Doch die DDRler musterten uns zunehmend unfreundlicher.

»Wir müssen Eintritt zahlen und ihr nicht«, sagte Pille. »Und ihr habt einen Klub, in den wir nicht dürfen. Aber ihr dürft zu uns.«

»Das ist aber auch wirklich ungerecht«, fanden wir und berieten uns anschließend im Heim. »Wir müssten die DDRler einfach zu uns einladen. Dann wäre alles klar. Die kämen zu uns und wir könnten problemlos zu ihnen«, meinte Greg, der wahnsinnig gern tanzte.

Sein Vorschlag war ein echter Fall für Letti! Doch unsere SYL-Vorsitzende konnte weder bei Teacher Jonas noch bei Herrn Halter etwas ausrichten. »Die DDRler dürfen nicht zu uns. Nichts zu machen. Jonas sagt, der Zaun ist zu unserem Schutz da«, berichtete Letti.

So sorgte diese Barriere weiterhin dafür, dass wir wie Exoten leben mussten. Umso mehr genossen wir den Stadtbummel zur Eisdiele oder einen Besuch bei Meme Rosemarie zum Kuchenessen. Schon das bedeutete für uns 16- und 17-Jährige ein bis dahin unbekanntes Maß an Freiheit. Deshalb war die DDR-Disko auch so wichtig; dort hofften wir sein zu dürfen, was wir nie waren – ganz normale Jugendliche. Das war weder uns selbst bewusst, noch hätten es die DDRler verstanden.

Allmählich veränderte sich die Welt um uns herum. In Deutschland zeichnete sich im Sommer 1989 ab, dass sich ein Staat langsam auflöste, und in Afrika entstand ein anderer. Wir waren von beidem direkt betroffen. Aber wir bekamen das kaum mit. Denn es geschahen in dieser Zeit so viele Dinge gleichzeitig und einige widersprachen sich völlig.

Seit ich in der DDR lebte, hörte ich Teacher Jonas sagen: »Ihr müsst bereit sein, für Namibia zu sterben!« Ich ging davon aus, dass ich irgendwann tatsächlich in Angola oder Sambia mit der Waffe in der Hand gegen die Südafrikaner kämpfen müsste. Wozu sonst gab es, seit ich denken konnte, die täglichen Appelle? Warum sonst mussten wir ständig marschieren und strammstehen?

Ich wusste zwar, dass seit dem November 1988 in Namibia Waffenstillstand herrschte. Aber was hieß das schon? Freiheit für unser Land? Nachdem uns so lange gepredigt worden war, dass wir zum Kampf bereit sein sollten? Ich nahm das nicht richtig ernst. Doch dann trat Teacher Jonas vor uns, ließ uns wie gewohnt Haltung annehmen und holte tief Luft: »Namibia wird ein freies Land sein! Das rassistische Regime Südafrikas wurde von den tapferen PLAN-Kämpfern der SWAPO und ihren Freunden besiegt. Unser Präsident ist wieder in Windhoek. *Viva Nujoma! Viva SWAPO!*«

Ich riss meine Pioniersfaust entschlossen in die Höhe.

Dann erklärte Jonas: »Unser Präsident hat angeordnet, dass alle Namibier aus dem Exil in Angola und Sambia heimkehren sollen. Denn im November finden die ersten freien Wahlen statt.«

Jetzt merkte ich auf! Alle sollten heimkehren? Wie

konnte das so schnell passieren? Ich schwankte zwischen unglaublich großem Glücksgefühl und einer seltsamen Form von Panik! Ich wusste ja von Anfang an, dass wir nicht für immer in der DDR bleiben würden, wir trainierten darauf, die Elite Namibias zu sein. Aber jetzt so plötzlich, wo wir den Kopf voller ganz anderer Dinge hatten? Verliebtheit, Klub, Disko, Meme Rosemaries Erdbeertorte, das Eis an der Ecke und nicht zuletzt der zwei Jahre später folgende Schulabschluss …

Und was dann?

Ich rechnete nach. Vor vier Jahren hatte Mutter mir zuletzt geschrieben, nach Bellin. Sie hatte mitgeteilt, dass ihr Studium abgeschlossen wäre. Dann war diese seltsame Karte mit meinem neuen Geburtstag eingetroffen, demzufolge ich bald 17 wurde. Wohin sollte ich in Afrika? Nach Namibia? Wenn alle heimkehrten, würde Mutter ja wohl auch dort sein? Wo? In Windhoek? Mir wurde heiß und kalt.

Ich kam allmählich wieder zu mir; alle sprachen durcheinander. Endlich setzte sich Teacher Jonas durch und es kehrte Ruhe ein.

Monsieur fragte, was alle dachten: »Werden wir denn auch nach Namibia zurückkehren?«

Teacher Jonas erklärte: »Ihr könnt eure Schule in der DDR fertig machen und eine Ausbildung beginnen.«

Aus unzähligen Kehlen entrang sich ein erleichtertes: »*Viva SWAPO!*«

Wahrscheinlich schaute unser SWAPO-Lehrer etwas verdutzt angesichts dieser Begeisterung. Doch es gab auch einige Jungs, die am liebsten sofort nach Windhoek geflogen wären.

»Vielleicht zu den Wahlen im November«, meinte Teacher Jonas vage.

Das hört sich ganz gut an, dachte ich. »Ich meine, es wäre toll, wenn wir uns Namibia erst einmal nur ansehen könnten. Gucken, wie es da so ist«, sagte ich zu Mila, Melli und Anna.

Sie stimmten mir zu: »Ja, das wäre in Ordnung. So müsste man das machen.«

Kurz darauf trafen mitten im Hochsommer 103 kleine namibische Kinder in der Schule der Freundschaft ein. Sie waren im Gegensatz zu allen anderen zuvor nicht im Kinderheim Bellin gewesen, sondern kamen direkt aus Kwanza Sul. Die waren so niedlich, ganz scheu und klein und sahen ziemlich ausgehungert aus. Unbefangen ging ich auf ein paar zu und sprach sie an. Kein einziges konnte Deutsch! Wieder musste ich feststellen, dass mein Oshivambo im Lauf der Jahre ziemlich verwildert war. Ohne nachzudenken mixte ich Deutsch hinein. Die Kleinen staunten mich mit großen Augen verwundert an!

Teacher Jonas und Frau Bothe ließen uns Große – das waren inzwischen die Gruppen 6 bis 3 – zu einem Appell antreten: »Die SWAPO braucht eure Hilfe, um die Kleinen in unserer Schule zu integrieren. Ihr müsst ihnen helfen, Deutsch zu lernen, damit sie nach den Sommerferien in die Schule gehen können. Ihr müsst ihnen zeigen, wo sich bei uns alles befindet, was sie brauchen.«

Ich stürzte mich mit Begeisterung auf diese Herausforderung. Es machte mir Spaß, mit kleinen Kindern zusammen zu sein, so wie damals in Bellin Nati und Lilli zu

237

erklären, dass Zahnpasta kein leckeres Essen war. Darüber vergaß ich völlig, dass Namibia nun ein freies Land war. Es hatte sich für uns nichts geändert. Im Gegenteil: Die Anwesenheit der neuen Kinder schien zu bestätigen, dass alles beim Alten geblieben war. Die Erzieher nannten die Kleinen S-100. Den Grund erfuhr ich erst, als ich hörte, dass fast zeitgleich eine ebenso große Gruppe im Schloss Bellin angekommen war. Das S vor unseren Kids signalisierte Staßfurt.

Während ich mich um die kleinen Ovambos kümmerte, machten eigenartige Gerüchte die Runde. »Immer mehr DDRler kommen aus den Ferien nicht zurück. Die gehen zum Beispiel in die Botschaft Westdeutschlands in Budapest und wollen in der BRD bleiben.« Ich zuckte desinteressiert mit den Schultern. Was ging das mich an, solange wir bleiben konnten, wo wir waren?

Während ich mich mit den Neuankömmlingen beschäftigte und dadurch so ganz nebenbei mein Taschengeld monatlich um stolze 50 Mark aufbesserte, flirteten meine Mitschülerinnen immer heftiger mit den Kubanern. Gelegentlich gab es Streit mit Frau Bothe, doch die Mädchen fuhren der deutschen Erzieherin inzwischen frech über den Mund: »Ach, lassen Sie mich doch in Ruhe!« Frau Bothe eilte dann hilflos zu Herrn Halter und der Heimleiter verdonnerte einen: »Das ganze Treppenhaus gehört dir! Du wirst es von oben bis unten putzen und jeden Papierkorb leeren.«

Das Treppenhaus wurde zwar sauber, aber die Liebe ließ sich damit nicht wegwischen. Norma, die nach wie vor mit Carlos ging, wurde schwanger. »Er will mit mir nach Kuba gehen«, sagte Norma. »Da können wir dann unser Kind gemeinsam großziehen und wie eine richtige Familie leben.« Sie war damals 15!

»Es ist bestimmt schön, ein Kind zu haben«, meinte ich arglos, denn ich dachte an die fünfjährigen S-100er, die ich betreute.

»Ja, finde ich auch«, schwärmte Norma. »Carlos will mich ja auch heiraten.«

Sie träumte und ich träumte mit ihr. Und ein wenig beneidete ich sie um Carlos' Liebe. Plötzlich glaubte ich Teacher Jonas schimpfen zu hören, dass schwangere Mädchen ausgepeitscht und verstoßen würden. Nun war ich richtig erleichtert, dass ich nicht Carlos' Freundin geworden war. Sonst hätte vielleicht ich von ihm ein Kind bekommen. Ich wollte meiner Familie keine Schande machen. Auch, wenn ich nicht genau wusste, wo meine Angehörigen überhaupt waren.

»Hast du denn keine Angst vor einer Strafe?«, fragte ich Norma.

»Ich gehe ja nicht zurück nach Afrika«, meinte sie.

Das stellte sie sich wohl leichter vor, als es war. Denn plötzlich war Norma verschwunden und Nadia meinte, sie wäre ins Staßfurter Krankenhaus gebracht worden. Als sie einige Tage später wiederkam, war sie in Tränen aufgelöst: »Diese Mörder! Sie haben mir mein Baby weggemacht.« Sie versteckte sich in ihrem Zimmer und wurde lange nicht gesehen.

Danach verstärkten die Erzieher die Kontrollen in den Zimmern. Kubaner, die sich bei ihrem Mädchen versteckt hatten, sprangen gelegentlich aus dem ersten Stock, um nicht entdeckt zu werden. Schließlich mussten sich alle Mädchen, die einen kubanischen Freund hatten, untersuchen lassen, ob sie schwanger waren.

»Boneti hat Recht«, sagten viele, »das ist wirklich wie ein Gefängnis hier!«

Wer noch nicht auf der schwarzen Liste stand, ging weiter in die Stadtdisko, einige wenige lernten deutsche Jungs kennen und ein Mädchen freundete sich mit einem Vietnamesen an. Die Liebesgeschichten, die erzählt wurden, waren irgendwann kaum noch zu überblicken.

Ein paar Mädchen machten ihrem Ärger in Briefen an Freunde Luft, in die sie hineinschrieben, dass sie sich mittlerweile wie in einem Gefängnis eingesperrt fühlten. Eines Tages ließen Teacher Jonas und Herr Halter uns alle zum Appell antreten.

In seiner Hand hielt Jonas einen Stapel Briefe. Er kochte vor Wut: »Zu eurem eigenen Schutz kontrollieren wir die Briefe, die ihr schreibt. Denn wir wollen nicht, dass ihr Lügen erzählt. Die Feinde der Revolution missbrauchen eure Lügen, um all das schlecht zu machen, was die SWAPO und die DDR für euch Gutes getan haben.«

Ich hatte keine Ahnung, was der Lehrer meinte! Von einem so genannten Elternkomitee, das sich in Namibia gebildet hatte, erfuhren wir nichts. Besorgte Eltern hatten behauptet, dass die SWAPO uns gegen unseren Willen in der DDR festhielt. Das gehörte zum Wahlkampf in Namibia. Auch darüber wurden wir nicht informiert. Die zweite große namibische Partei, die Demokratische Turnhallenallianz (DTA), wurde als Gegner der SWAPO dargestellt. In unserem Weltbild war bislang Südafrika der Gegner gewesen. Dann musste die DTA wohl etwas Ähnliches sein.

Ausgerechnet unsere SYL-Vorsitzende Letti hatte sich in ihren Briefen über das »Gefängnis« Staßfurt beschwert! Teacher Jonas ließ sie vortreten: »Du bist ab sofort nicht mehr Vorsitzende!«, fuhr er sie an.

Herr Halter schimpfte: »Wenn es dir bei uns nicht mehr gefällt, dann geh doch dorthin, wo man besser für dich sorgt, als wir das getan haben. Was bist du für ein undankbares Mädchen!«

Letti, die stellvertretend für so viele abgestraft wurde, brach in Tränen aus. Denn ihr Vater galt inzwischen als sehr enger Freund des Präsidenten. Wenn ihm Lettis Klagen zu Ohren gekommen wären, hätte sie wohl mit nochmaliger Strafe rechnen müssen. Andere Mädchen, die ebenfalls missliebige Briefe geschrieben hatten, wurden als Kommandeure abgesetzt.

Zu guter Letzt drohte der Heimleiter: »So etwas wie heute will ich nie wieder erleben. In Zukunft werdet ihr alle Briefe, die ihr schreibt, zuerst einem Erzieher vorlegen!«

Wir trotteten in unsere Gruppen zurück und waren mehr als nur sauer. Es war ja nicht so, dass in diesen Briefen nur Klagen standen. Manchmal waren es Liebesbriefe oder einfach nur vertrauliche Mitteilungen an Eltern. Indem nun alles kontrolliert wurde, wurden wir nach zehn Jahren in der DDR auf etwas aufmerksam gemacht, worüber wir zuvor nie nachgedacht hatten.

»Wir haben null Privatsphäre!«, sagte Letti.

»Das ist schlimmer als im Gefängnis!«, stellte Boneti fest. Diesmal wollte er nicht witzig sein.

Schlecht dran waren Jungs wie Ricky, die in diesen Zeiten den Disziplinkommandeur spielen mussten. Wie sollte er nun seiner Aufgabe gerecht werden? Ich wollte wirklich um keinen Preis in seiner Haut stecken.

Lettis Degradierung war Teacher Jonas' letzter Auftritt als unser Erzieher. Kurz danach flog er nach Namibia, um bei den Wahlen mitzuhelfen. »Den werden wir nicht vermissen!«, jubelten wir einstimmig. Er hatte in Staßfurt zwar niemanden mehr geschlagen und sich auch von den Mädchen fern gehalten, aber seine Strenge nervte uns furchtbar. Kurz darauf bekam er einen Nachfolger, Herrn Sulo. Doch in dem Durcheinander, das nun folgte, hatte das kaum noch Bedeutung. Die Wahlen in Namibia hatten gerade begonnen und uns erzählte Herr Sulo ständig, wie verdient sich die Partei um die Unabhängigkeit Namibias gemacht hatte.

Ich saß gerade über meinen Schularbeiten, da stürmte Boneti in das Apartment, das ich mir mit Melli teilte: »Stellt euch vor, in Berlin tanzen sie auf der Mauer! Es ist ein Riesenfest!«

Ich blickte kurz auf. »Na klar!«, sagte ich und wiederholte das geflügelte Wort des Genossen Erich Honecker: »Den Sozialismus in seinem Lauf hält weder Ochs noch Esel auf.«

»Dann sieh dir mal an, was Ochs und Esel gerade machen!«, meinte Boneti und verschwand.

»Der verarscht uns doch!«, meinte Melli, aber wir gingen trotzdem in den Gruppenraum und starrten ungläubig auf den Schwarzweiß-Fernseher. Die Berliner feierten mit Sekt auf den Straßen und freuten sich, von einer Seite der geteilten Stadt auf die andere hinüberwechseln zu dürfen. Ich konnte das nicht richtig einordnen.

Unser Lehrer in Staatsbürgerkunde hatte in diesen

242

Wochen viel zu erklären! Am liebsten zitierte er den Genossen Honecker: »Die Mauer wird in fünfzig und auch in hundert Jahren noch bestehen.« Doch je mehr DDRler in den Westen fuhren, desto ärgerlicher wurde er: »Die werden noch die Schuhcreme essen, nur weil die aus dem Westen kommt!« Auch einige unserer Lehrer fuhren über die nun offene Grenze. Und schließlich auch unser Lehrer für Staatsbürgerkunde. Er hatte im Trabant übernachtet und erklärte uns Schülern anschließend: »Im Westen ist es nicht besser als hier.«

Zu spät! Längst kursierten bei uns die *Bravo*-Heftchen und die Kassetten von Michael Jackson und Whitney Houston waren nun auch ganz einfach zu kaufen. Aber ich bekam zu dieser Zeit erst mal eine richtig schwere Grippe! Ich lag auf der Krankenstation, fieberte und schmollte: Keine meiner viel beschäftigten Freundinnen ließ sich blicken.

Endlich kamen Anna und Melli mal vorbei, schwärmten mir lang vor von all den tollen Sachen, die man in Staßfurt bekommen konnte. Und Melli sagte dann: »Du, stell dir vor, wir waren gestern in unserem Klub. War richtig gute Stimmung, wir tanzten zu dieser neuen Musik aus dem Westen, Lambada. Da kommen plötzlich lauter fremde Jungs rein. Meme Polly sagte: ›Das sind die Schönebecker Jungs. Die wollen euch kennen lernen!‹«

Melli war total entrüstet und ich kapierte nur Bahnhof. »Meme Polly hat weiße Jungs in unseren Klub gebracht?«, fragte ich. »Das kann doch wohl nicht wahr sein! Was sind denn das, Schönebecker Jungs?« Die Bezeichnung klang total lustig.

»Soldaten sind das, Lucie! Namibische Soldaten! Die

sind so schwarz wie wir und viel älter. Die machen in Schönebeck ihre Ausbildung. Und die Partei findet, wir sollten mit denen tanzen. Damit wir sie besser kennen lernen«, sagte Anna.

Mein schmerzender Kopf dachte etwas zu langsam, um mithalten zu können. »Wozu?«, fragte ich.

Anna rollte entrüstet mit den Augen: »Die SWAPO will uns mit echten *comrades* verkuppeln! Die haben die Nase voll davon, dass wir mit den Kubanern rumziehen. Wir sollen uns mit richtigen SWAPO-Männern anfreunden.«

Melanie zog die Mundwinkel nach unten: »Und die heiraten.«

»Ihr spinnt!«, rief ich. »Das können die doch nicht machen.«

»Wirste schon sehen, Lucie. Jetzt sind die zwar wieder fort, aber Schönebeck ist nicht weit.« Es lag rund 20 Kilometer nordöstlich von Staßfurt. »Die kommen wieder«, prophezeite Anna.

Schöne Bescherung

Unsere Weihnachtsfeier veranstalteten wir ein paar Tage vor dem eigentlichen Fest in unserem Klub. Es war richtig gemütlich mit Teller voller Schokoplätzchen und Weihnachtsmännern. Wir naschten und quatschten fröhlich durcheinander, als plötzlich der Heimleiter den Klub betrat. Obwohl dies unsere Weihnachtsfeier war, galten trotzdem die eisernen Regeln der Disziplin: Wir verstummten bei seinem Anblick schlagartig.

»Ich wünsche euch schöne Weihnachten, Mädchen und Jungs«, sagte Herr Halter. »Und jetzt bitte ich alle Jungen den Klub zu verlassen. Ich möchte mal ein ernstes Wort mit den Mädchen sprechen.«

Wir sahen uns verblüfft an. Nadia stand auf. »Das können Sie doch nicht machen«, sagte sie empört. »Das sind unsere Jungs. Wir sind jetzt seit zehn Jahren mit denen zusammen. Die dürfen Sie nicht einfach an die Luft setzen.«

»Was ich zu sagen habe, geht nur euch Mädchen etwas an«, gab er Nadia zu verstehen. Der kleine dicke Mann zog seine Hose hoch und streckte den Bauch raus, über dem sein roter Schlips hing. Er blickte zu den Jungs. »Also bitte.«

»Schöne Bescherung!«, maulte Boneti.

»Ist 'ne Sauerei, so was«, schimpften andere. Doch sie fügten sich dem Befehl des Heimleiters. Wir Mädchen starrten auf unsere Weihnachtsmänner.

»Der Genosse Sulo« – Halter meinte Jonas' Nachfolger – »und ich haben noch einmal mit den Schönebecker Jungs gesprochen. Das letzte Mal, als diese jungen Männer hier waren, habt ihr euch ihnen gegenüber sehr unfreundlich gezeigt. Das sind gute Genossen, die sich um ihr Vaterland verdient gemacht haben. Eigentlich wollten sie nicht noch einmal zu euch kommen. Aber Genosse Sulo und ich sind der Meinung, dass ihr eine zweite Chance verdient. Diese jungen Männer können euch Sicherheit geben in einer Welt, die sich gegenwärtig schnell verändert. Es sind nicht irgendwelche Männer. Sie sprechen Deutsch wie ihr. Ihr müsst also euer Deutsch nicht vergessen und könnt die Kultur, mit der ihr aufgewachsen seid, weiterhin wertschätzen. Aber ihr seid Namibierinnen, die in ihre Heimat zurückkehren werden. Manche von euch haben ihrem Land Schande bereitet und sich mit anderen Männern eingelassen. Damit muss Schluss sein. Deshalb werdet ihr die jungen Genossen der SWAPO freundlich begrüßen, wenn sie gleich hier hereinkommen.«

Herr Halter sprach noch ziemlich lange weiter. Disziplin hin oder her, keine hörte mehr zu, alle redeten aufgeregt durcheinander.

»Siehste«, meinte Melli, »die schicken uns die Schönebecker wieder auf den Hals.«

»Ich lasse mir doch keinen Mann von der Partei verpassen«, schnaubte Nadia. Nicht eine von uns dachte darüber anders.

Schließlich verschaffte sich Herr Halter wieder Gehör: »Es ist zu eurem Besten! Die SWAPO-Genossen aus Schönebeck machen eine solide Ausbildung, die sie zu wichtigen Mitgliedern der Gesellschaft in Namibia werden lässt. Ihr könnt euch mit ihnen hier anfreunden und mit ihnen gemeinsam heimkehren. So ist eure Zukunft abgesichert.«

Einige Mädchen sprangen empört auf. »Wie bitte? Was?!«, schrie Nadia. »Das kann doch wohl nicht wahr sein! Wir wollen selbst eine Ausbildung machen.«

»So wurde es uns versprochen!«, pflichtete ihr unsere einstige SYL-Vorsitzende Letti bei.

»Die Zeiten sind unsicher. Wir wissen nicht, was kommt«, sagte der Heimleiter. Die Selbstsicherheit, mit der er sonst auftrat, wirkte angeschlagen. »Im Moment kann niemand garantieren, dass ihr eine Ausbildung in der DDR machen könnt. Ihr seid jetzt im neunten Schuljahr und wir sind sicher, dass ihr eure Schule abschließen könnt. Aber danach … ich weiß es nicht«, gestand der Pädagoge.

Nadia, Letti und alle, die empört aufgestanden waren, setzten sich langsam wieder auf ihre Stühle. Es war plötzlich sehr still. Meine Gedanken und Gefühle schlugen Purzelbaum. Was hatte er jetzt gesagt? Unsere Zeit in der DDR wäre also doch bald zu Ende? War das nun ein Grund zur Freude oder zur Trauer? Ich fühlte beides. Und eine große Leere. Was ich aber überhaupt nicht brauchte, das war ein Schönebecker Junge. Ein Silvio, das wäre schon eher was gewesen. Doch der war unerreichbar auf seinem Motorrad. Wie ein Ritter, der in der Ferne herumschweift.

Mila stupste mich an, Melli drehte den Kopf zur Tür und starrte anschließend angestrengt auf ihren Teller mit den Plätzchen. Ich sah zur Tür. Ein Dutzend junge Männer, alle Anfang 20, betrat den Klub. Sie waren scheu und förmlich. Da unsere Jungs nicht anwesend waren, gab es reichlich Platz.

»Rückt ein bisschen auseinander, Mädchen. Lasst die Jungs mal an eure Tische!«, rief Herr Halter launig.

Ein junger, dunkler Namibier hatte neben mir Platz genommen. »Wie heißt du denn?«, fragte er.

»Ich heiße namenlos«, antwortete ich.

Er lachte. »Jeder Mensch muss einen Namen haben.«

»Tut mir Leid. Meine Eltern haben vergessen, mir einen Namen zu geben. So ist das nun mal«, erwiderte ich höflich, aber kühl.

»Ich glaube dir nicht«, sagte der junge Mann.

»Ich suche keinen Freund«, meinte ich und flunkerte, um ihn mir vom Leibe zu halten: »Weißt du, ich habe einen. Der heißt Silvio.«

»Ich bin besser als dein Silvio«, sagte der namibische Schönebecker.

Fast alle meiner Freundinnen hatten seltsamerweise während dieser Weihnachtsfeier ihre Namen vergessen ... Wenn ich zu einer von ihnen hinübersah, verdrehte sie die Augen und die armen Genossen bemühten sich vergeblich um sie. Etwa eine Stunde lang ging das so. Dann kam eine der deutschen Erzieherinnen in den Klub, die für Gruppe 4 zuständig war. Eigentlich mochte ich diese

Frau nicht, denn sie war besonders streng und hatte eine unangenehm schrille Stimme.

Als sie nun aber sagte: »Genosse Halter, ich habe hier die Kinokarten für die Gruppen 3, 4, 5 und 6. Was machen wir denn nun damit?«, da hätte ich sie umarmen mögen.

Plötzlich sprangen alle Mädchen auf. »Kino! Kino! Wir müssen ins Kino. Tut uns Leid, aber wir haben jetzt keine Zeit!«

Heimleiter Halter sah seine Felle davonschwimmen. »Moment mal, die jungen Damen haben Gäste!«

»Sollen wir denn das Geld für die Kinokarten verfallen lassen?«, fragte die Erzieherin. Ich wusste nicht, ob ihr Kollege sie nicht in seine Kuppelei eingeweiht hatte. Oder ob die Frau tatsächlich zu unserer Rettung erschienen war. Herr Halter kratzte sich am Hinterkopf und dachte angestrengt nach. »Dann nehmen Sie eben die Schönebecker mit ins Kino. Ist vielleicht eine gute Idee. Da kommen sie sich näher.«

Wir schnappten unsere warmen Wintersachen und machten uns gemeinsam mit unseren eigenen Jungs, die sich noch immer furchtbar aufregten, auf den Weg zum Kino. Die Erzieherin von Gruppe 4 begleitete uns. Und natürlich die Schönebecker.

»Denen werden wir's zeigen!«, tuschelte Nadia. »Los, jede schnappt sich einen von unseren Jungs und dann tun wir mal so richtig verliebt. Los, strengt euch an!« Ich legte den Arm um Bonetis Schultern.

Die armen Schönebecker trotteten wie verlassene Hunde hinter uns her. Mila konnte sich vor lauter Kichern kaum mehr einkriegen: »Stell dir vor, Lucie, mein

Schönebecker hat gesagt: ›Ich kauf dir einen Ring! Wir heiraten!‹ Ist der nicht verrückt! Der kennt mich doch kaum.«

»Die brauchen eben Mädchen«, stellte Nadia trocken fest.

»Von wegen«, konterte Melli, »die wollen Hausfrauen, die für sie waschen, putzen und kochen. Darauf falle ich nicht rein.«

»Genau«, sprang Pwele ihr bei. »Von einem Mann, den mir die SWAPO schickt, lasse ich die Finger. Der will, dass du ihm gehorchst.«

»Männer, die wie Weihnachtsmänner vom Himmel fallen, bei denen musste vorsichtig sein!«, sagte Gloria, die sich mit dem Thema wirklich gut auskannte. Ich kicherte mit und blickte mich wieder mal vergeblich nach Silvio um. Die Schönebecker kamen nicht mehr ins Kino hinein, da die Vorstellung ausverkauft war. Mit langen Gesichtern blieben sie draußen zurück und wir genossen den Tanzfilm.

Ganz erfolglos war die Partei mit ihrem plumpen Kuppelversuch allerdings nicht: Ein Mädchen hatte sich tatsächlich in einen der Schönebecker Jungs verguckt und traf sich regelmäßig mit ihm. Lustigerweise war sie eine von jenen gewesen, die am lautesten geschrien hatte: »Ich lass mir doch keinen Mann zu Weihnachten schenken!«

Nach der misslungenen Verkuppelei hatten wir eine Weile keine Lust mehr auf unseren Klub und gingen nur noch regelmäßig in die Staßfurter Jugenddisko. Doch die Stimmung dort wurde immer mieser. Pille stachelte seine Kumpels mehr und mehr auf und die empfingen uns

250

folglich immer feindseliger: »Geht doch hin, wo ihr herkommt.« Jedes Mal schlichtete der Ordnungsschüler, der seinerseits ein Auge auf Nadia geworfen hatte. Sie versuchte ihm beizubringen, wie man richtig Lambada tanzt. Der Junge war dazu leider etwas zu steif, genoss Nadias hüftschwingenden Tanz jedoch sichtbar.

Vorn an der Tür fand an einem Nachmittag eine Rempelei statt. Greg und ein Junge aus der 6 prügelten sich. Auch meine Laune war verdorben, als der DJ obendrein den Punk-Rock der Westberliner Gruppe »Die Ärzte« spielte.

»Leg doch mal was anderes auf!«, rief ich. »Wir wollen tanzen!«

»Tanzt woanders!«, grölten einige Deutsche.

Ich beriet mich mit meinen Freundinnen, als eine der FDJ-Ordnungsschülerinnen zu uns kam. »Wenn ihr nachher geht, verlasst die Disko bitte durch die Hintertür«, sagte sie.

Dort standen zwei mit weißen Schlagstöcken bewaffnete Ordnungsschüler. Ich bekam Angst; wir hatten nur tanzen wollen. Und jetzt brauchten wir Aufpasser, die uns vor den DDRlern schützten? Die Ordnungsschüler warteten, bis wir alle zusammen waren, und begleiteten uns noch ein Stück des Weges. Bis zur Eisdiele kamen wir problemlos. Doch dort sahen wir sie: Ein ganzer Pulk Jugendlicher erwartete uns bereits. Wir liefen schneller, um das sichere Heim zu erreichen.

»Was wollen die von uns?«, fragte ich atemlos. Meine Freundinnen waren genauso ratlos wie ich.

An der nächsten Ecke wurden wir dann endgültig in die Enge getrieben. »Wir wollen euch nicht mehr im

Klub sehen! Euch Schwarzen geht es gut und wir können sehen, wo wir bleiben!«, rief Pille. Jemand schubste Ricky und im nächsten Augenblick schlugen sich die Jungs. Boneti wurde von Pille angegriffen.

»Woher hast du diese Hosenträger?«, fragte der Deutsche unfreundlich. Er hatte sie an Boneti in der Disko gesehen. »Euch Schwarzen steckt man alles in den Arsch!«

»Jetzt reicht es aber!«, brüllte Boneti.

Wir feuerten ihn in unserem Oshideutsch an: *»Denga Shilumbu, man!«* Schlag den Weißen! *»Tulamo noch einmal ongonyo yimwe schnell!«* Hau noch einmal schnell eine Faust rein!

Am Ende standen sich Pille und Boneti keuchend gegenüber. »Blödmann«, sagte Boneti, öffnete seine Jacke und machte die Hosenträger ab. »Hier, kannst sie haben«, sagte er und reichte Pille die Hosenträger. Sie waren mit grellbunten, leuchtenden Farben angemalt. »Damit du's weißt: Die habe ich mir selbst gemacht. Aber ich schenke sie dir«, sagte der Junge, den seine Eltern »ich habe Stöcke« getauft hatten.

Pille starrte Boneti verblüfft an: »Finde ich echt gut von dir.« Er nahm die Hosenträger und reichte Boneti die Hand. Von da an waren sie Freunde. Wir trauten uns danach noch ein paar Mal in die Staßfurter Disko, aber es gingen immer weniger mit. »Das ist irgendwie zu gefährlich«, meinte Mila. »Pille ist jetzt zwar friedlich, aber wenn er mal nicht dabei ist, dann … also, ich weiß nicht.«

Immer öfter wurde an der Schule der Freundschaft erzählt, dass Namibier, die in Staßfurt einkauften, angerempelt und mit Schimpfworten bedacht wurden. Einige wie Boneti waren in Berlin gewesen und erzählten, dass sie als Ausländer beschimpft worden waren. Ich ging dann auch eine Weile samstags nicht mehr in die Disko, die wegen dieser Randale aus dem Kreiskulturhaus in eine Baracke in der Nähe der Schule der Freundschaft verlegt wurde.

»Irgendwie ist es Scheiße hier«, meinten einige Jungs. »Ich habe keinen Bock mehr auf die DDR. Die wollen uns doch sowieso nicht mehr haben.«

»Wo willst du hin?«, fragte ich.

»Nach Namibia«, antwortete Monsieur. »Aber wir haben nicht mal die Schule fertig. Es ist wirklich ein Mist!«

»Zu den Wahlen dürften wir nach Namibia. So hatte es wenigstens geheißen«, meinte Boneti. Er blickte uns an: »War einer von euch inzwischen in Namibia?« Wir lächelten gequält.

»Wenn ich bloß wüsste, was mit meiner Mutter ist«, sagte ich. »Wann habt ihr das letzte Mal Post bekommen?«

Mila erhielt öfters Briefe von zu Hause. »Meine Mutter schreibt, dass 40 000 Namibier aus dem Exil heimgekehrt sind«, berichtete meine Freundin. Für ein Land mit nur rund 1,6 Millionen Einwohnern war das eine gigantische Zahl.

Am Abend legte ich mich ins Bett und betete dafür, dass meine Mutter sich endlich wieder einmal melden möge. Ich hatte Sehnsucht nach ihr, nach meinen Geschwistern, und ich war auch neugierig, was Namibia denn wohl für ein Land sein mochte. Der neue SWAPO-Verbindungsmann, Herr Sulo, zeigte uns im mit namibischer Kunst und Trommeln geschmückten Kulturzimmer gelegentlich Filme, die uns die Heimat näher bringen sollten: Wir sahen Windhoek, eine große Stadt, in der es keine Armut gab.

»Scheint wie in der DDR zu sein«, sagte ich zu Anna.

»Kann man denn da auch alles so kaufen wie hier?«, fragte ich Herrn Sulo, der ja aus Namibia kam.

»Natürlich«, antwortete er. »Die SWAPO sorgt dafür, dass es allen gut geht.« Am 21. März 1990 sollte Sam Nujoma vor aller Welt als Präsident vereidigt werden. Für uns war das keine Überraschung: Er war ja schon immer unser Präsident gewesen. Seit ich denken konnte. Doch dieses Datum besiegelte, was wir in den vergangenen zehn Jahren in Hunderten von Appellen beschworen hatten: Unsere Heimat war endlich wirklich frei.

Wir in Staßfurt fühlten uns nicht frei: Wenn wir die Schule der Freundschaft verließen, gingen wir nur noch in kleinen Gruppen. Immer wieder versammelten sich vorn am Zaun zur Straße der Völkerfreundschaft Staßfurter Jugendliche und riefen uns zu: »Ausländer raus!«

Und manchmal brüllten wir zurück: »Gerne! Wenn ihr uns ein Ticket schenkt!« Das meinten wir aber nicht ernst.

Gelegentlich flog auch mal ein Stein gegen den Zaun und wir fühlten uns immer unbehaglicher. Eine Gruppe von uns bat Herrn Halter: »Sie müssen die DDRler in die Schule der Freundschaft lassen, damit sie sehen, wie wir wirklich leben!«

Beim nächsten Appell traten der Heimleiter und Herr Sulo vor uns. Herr Halter hielt eine seiner langen Reden: »Es wird einen Tag der offenen Tür geben«, versprach er. »Auch das Fernsehen wird da sein. Sie werden in euren Wohnräumen filmen und mit euch sprechen. Ich erwarte, dass ihr eurem Land keine Schande macht und den Leuten vom Fernsehen keine Lügen erzählt! Vor allem will ich nicht hören, dass ihr hier eingesperrt seid!«

Es kam ein Team vom DDR-Fernsehen DFF, dem wir alles zeigten und mit denen wir in die Staßfurter Disko gingen. Viele von uns wurden interviewt und auch Pille sagte im DFF, dass er es nicht richtig findet, dass wir im Gegensatz zur Staßfurter Jugend umsonst in die Disko durften. Danach konnten die DDRler endlich unseren Klub besuchen. Es kamen leider kaum welche. Und wir gingen trotz alldem nicht mehr in die DDR-Disko. Die Grenze zwischen den beiden deutschen Staaten war gefallen. Doch unser Zaun war eigentlich höher als je zuvor.

»Lucia, hier ist ein Brief für dich!« Meme Polly lächelte mich aufmunternd an. Der Brief war natürlich geöffnet worden. Sie wusste also, was darin stand. Ich sah die Schrift auf dem Umschlag und mein Herz raste wie verrückt! Fünf Jahre lang hatte ich diese Schrift nicht mehr gelesen.

»Meine Mutter hat mir geschrieben«, sagte ich ganz leise, weil ich mein Glück kaum fassen konnte. Und dann fiel mir ein Schwarzweißfoto aus dem Umschlag entgegen. Die Tränen liefen mir übers Gesicht. »Meme«, flüsterte ich, »ich habe dich so vermisst. Gott sei Dank, dass du lebst.«

Deutschland über alles

Ich atmete auf! Mutter hatte ihren Brief auf Englisch verfasst. Endlich brauchte ich keinen Übersetzer, um ihre Worte lesen zu können: *Liebe Lucia! Endlich bin ich in Namibia. Ich habe Arbeit auf einer Farm gefunden und bin jetzt eine Farmmanagerin. Ich suche gerade einen festen Wohnsitz für uns in Namibia. Wenn ich den habe, dann werde ich dir wieder schreiben. Ich schicke dir ein Bild, damit du weißt, wie ich aussehe.*

Das Foto zeigte eine Frau, die ich zwar sofort als meine Meme erkannte, aber seitdem sie mich an meinem falschen achten Geburtstag 1981 besucht hatte, waren genau neun Jahre vergangen. Ihre Augen blickten immer noch warmherzig, aber ihr Mund lächelte nicht. Ich glaubte ihr ansehen zu können, dass sie harte Zeiten überstanden hatte. Aber sie lebte! Nach allem, was ich vom Krieg gehört hatte, war das nicht einmal sicher gewesen. Sie schrieb, dass meine jüngste Schwester Pena mittlerweile bei einer Pflegefamilie in Nigeria wohnen würde.

Ich rechnete kurz nach: Pena war zwei Jahre jünger als ich, sie wurde demnach im Sommer 15. Meine Güte!

Und ich kannte sie nur als Vierjährige! Wie mochte sie wohl aussehen? Was hatte sie ausgerechnet nach Nigeria verschlagen? Ein Land, von dem ich gerade mal wusste, dass es in Westafrika lag. Jo war jetzt 18, überlegte ich, und Mutter teilte mir mit, dass sie sich nach wie vor im Kongo aufhielt. Sowohl ihr als auch Pena ginge es gut.

Aber was bedeutete das? Ging es mir auch »gut«?

Meinen Bruder Martin, den ich als meinen kleinen Bruder in Erinnerung hatte, erwähnte Ma nicht. Auch für Vater fand sie kein Wort. Da Mutter über deren Schicksal schwieg, ging ich vom Schlimmsten aus.

Was hatte dieser Krieg nur aus unserer Familie gemacht? Jo, Pena, Mutter und ich, wir lebten in vier verschiedenen Staaten, auf zwei Kontinenten. Wir wussten praktisch nichts voneinander. Ich sank mit dem Brief in der Hand auf meinem Bett in mir zusammen. Ich war fast überzeugt, eine Halbwaise zu sein. Und was hieß das: Sie *suchte* eine Unterkunft? Gab man ihr als Farmmanagerin keine?

Ihr Brief hinterließ in mir das gleiche Gefühl wie damals, als sie nach Bellin gekommen war – ich wusste zwar etwas mehr als zuvor, aber ich stand vor neuen Fragen, die meine Verunsicherung vergrößerten.

Mit diesem Empfinden sah ich im Fernseher des Kulturraums, dem einzigen Farbgerät, wie Präsident Nujoma von UN-Generalsekretär Pérez de Cuéllar am 21. März 1990 als erster Präsident der Republik Namibia im Windhoeker Stadion vereidigt wurde.

Viele Kinder jubelten und fielen sich erleichtert in die Arme. »Unser Land ist frei!«, riefen sie.

Das war schön und ich wollte durchaus nach Namibia,

in meine fremde Heimat. Aber was würde mich dort erwarten? Es wurde viel geredet über Politik und Siege und das Ende des Rassismus. Aber was hatte das mit mir zu tun? Mit meinem eigenen Schicksal? Wer sagte mir, ob Mutter eine Wohnung finden würde? Wann ich meine Geschwister wieder in die Arme schließen konnte? Wer würde mir erklären, was mit Vater geschehen war?

Herr Halter, Herr Sulo, Meme Polly, Frau Bothe und alle anderen deutschen und namibischen Erzieher meinten, dass wir glücklich sein müssten, dass wir nun ein freies Land hätten. Der letzte Staat im Süden Afrikas, der die Unabhängigkeit errungen hatte. Unsere Sorgen erwähnte niemand. Doch ich jubelte mit den anderen. Weil man das so machte. Ich wollte ihnen den schönen Tag nicht mit meiner miesen Stimmung verderben.

Mila wusste von dem Brief meiner Mutter. Sie sah mir an, wie bedrückt ich war. »Lucie«, sagte sie, »wir brauchen nicht mehr zu kämpfen.« Ich nickte. »Die Waffen kann die SWAPO nun wegpacken.« Aber mein Herz sagte mir, dass auf uns alle noch ein anderer Kampf zukam. Einer, der ohne Gewehre ausgetragen wurde. Einer, für den wir nicht trainiert worden waren.

In unserem Heim wurde es immer unruhiger. Die wildesten Geschichten wurden erzählt, was aus uns werden sollte. Mal hieß es, die Gruppen 5 und 6 dürften in Staßfurt bleiben und eine Ausbildung beginnen. Ich schmiedete schon träumerische Pläne; Ärztin wollte ich werden.

»Schneiderin ist das Richtige für dich«, meinte Meme Polly. »Die werden in Namibia gebraucht und das kannst du in der DDR lernen.«

258

Ich ließ den Kopf hängen und hörte bereits die nächsten Gerüchte. Auch die Gruppen 7 und 8 sollten angeblich bleiben dürfen. Dann wäre ich weiterhin mit Lilli und Nati zusammen, dachte ich. Schließlich hieß es, dass die zuletzt eingetroffenen Kids der S-100 ganz bald nach Namibia kämen. Die Freudenschreie der Kleinen, die ich nach wie vor betreute, hallten durch das ganze Heim: »Wir dürfen nach Hause!« Auch die 2, 3 und 4 würden sie begleiten. Das hieße, Anna würde gehen! Und Norma! Und auch mein jüngerer Ziehbruder Amu, mit dem ich mich seit einiger Zeit wieder gut verstand.

Anna und ich hielten uns in den Armen. »Was soll nur werden?«, fragte ich. »Sehen wir uns denn irgendwann wieder?«

»Ach, wart doch erst mal ab«, beruhigte Anna mich. »Die erzählen im Moment so viel.« Es war eine dünne Hoffnung …

Wenig später schnappten wir auf, dass uns der neue namibische Erziehungsminister Nahas Angula besuchen würde. Plötzlich wurde die Tür während des Unterrichts geöffnet und der Heimleiter, Herr Sulo und mehrere andere Männer begleiteten einen Mann mit Halbglatze und Schnurrbart in unseren Klassenraum. Wir alle hatten Fotos des Ministers gesehen und erkannten den Mann, der mich an einen schwarzen Lenin erinnerte.

Der Minister lehnte sich entspannt an den Lehrertisch. Er trug einen eleganten Anzug, streckte die Beine von sich und lächelte uns aufmunternd zu. Er sprach ein steifes Englisch, das wir von Präsident Nujoma kannten. Wir nannten es »Regierungsenglisch«. »Die Verhandlungen mit Deutschland über eure Zukunft sind noch nicht abgeschlossen«, erklärte er. »Sobald ich weiß, wie lange ihr hier bleiben könnt, werde ich es euch sagen.«

Nick meldete sich: »Wir würden gerne wissen, wann genau wir nach Namibia zurück dürfen, Herr Minister Angula.«

Der Politiker schüttelte den Kopf: »Das ist alles noch in der Schwebe«, meinte er bedauernd.

Am Nachmittag versammelten sich knapp 300 namibische Schüler vor der Schule zum Appell, damit der Minister eine lange Rede halten konnte. »Das Wichtigste für euch ist eine gute Ausbildung. Darum lernt so viel ihr könnt«, schärfte er uns ein. Das wusste ich doch! Seit zehn Jahren wurde uns das eingetrichtert. Und alle anderen wussten es auch. Viele passten nicht auf, einer plapperte leise nach, was der Minister sagte. Kaum jemand stand so still und stramm, wie sich das gehörte, wenn uns ein derart bedeutender Mann einen Besuch abstattete. Und immer wieder stellte jemand Fragen, obwohl das gegen die Regeln des Respekts verstieß, die bei einem Appell einzuhalten waren.

Ich gab mir wirklich alle Mühe gut hinzuhören, aber ich war hinterher so schlau wie zuvor. »Lange Rede, kurzer Sinn«, flüsterte ich meinen Freundinnen zu.

Der Minister ging und wir wurden vom Heimleiter getadelt. »Was seid ihr für ein undisziplinierter Haufen! Euer Benehmen war eine Katastrophe.« Herr Halter ließ die versammelten 290 Schüler und Schülerinnen so lange auf dem Schulhof stehen, bis er sicher war, dass sich wirklich niemand mehr bewegte.

Am 6. Juli 1990 bekam ich mein Zeugnis für die 9. Klasse. Für unsere Verhältnisse war es schlecht. In der Gesamteinschätzung stand: Lucia war auch im vergangenen Schuljahr bemüht, gute Leistungen zu erzielen. Das hieß: Ich hatte »nur« Zweier. Bis auf die Fächer deutsche Literatur, Musik und Sport. Da blieb mir meine gute Eins treu.

Vielleicht, wenn wir gewusst hätten, dass dies unser letztes deutsches Zeugnis war, hätten wir ihm mehr Bedeutung beigemessen. So aber gab es in diesen Tagen ein Thema, das wesentlich wichtiger zu sein schien als ein Zeugnis – Fußball. Seit vier Wochen schon fand in Italien die Fußball-Weltmeisterschaft statt. Unsere Jungs drängten sich im Kulturzimmer, das nur zu besonderen Anlässen aufgesperrt wurde, vor dem einzigen Farbfernseher. Weil mir die Spieler gefielen, hatte ich für Italien gefiebert und war zufrieden, nachdem sie die Engländer im Spiel um Platz 3 mit 2:1 besiegt hatten. Das Endspiel am 8. Juli zwischen Deutschland und Argentinien verfolgte ich dagegen nur eine Weile. Als lange keine Tore geschossen wurden, gingen Melli, Mila und ich lieber schlafen.

Ich war gerade eingenickt, als ich von einem Wahnsinnslärm geweckt wurde. »*We are the champions!*«, wurde auf der Straße gegrölt.

Ich rieb mir den Schlaf aus den Augen. »Was ist los?«

»Sieht so aus, als ob Deutschland gegen Argentinien gewonnen hat«, meinte Mila.

»Schön«, sagte ich und drehte mich um.

Die anderen gingen raus auf den Balkon und nun schwappte der Krach richtig ins Zimmer. Motorrad- und Autohupen schrillten durcheinander. Draußen sangen sie plötzlich: »Deutschland, Deutschland über alles!«

Ich richtete mich auf und tappte im Schlafanzug auf den Balkon. Es war eine wunderbar laue Sommernacht. Und unten vor dem Heim war der Teufel los. Immer mehr deutsche Jugendliche versammelten sich auf der anderen Seite unseres hohen Zauns.

»*We are the champions!*«, sangen sie unten schon wieder und furchtbar falsch.

»Ach, haltet doch die Klappe!«, rief jemand von den anderen Balkons. Die waren inzwischen voll besetzt von uns Namibiern. Die Deutschen waren auf der einen Seite des Zauns, wir auf der anderen. Wir schauten runter, die rauf.

»Wir wollen schlafen. Macht doch nicht so'n Krach!«, schrie eines der Mädchen.

Plötzlich übertönte eine Stimme alle anderen: »Deutschland den Deutschen!« Nach und nach fielen andere ein. Gut klang das nicht gerade. Aber ich dachte mir nichts dabei. Wir wollten ihnen Deutschland ja nicht wegnehmen, sondern nur noch ein Jahr lang zur Schule gehen.

Als sie dann wieder sangen: »Deutschland, Deutschland über alles, über alles in der Welt«, da schrien Melli und ich: »Deutschland ist nicht über alles!« So weit reichte unser Mut. Dann tauchten wir hinter der Balkonbrüstung ab.

»Denkt ja nicht, ihr seid sicher hinter eurem Zaun!«, rief draußen ein Jugendlicher. »Irgendwann kommt ihr da schon raus!« Dann grölte wieder jemand, was wir schon so oft zu hören bekommen hatten: »Ihr Schwarzen krieg alles in den Arsch gesteckt!«

Wir fühlten uns richtig stark auf unserem Ausguck. »Ihr könnt uns mal!«, riefen wir übermütig.

Im nächsten Augenblick hörten wir die erste Flasche zerplatzen. Dann flogen weitere leere Bierflaschen gegen die Wohnblöcke. Aus unseren Häusern gellten höhnische Kommentare: »Nicht getroffen! Ihr könnt ja nicht mal werfen!«

Ein alter Trabant fuhr nun vor und ein junger Mann stieg aus. Ich glaubte, nicht richtig zu sehen: Es war Silvio! Er sprach mit den aufgeheizten DDRlern und blickte zu uns rauf. Schnell sprang ich zurück und hielt fortan meine vorlaute Klappe. Jetzt konnte ich die da unten nicht mehr beschimpfen, denn Silvio war ja dort. Was würde er sonst von mir denken?

Nach und nach wurde es stiller und Silvio stieg in seinen altersschwachen Trabbi und knatterte davon. Die Staßfurter verzogen sich in Richtung Innenstadt. Am nächsten Tag ging ich mit Anna zum Staßfurter Marktplatz, um Kosmetik-Artikel einzukaufen. Ein paar DDRler fuhren mit ihren Mopeds so knapp an uns vorbei, dass Anna und ich zur Seite sprangen.

Einer von ihnen stoppte neben uns beiden: »Euch Mädels tun wir nichts. Aber sagt euren Jungs, sie sollen sich in Acht nehmen, wenn sie rauskommen!« Der Bursche drehte am Gashebel seines Mopeds, hüllte uns in blaue Auspuffabgase und knatterte davon.

»Unsere Jungs werden's denen ganz schön zeigen«, meinte ich locker. Anna und ich gingen weiter und hörten, dass die Jugendlichen in der vergangenen Nacht einige Vietnamesen verprügelt hatten, die ebenfalls in der Straße der Völkerfreundschaft wohnten. Die Asiaten waren bei den Deutschen nicht so gut weggekommen wie unsere Namibier. Einer war ernsthaft verletzt worden.

Unsere Jungs nahmen die Sache sportlich: Sie trafen absichtlich auf die Staßfurter, um sich mit ihnen zu schlagen. Denn sie wussten: Sie waren die Stärkeren.

Kind Nr. 95

Ich freute mich auf unser bevorstehendes Ferienlager. Obwohl uns dort wieder der übliche Drill mit Nachtmärschen erwarten würde. Aber eben auch so manch gemütliches Lagerfeuer. Plötzlich hieß es, nur einige Gruppen dürften fahren. Zu denen, die dableiben mussten, gehörte meine Gruppe! Was hieß das jetzt wieder? Diese Unsicherheit war zum Verrücktwerden.

»Ihr helft während der Ferien bei den S-100!«, bestimmte der Heimleiter. Obwohl mir die Betreuung der Kleinen nach wie vor Spaß machte, spürte ich, dass das abgesagte Ferienlager ein ungutes Vorzeichen bedeutete. Gemeinsam mit meinen Freundinnen bedrängte ich die namibischen Erzieher mit Fragen über unsere Zukunft. Sie erzählten uns Geschichten über Namibia, die beruhigend klingen sollten. Dort gäbe es alles so zu kaufen wie in Staßfurt. Und was es da inzwischen alles gab! Ich investierte mein Taschengeld in Duplo, Kinderschokolade, Nutella und Hefte mit Liebesromanen, die drei Mark kosteten. Unvorstellbar, dass die Menschen im Westen all das die ganze Zeit gehabt hatten. Ich bemühte mich, viel davon aufzuholen.

»Gibt es auch in Windhoek Duplo?«, fragte ich Meme Polly.

»Ach, Lucia, woher soll ich denn das wissen?«, erwiderte sie. »Die SWAPO sagt, es gäbe alles«, meinte sie. Na ja, dachte ich, wenn das so ist …

Ich arbeitete gerade bei den S-100, als ein kleiner Junge die Treppe hinaufgerast kam. »Wir fliegen alle nach Namibia!«, rief er.

»Erzähl das deiner Oma«, gab ich trocken zurück.

»Frag die Erzieher! Das stimmt! Keiner bleibt hier!«

Der Kleine hatte Recht. Und nun begann das komplette Durcheinander. Jeder Erwachsene wurde von zig Kindern umlagert und mit Fragen bestürmt. »Stimmt das? Wann geht es los? Wohin kommen wir? Werden unsere Eltern da sein? Was können wir mitnehmen? Kommen wir wieder zurück? Können wir uns von unseren alten Lehrern und Freunden verabschieden?«

Die Erwachsenen waren so hilflos wie wir. Denn nicht nur wir waren betroffen. Sondern alle. Deutsche und Namibier. Kinder, Lehrer und Erzieher. Gab es uns nicht mehr in Staßfurt, wurden sie auch nicht mehr gebraucht. Es war, als hätte jemand den Zaun fortgerissen, der uns so lange vor der Außenwelt beschützt hatte.

Wieder gab es einen Appell, bei dem die Füße der anwesenden Kinder nicht mehr stillstehen konnten. Der SWAPO-Beauftragte Herr Sulo begann seine Rede: »Ihr werdet Ende August nach Namibia zurückkehren.« Dann schimpfte er. Aber nicht mit uns. Sondern auf das Elternkomitee, von dessen Existenz wir nun erstmals erfuhren. Sie waren die Schuldigen, die unser kleines Paradies zerstört hatten. »Die Medien verbreiten Lügen, die das Elternkomitee aufgestellt hat«, stieß er hervor. »Sie sagen, ihr würdet hier gegen euren Willen festgehalten. Deshalb hat die SWAPO beschlossen, euch alle zurück nach Namibia zu bringen, um all diesen Lügnern zu beweisen, dass ihr frei seid.«

All die Jahre über hatten wir von dieser Freiheit geträumt. Nun saßen viele mit hängenden Köpfen herum. »Ich weiß nicht mal, wie meine Eltern aussehen«, hörte ich einige sagen.

Ich drehte Mutters Foto in meinen Händen. Farmmanagerin, dachte ich. Was mochte das eigentlich sein? Würde ich etwa auf dem Land leben, wenn ich wieder bei Mutter wäre? Das war kein angenehmer Gedanke. Schon in Bellin hatte ich es gehasst, wenn *Schulgarten* auf dem Stundenplan stand. In Staßfurt war es Strafarbeit, Unkraut jäten zu müssen.

Jeden Tag fragte ich nach Post von meiner Mutter. Immer hieß es: »Tut mir Leid, Lucia.« Dieser Brief musste doch kommen! Sonst hätte ich keine Bleibe, wenn ich in Namibia eintraf. Immer wieder las ich die Formulierung *Wenn ich einen festen Wohnsitz für uns habe, werde ich dir schreiben*. Mein ohnehin nervöser Magen spielte völlig verrückt!

Gemeinsam mit meinen Freundinnen lief ich über das große Areal der Schule der Freundschaft. Wir versuchten uns vorzustellen, wie Namibia wirklich aussehen mochte. »Es ist da doch so heiß«, sagte die kleine Lilli. »Da gibt es Palmen und so.« Es war, als ob wir in Geographie nichts über die fremde Heimat gelernt hätten. Unsere Wunschvorstellungen und Ängste verdrängten sämtliches Wissen über Wüsten und Dornenlandschaften, das Meme Staedt uns in der fünften Klasse beigebracht hatte.

Gegen Ende August gab es einen Appell, bei dem ich erfuhr, dass die Gruppen 5 und 6 gemeinsam mit den Kleinen zuerst fliegen sollten. »Seht auf der Wandzeitung nach, wann euer Name dort auftaucht«, erklärte Herr Sulo. Dann forderte er uns auf: »Ihr gebt eure Pässe ab. Wer davonläuft, der wird von der Polizei so lange gesucht, bis er gefunden wird.«

Die haben ja eine tolle Meinung von uns, dachte ich und gab meinen Pass ab.

Viele Kinder gingen nach Staßfurt und Löderburg, um sich von alten Lehrern und Freunden zu verabschieden. Ich ließ mein Freundschaftsbuch kreisen, um von allen Namen und – so weit sie diese wussten – Adressen aufschreiben zu lassen, damit ich sie in Namibia nicht aus den Augen verlor. Vor allem machte ich schon mal Verabredungen für die Zeit in Namibia. »Wir treffen uns am Bahnhof in Windhoek«, vereinbarte ich mit Melli. Denn ich dachte, das wäre ein Ort, den es gewiss gäbe. Irgendwie würde es wie in Deutschland sein …

Schließlich stahl ich mich durch das Loch im Gartenzaun davon, um mit meinen Gedanken allein zu sein. Ich lief durch das sommerlich warme, grüne Staßfurt und kaufte mir Dinge, auf die ich auf keinen Fall verzichten wollte: Duplo und Kinderschokolade. Seife und Zahnpasta. Meine kleinen Kostbarkeiten konnten nicht den Gedanken fortwischen, der mich nicht mehr losließ: Mutter hatte mir nicht mehr geschrieben! Sie hatte mir nicht mitgeteilt, wo ich leben würde. Ob sie überhaupt eine Unterkunft für mich gefunden hatte?

Wieder einmal ging ich zur Wandzeitung. Da hing eine Liste mit genau einhundert Namen. Ganz oben standen die von sechs namibischen Erzieherinnen, dann folgten die Namen von einigen der S-100. Ganz am Ende stieß ich auf jene, mit denen ich seit dem 19. Dezember 1979 tagein, tagaus zusammen gewesen war. Auf Platz 95 stand mein Name!

95 – diese Zahl passte zu meinem Leben in der DDR. Die Neun war meine Nummer schon ganz am Anfang gewesen, die Fünf war meine Gruppe. Beide Zahlen zusammen würden nun meinen Abschied von Deutschland bedeuten.

Am Samstag, dem 25. August, sollten wir mit dem Bus nach Frankfurt am Main gefahren werden und von dort mit einer Linienmaschine der Air Namibia nach Windhoek abheben. Es war endgültig. Und was wäre dann? Ich ging zu meinen Freundinnen, wir drehten das Radio auf.

»Hast du Kassetten aufgenommen, Lucie?«, fragte Mila. »Für Namibia.«

»Um Himmels willen!«, rief ich und drückte hektisch auf die Aufnahmetaste. Doch warum spielten sie ausgerechnet jetzt nicht meine geliebte Whitney?

»Wo ist mein Walkman?«, rief Melli.

»Wir brauchen Batterien!«, sagte ich. Es hieß zwar, dass es in Namibia alles gäbe. Aber der Flug nach Windhoek war lang. Weiter wollte ich nicht denken.

Wir packten schließlich unsere Koffer; ich hatte einen hellblauen. Er war nur aus Pappe, aber in Afrika würde es ja nicht regnen … Was sollte ich da rein tun? Und was in den kleinen grünen Rucksack aus Wachstuch? Was durfte dableiben, was musste mit? Es passte auf keinen Fall alles rein. Ich legte das Tom-Cruise-Poster auf den Boden des Koffers, denn der US-Schauspieler hatte eine entfernte

Ähnlichkeit mit Silvio. Schulhefte kamen dazu, das Englisch-, das Mathe- und das Biobuch. Unschlüssig betrachtete ich mein übriges Durcheinander. Ich wusste nicht, was ich mitnehmen sollte und was nicht.

Brauchte ich Winterklamotten? »Blödsinn, Lucie, ist doch warm in Afrika!«, rief jemand. Aber eigentlich sollte alles mit! Und so schaffte es auch der eine oder andere warme Pulli in den hellblauen Koffer. Und die warme Winterjacke. Meine Freundinnen lachten mich aus. Ganz zum Schluss erhielten wir noch unsere Zeugnisse, fast wörtlich ins Englische übersetzt. Ein weißer DIN-A4-Bogen, den ich zu den anderen Zeugnissen in meinen braunen Plastehefter mit Hammer-und-Sichel-Symbol steckte.

Anschließend mussten wir unsere schweren Koffer rausschleppen. Die, die in den nächsten zwei Tagen folgen sollten, umarmten uns. Wir heulten und küssten uns. Als es endlich losging, presste ich die Nase wie bei jeder Fahrt ans Fenster und sah Staßfurt an mir vorbeiziehen. In den letzten Monaten hatten wir die im Osten Deutschlands aufkommende Ausländerfeindlichkeit gespürt. Doch das war nicht das, woran ich dachte. Mir fielen hauptsächlich die angenehmen Erlebnisse ein. Und vor allem Silvio, mein unerreichbarer Schwarm. Vergeblich und zum letzten Mal hielt ich nach ihm Ausschau. Nun war er wirklich ganz weit weg.

Regnete es an jenem Augusttag? Oder waren es Tränen, die mir die Sicht nahmen?

Am Abend hob die Maschine der Air Namibia in Frankfurt am Main ab. Im Sonnenuntergang sah ich die höchsten Häuser unter mir, die ich jemals erblickt hatte. Wir flogen in die Nacht hinein, aber ich tat kein Auge zu. Die Sorge um das, was kommen würde, machte mich immer nervöser. All die Parolen, die wir gelernt hatten, waren wie fortgewischt. Die fröhlichen Gesänge, die wir in Chören einstudiert hatten, um die Freiheit unseres Heimatlandes zu beschwören, klangen verschwommen und leer. Die Sonne ging auf und ich presste wieder die Nase gegen das Fenster.

»Wir befinden uns jetzt über Namibia«, sagte der Flugkapitän. Ich sah nur braunes Land, das sich endlos erstreckte. Wo waren die Wälder, an die ich mich dunkel aus meiner Kindheit erinnerte? Wo waren die Palmen, von denen ich träumte? Vielleicht lag es an der Höhe?

Pilot, wollte ich rufen, dies ist nicht mein Land. Du hast die falsche Route genommen! Aber die Maschine ging tiefer und tiefer, als wollte der Pilot beweisen, dass dies das richtige Land war, das er anflog.

Unter mir sah ich unzählige Hütten, die sich die kahlen, braunen Berge hinauf zogen. Dann zeichneten sich ein paar wenige Hochhäuser ab und das Flugzeug flog eine Schleife über gelblich ausgedörrtes Land, das nach Wasser schrie. Ich rutschte unruhig auf meinem Sitz herum. Bis zum letzten Augenblick hoffte ich, dass dies nicht mein Land war.

»Sind wir etwa da?«, fragte Anna.

Ich nickte, obwohl ich es nicht wusste. Ich spürte es. Ich hatte das Gefühl, ich würde einen Schrank öffnen und nicht wissen, was mir entgegenfiel.

»Warum haben unsere Erzieher so von diesem Land geschwärmt?«, fragte jemand. Und niemand antwortete.

Die Maschine rollte über die Landebahn. Wir stiegen aus und unzählige Menschen erwarteten uns. Ich machte einen langen Hals. Mutter? War sie hier? Es war Sonntag, der 26. August, morgens um halb neun Uhr. Ein scharfer, kühler Wind wehte über das Flugfeld. Wieso war es so kalt in Afrika? Ich fror und war übermüdet. Die vielen Menschen auf dem Flugfeld sangen fröhliche englische Lieder: »Willkommen im Land eurer Eltern!« Es klang gut. Wie ein warmherziges Versprechen. Kinder hielten selbst gemalte Schilder in die Luft: *Willkommen comrades in der Republik Namibia!* Das war schon eher der Tonfall, den ich aus zehneinhalb Jahren in Obhut der SWAPO kannte. Fotografen bestürmten uns. Präsident Nujoma hielt eine Rede, der ich nicht zuhörte, weil ich mit meinen Gedanken woanders war und in der wartenden Menge nach Mutter Ausschau hielt.

Ich sah sie nicht. Und sie war auch nicht da, als wir unser Gepäck abgeholt hatten und zu Bussen gingen. Ich konnte nicht wissen, dass sie nicht am Flughafen sein konnte, denn der lag 42 Kilometer außerhalb der Stadt. Eine gute halbe Stunde Fahrt, die mir wie eine Ewigkeit erschien. Nur Büsche, verdorrte Wiesen, ein paar Felsen. Keine blauen Flüsse und grüne Wiesen, die für die Farben der SWAPO Pate standen und nun die neue Nationalfahne schmückten. Ich war überrascht, aber noch nicht enttäuscht. Ich war neugierig und voller Erwartung. Wie würde Mutter aussehen? Würde sie mich umarmen? Würden meine Geschwister auch da sein? Würde ich etwas über Vater erfahren? Wo würde ich leben? Je mehr ich darüber nachdachte, desto größer wurde meine Angst.

Endlich wurde im Bus durchgesagt, dass wir zunächst

alle in eine Schule gebracht wurden, wo unsere Personalien aufgeschrieben würden. Erst dann könnten wir unsere Eltern oder Verwandten begrüßen. Diese Auskunft machte uns ungeduldiger; schließlich warteten wir seit Jahren auf dieses Wiedersehen und unsere Ungeduld kannte kein Verständnis.

Der Bus erreichte die im Talkessel gelegene Stadt Windhoek, fuhr durch breite Straßen, groß wie Autobahnen. Doch er hielt nicht vor den Villen, die auf teilweise grünen Hügeln lagen, und auch nicht vor den hohen Häusern. Er fuhr weiter und ließ all das hinter sich.

»Wohin bringen sie uns?«, fragte ich verunsichert.

Der Bus fuhr genau in jene Gegend, die ich aus der Luft gesehen hatte. Dorthin, wo sich winzige Steinhäuschen und kleine Hütten aus Blech, Holz und Pappe über noch mehr Hügel verteilten, als ich aus dem Flugzeug erkannt hatte. Ich hatte diese Art der Armut nie zuvor gesehen; das Dorf in Nyango war nicht so gewesen. Dies hier war anders, dreckig, ungepflegt, verwahrlost. Kinder mit nackten Füßen liefen über Straßen voller Unrat. Sie spielten im Dreck und mit dem Dreck. Menschen mit leeren Gesichtern starrten zu meinem Bus empor, lungerten in zerrissenen Klamotten in den Eingängen von Hütten herum.

Pflegeobjekt, schoss es mir durch den Kopf. Unkraut jäten, Papierkörbe leeren. Das Treppenhaus gehört dir ...

Und hier? Wer würde hier jemals *Pflegeobjekt machen*? Wo war ich hingekommen? Hatte die SWAPO uns denn all die Jahre angelogen? Oder waren sie nicht fertig geworden mit Aufräumen?

»Katutura«, murmelte Boneti hinter mir. »Sie bringen

uns nach Katutura.« Es klang, als hätte er gesagt: Sie sperren uns im Klo ein.

»Wirklich?«, fragte ich. Ich kannte diesen Namen. Die Südafrikaner hatten den Schwarzen diese vor den Toren der Stadt gelegene *Township* gegen ihren Willen zwischen 1960 und 1967 zugeteilt. Sie wurden aus der Stadt verbannt, damit das weiße Mittelklasse-Viertel Hochland Park entstehen konnte. So hatten wir es in der DDR gelernt und uns furchtbar über den Rassismus der Südafrikaner aufgeregt, die das bisherige Wohnviertel der Schwarzen planiert hatten. Aber sie lebten immer noch dort in Katutura. Plötzlich ahnte ich, warum die Einheimischen der Windhoeker Stadtverwaltung diesen Namen vorgeschlagen hatten. Die Weißen hatten nicht mal gefragt, was Katutura bedeutete. Es hieß: *der Ort, an dem wir nicht leben wollen.*

»Ja, das hier ist Katutura«, sagte Boneti ganz leise. »Da stand gerade ein Schild.«

Kind Nr. 95, dachte ich, wieso hast du dir das alles so ganz anders vorgestellt? Wo sah ich hier den Stolz, dass wir in einem freien Land lebten? Auf einigen Hütten war die zum Kampf geballte schwarze Faust aufgemalt und ich las das englische *Long live SWAPO!* Oder das vertraute *Viva SWAPO!*

Aber es erschien mir an diesem Ort fehl am Platze. Wenn wir das gerufen hatten, dann drückte es aus: Wir glauben an die SWAPO. Weil sie die Südafrikaner verdrischt und uns die Heimat zurückgibt. Aber doch nicht diese »Heimat«, nicht diese Trostlosigkeit! Die alten Slogans schienen sich hinter Bergen von Sand und Unrat verbergen zu wollen.

»Ihr seid die Elite des neuen Namibia«, hatte uns der Präsident gesagt, als wir in Bellin noch kleine Kinder gewesen waren. Hatte er das vergessen? Ich wusste es noch. Ich wollte keine goldenen Schüsseln, um daraus zu essen. Ich wollte mich nur nicht belogen fühlen.

Die vergessene Elite

Die Busse spuckten einhundert Kinder, Jugendliche und Erwachsene vor modernen Gebäuden aus. Eine Grundschule, die *People's Primary School*, kurz PPS, wurde unsere erste Anlaufstation. Auf der Straße stank es nach Urin, kühler Wind wehte Sand in mein Gesicht.

»Ihr werdet jetzt alle registriert. Stellt euch in Reihen auf«, sagte ein SWAPO-Beauftragter. Wir taten, was wir gelernt hatten, gaben unsere Namen an. »Hier werdet ihr bleiben, bis eure Eltern euch abholen«, meinte der Mann später. »Nicht bei jedem werden es Vater oder Mutter sein«, fuhr er fort. »Bei manchen wird eine Tante oder ein Onkel kommen. Vielleicht eine Cousine, die Freundin einer Mutter, der große Bruder. Ihr müsst auf jeden Fall warten, Kinder. Und niemand darf die PPS verlassen! Das ist zu eurem eigenen Schutz.« Unser Schutz: früher Zäune, hier Zäune. Schutz, aber wovor? Wir waren doch zu Hause …

SWAPO-Leute zeigten uns die einstigen Schulräume, nun kahle Schlafsäle. Wir legten unsere Sachen auf die Stockbetten, wie Schlafwandler. In der PPS war es kühl

und ich war übermüdet. Doch wo war Mutter? Ich wartete. Tagelang. Manche Kinder wurden abgeholt, wir fielen uns beim Abschied in die Arme, weinten, versprachen uns, dass wir uns wiedersehen würden.

»Am Bahnhof! Denk dran!«

»Ja, mache ich!«

Viele, an denen mein Herz hing, waren in dem Chaos
plötzlich verschwunden. Denn in den folgenden Tagen
trafen auch alle Belliner und die restlichen Staßfurter ein:
425 Menschen wurden durch die PPS geschleust. Meine
Mutter kam immer noch nicht, um mich abzuholen.
Hatte man es ihr nicht gesagt? War sie gar nicht in Namibia?

Ich bekam Schnupfen und fühlte mich fiebrig, meine
Nase lief. Tagsüber war es heiß, nachts so kalt wie in
Deutschland im Januar. Was war ich froh, dass ich mich im
Gegensatz zu mancher Freundin nicht von meinen warmen Pullis getrennt hatte. Warum hatte uns niemand gesagt, dass in Namibia Winter war, wenn wir ankommen?
Hätten wir das alles wissen sollen? Ja, gewiss. Aber wir
waren letzten Endes behütete Kinder. Umsorgt, vielleicht
verwöhnt. Aber das hatten wir uns nicht so gewünscht. Es
war einfach geschehen. Und wir wären seltsame Kinder
gewesen, wenn wir es nicht genossen hätten.

Und dann dieses Essen in der PPS! »Ich kann die Mar-
meladenbrote nicht mehr sehen«, sagte ich zu Anna.
»Magst du meins noch?« Sie griff hungrig zu. Ja, dachte
ich, ich bin verwöhnt. Aber ich konnte es nicht leiden,
wenn Marmelade lieblos zwischen zwei blassgraue Brot-
scheiben geschmiert wurde.

Manche Kinder waren früh abgeholt worden und kamen uns, die übrig gebliebenen, besuchen. »Wir wollen nach Deutschland zurück!«, sagten sie. »Es ist so schrecklich! Da, wo ich jetzt wohne, habe ich nicht mal ein eigenes Bett. Zehn Leute hausen in zwei kleinen Zimmern. Und alles stinkt. Und wie die reden! Ich versteh kein Wort.« Es wurde viel geheult in der PPS.

Hoffentlich wird es mir nicht auch so ergehen, dachte ich. Wenn Mutter doch wenigstens erschiene, betete ich jeden Abend, bevor ich leise wimmernd einschlief.

Melli, die die Schule schon vor einigen Tagen verlassen hatte, besuchte uns. Sie berichtete, dass sie mit fremden Menschen, die sich als Onkel, Tante und Cousine ausgaben, demnächst ins Ovamboland abreisen müsste. Ovamboland. Wie das schon klang! Wie das Ende der Welt. »Dass ich eine deutsche Schule besuchen kann, kann ich vergessen«, sagte Melli. »Die gibt es nicht im Ovamboland. Nur in Windhoek.« Sie wirkte niedergeschlagen. Wie sollte ich sie trösten? Ich wusste selbst keinen Trost für mich. Melli ging und wir wussten nicht, ob wir uns jemals wiedersehen würden.

Es kam die nächste Hiobsnachricht. »Stell dir vor, Lucie, das Schuljahr in Namibia hat schon angefangen. Bei denen ist der Wechsel nach Weihnachten«, berichtete Anna.

»Du machst Witze!«

Anna meinte: »Frag selbst.«

Mir fehlte nur noch ein einziges Schuljahr! Und wenn ich dieses jetzt nicht machen konnte? Aber irgendwie war das alles zweitrangig. Es gab nur eine wichtige Frage: Hatte Mutter mich vergessen?

Ich spürte, wie ich richtig krank wurde.

Anna nahm mich in die Arme: »Hey, Lucie, das wird schon. Die werden uns abholen. Mach dich nicht verrückt. Es kommt jemand. Bestimmt!«

Zu Mittag gab es Makkaroni mit Tomatensauce. Das war immerhin schon mal etwas. Mit Heißhunger stürzte ich mich darauf. Doch die Nudeln schmeckten nach Heimweh, nach der täglich größer werdenden Sehnsucht, alles möge wieder so geordnet und sauber werden wie früher.

Zu allem Überfluss war plötzlich auch noch mein Freundschaftsbuch spurlos verschwunden. Darin hatte ich alle Adressen meiner bisherigen Lebens-Gefährten versammelt. Es war klar: Jemand hatte es aus meinem offen herumstehenden Gepäck gestohlen. Jemand, der nicht so fleißig wie ich die Anschriften und Vorlieben seiner Freunde und Freundinnen gesammelt hatte. Dies Büchlein war wirklich ein Schatz gewesen. Wie die wenigen Fotos, die ich noch von Meme Staedt besaß. Auch sie wurden in den Tagen des Wartens noch weniger.

»Gib mir ein Andenken an dich mit«, bettelten die Freundinnen, die abgeholt wurden. Natürlich sagte ich nicht nein. Was mir blieb, waren mein Walkman und die zwei, drei Kassetten mit US-Hits. Doch darauf fehlten die Lieblingssongs, weil ich nicht rechtzeitig begonnen hatte, diese aufzunehmen. Die Batterien wurden schwächer und ich stellte sie zum Aufladen in die Sonne. Eine Weile nützte das, aber dann waren sie so leer wie meine Stimmung am Tiefpunkt.

»Mutter hat mich vergessen«, sagte ich. Niemand auf der ganzen Welt tat mir so Leid wie ich mir selbst. Ich lag meistens auf meiner Matratze und brütete vor mich hin.

279

»Lucie, jetzt steh auf, es gibt Frühstück!«, befahl Anna und ich rappelte mich hoch. Hätte ich Anna nicht gehabt, ich wäre wirklich eingegangen an Trübsinn. Obwohl sie keinen Vater mehr hatte und nicht genau wusste, wo ihre Mutter war, blieb Anna gelassen. Ich mochte die pappigen Marmeladenbrotscheiben zwar nicht, aber ich ging mit zu dem Raum, wo es das Frühstück gab. Doch ich aß nichts und trottete hungrig zurück.

»Lass uns wenigstens mit den Kleinen Fangen spielen«, meinte Anna. Ich willigte ein und machte mit. So kam ich auf andere Gedanken. Ich bückte mich und suchte unter einem Tisch, fand niemanden und drehte mich um.

Ich sah direkt in Mutters Augen.

Was hatte ich diesen Moment ersehnt. Jahrelang. Immer wieder hatte ich das Foto von ihr angesehen, das sie mir ein halbes Jahr zuvor geschickt hatte. War in ihren Augen versunken. Hatte mir ausgemalt, wie es sein mochte, wenn ich sie in die Arme nehmen würde. Ihre Wärme spüren, ihre tröstenden Worte hören würde.

Nun war er da, dieser Moment. Ohne Größe und Vorbereitung, von unfassbarer Beiläufigkeit.

Wir standen uns in einem kahlen Schulraum gegenüber. Für mich war sie immer noch die schöne Frau, die ich in Bellin so stolz herumgezeigt hatte. Ich wusste damals nicht, dass sie schon 50 Jahre alt war. Denn im Grunde wusste ich nichts von ihr. In diesem Augenblick hätte es mich auch nicht interessiert; ich war viel zu sehr mit mir selbst beschäftigt. Meinem Hunger, meiner Frustration, meinem Heimweh, meiner Enttäuschung und meinem hartnäckigen Schnupfen. Ich sah eine Frau in einem knielangen, weiß gestreiften Rock mit weißer Bluse. Und Ma war viel kleiner, als ich sie in Erinnerung hatte. Aber bei unserem letzten Treffen war ich acht gewesen.

»Freust du dich denn nicht, dass ich gekommen bin, um dich mitzunehmen?«, fragte meine Mutter.

Ich spürte zwar, dass meine Reaktion sie enttäuschte, aber ich fühlte mich von ihr im Stich gelassen. Die meisten meiner Freundinnen waren längst abgeholt worden. Manche wie Letti und Mona in guten Autos.

»Meme, natürlich bin ich froh, dass du hier bist.« Doch die nächste Frage brannte auf meiner Zunge: »Wieso bist du nicht früher gekommen?«

»Ich konnte nicht, denn ich hatte viel zu tun. Nur heute gelang es mir, hierher zu fahren.« Mutter sprach Oshivambo mit mir. Die harte Sprache klang aus ihrem Mund ungewohnt fremd. Ich fragte nicht, warum es ihr nicht gelungen war, sich schon eher von ihrer Arbeit freizumachen. Schließlich musste es doch auch für sie etwas Besonderes sein, wenn ihre Tochter nach zehneinhalb Jahren aus der Ferne heimkehrte.

Wir waren Mutter und Tochter, aber Fremde. Wir hätten uns viel zu erzählen gehabt. Doch wir gingen schweigend zu dem SWAPO-Beauftragten, der die Formalitäten erledigte und uns gemeinsam für die Akten fotografierte.

Die wichtigste aller Fragen, die mich während des Wartens so beschäftigt hatte, stellte ich währenddessen: »Meme, hast du denn einen Platz für uns gefunden?«

Sie blickte mich an. »Ja, Lucia, ich habe ihn gefunden.«

281

Ich atmete auf! Von diesem Moment an war meine Laune viel besser. Das Land, in das ich heimgekehrt war, war doch noch bereit, mich aufzunehmen. Wie alle anderen 425 Heimkehrer erhielt ich einige Packungen Malaria-Tabletten. Auch mir wurde eine gestreifte Plastiktasche mit einer zusammengerollten Schaumstoffmatratze, einer Decke und 50 Rand als Startgeld mitgegeben. Gewissermaßen die Standardausrüstung für die *Führer von morgen.*

Das Geld nahm meine Mutter mir gleich ab: »Ich werde gut darauf aufpassen«, sagte sie.

»Du musst noch meine Freunde kennen lernen«, sagte ich, als sie mit mir die PPS verlassen wollte. Von meinen besten Freundinnen war eigentlich nur noch Anna da. Mutter wirkte etwas reserviert, als sie ihr die Hand reichte.

»Und mein Zeugnis musst du sehen!« Ich legte mein ganzes Gepäck mitten auf den rissigen Zementboden und holte den braunen Plastehefter mit dem DDR-Wappen hervor. Ich reichte ihr den weißen Bogen mit der englischsprachigen Beurteilung. Ein wenig Angst hatte ich schon, dass sie auf mich sauer sein könnte, weil ich bis auf die drei Einsen nur Zweien mitgebracht hatte.

Aber sie umarmte mich! Und freute sich! »Tochter, du hast ein tolles Zeugnis. Wir müssen eine gute Schule für dich finden«, versprach sie.

Ich glaubte, meinen Ohren nicht zu trauen. Für sie war das ein gutes Zeugnis! Sie wollte mich in eine *gute Schule* schicken. Hieß das, ich müsste nicht ins Ovamboland wie so viele andere? Ich schöpfte Hoffnung, aber nicht zu viel. Denn das Leben hatte mich gelehrt, dass ich mich nicht zu früh freuen durfte. Außerdem war ich nicht sicher, was Mutter von mir erwartete. Darüber wollte ich jetzt nicht nachdenken. Ich war froh, dass Mutter überhaupt gekommen war. Ich war schon fast überzeugt gewesen, gar nicht mehr aus der PPS fortzukönnen.

»Hast du ein Auto, mit dem du gekommen bist?«, fragte ich.

»Ich bin mit einem Minibus da. Aber ich habe meinen Fahrer in die Stadt geschickt, damit er für mich ein paar Besorgungen macht. Er wird uns bald abholen«, sagte sie. Ein Minibus! Das klang gut. Mutter schien also Geld zu haben. Bis der Fahrer kam, hatte ich noch Gelegenheit, mit Anna zu sprechen.

Ich wollte meine Freundin gar nicht loslassen. Sie war mir irgendwie näher als meine Mutter. Anna kannte ich – Mutter nicht.

»Darf ich Anna hier besuchen, Meme?«, fragte ich.

»*Eeh, eeh*«, antwortete sie. Ihr gedehntes »Ja, ja« klang nicht gerade so, als hielte sie das für eine gute Idee.

Wir standen schließlich vor der Schule auf der Straße, der kalte Wind des afrikanischen Winters ließ mich zittern. Endlich hielt ein Kleinbus, ein langer, dünner Mann von Ende 20 stieg aus.

Mutter stellte ihn mir vor: »Das ist Tate Kalimba, er ist unser Farmfahrer.« Ich gab ihm die Hand und er stellte uns seine Frau vor, die auf dem Beifahrersitz saß. Sie war hübsch und jung und musterte mich argwöhnisch.

Ich musste endgültig einsteigen. »Tschüs, Anna!«, sagte ich und nahm sie noch einmal in die Arme. »Lass dir die Zeit hier nicht zu lang werden.«

Wir fuhren los und ich blickte zurück zu Anna, die mir nachwinkte. Arme Anna. Wann würde sie endlich wissen, wohin sie gehörte? Ich war froh, dass ich jetzt auf der Rückbank dieses Busses saß, obwohl ich nicht wusste, wohin die Fahrt ging.

»Werden wir in der Stadt leben, Meme?«, fragte ich.

»*Eeh, eeh*«, sagte Mutter vage.

Die letzten fünf Jahre hatte ich in einer Stadt gewohnt, in Hochhäusern. Ich konnte mir nicht vorstellen, künftig anders zu wohnen. Ich liebte die Eisdiele, das Kino, die Geschäfte und die Disko.

Wie immer, wenn ich irgendwo neu war, verschlangen meine Augen hungrig alle neuen Eindrücke. Wir fuhren durch den Stadtteil, in dem ich seit ungezählten Tagen lebte und von dem ich bislang nur die PPS gesehen hatte. Ich stellte fest, dass es durchaus hübsche kleine Steinhäuser gab, die gepflegt wirkten. Aber immer wieder sah ich die provisorischen Hütten aus Blech und Holz. Abwasser lief offen die Straße hinunter, Sandwege verloren sich in endlosen Siedlungen. Als wir nach kurzer Zeit stoppten, glaubte ich, wir wären bereits da. Ein kleines Haus aus Steinen, umgeben von Sand. War das schon meine künftige Bleibe?

»Wir besuchen Verwandte«, sagte Mutter. »Sie haben eine Tochter, die auch in der DDR gewesen ist.«

Fremde Menschen kamen mir entgegen. Greise, kleine und große Kinder, Erwachsene in dem Alter meiner Mutter. Meine Meme begrüßte sie und ich erlebte zum ersten Mal die umständliche Art, wie sich Ovambos *hallo* sagten.

»*Mwohala po, nawa tu?*« Seid ihr gut ausgeruht, wie

geht es euch? »Habt ihr Regen gehabt? Sind alle gesund?« Scheinbar endlos ging es so weiter.

Das etwa zehn Jahre alte Mädchen, das mir schließlich als Cousine vorgestellt wurde, war erst nach Bellin gekommen, als ich schon in Staßfurt gelebt hatte. Sie sprach gebrochenes Oshivambo. »Meine Familie macht sich über mich lustig, weil ich ihre Sprache nicht richtig kann«, sagte sie. »Sie wollen, dass ich ins Ovamboland gehe, damit ich die Traditionen kennen lerne«, erzählte sie. Sie war den Tränen nah. »Ich will wieder zurück nach Deutschland. Mir gefällt es hier überhaupt nicht.«

Sie tat mir Leid. Da war sie nach Deutschland geschickt worden, um eine gute Ausbildung zu erhalten, und nun musste sie in dieses mysteriöse Ovamboland, wo die Schulen gewiss nicht so gut waren. Ich nahm mir vor, gut aufzupassen, was mir geschehen würde. Und hielt mich tapfer an Mutters Satz fest, dass sie mir eine gute Schule besorgen würde. Meiner Cousine konnte ich nicht helfen und wir fuhren auch schon bald weiter. Diesmal ging es aus Katutura hinaus, in Richtung Stadt. Ich schöpfte Hoffnung.

Doch Mutter wollte nur Tiernahrung kaufen. »Wir brauchen für die Farm Hühnerfutter«, sagte sie. Mein Mut sank. Also doch: Farm. Ein Leben auf dem Land.

Mutter erstand zwei Säcke Hühnerfutter. Der Ladenbesitzer war ein Weißer, der mich freundlich anlächelte. Seinen zwei Arbeitern sagte er auf Afrikaans, dass sie die Säcke in den Minibus verladen sollten. Die Arbeiter waren schwarz. Nanu, dachte ich, die Schwarzen arbeiten für den Weißen? War die Apartheid denn nicht abgeschafft?

Tate Kalimba, seine Frau, Ma und ich fuhren weiter. Aber nicht in Richtung der hohen Häuser, die allmählich aus meinem Sichtfeld verschwanden.

»Meme, ohatukala mo tauna?« Wohnen wir in der Stadt? *»Ya, osho«*, so ist es.

Doch wir verließen die breiten Straßen. Rechts und links waren ein paar laublose Büsche mit langen Dornen. Es gab keinen Asphalt, nur Sand. Einen *pad*, wie das in Afrikaans heißt, der Sprache der burischen Siedler. Ich unterließ meine Fragerei, starrte aus dem Fenster.

»Wir sind gleich da«, sagte Mutter. Aber wir fuhren und fuhren. Irgendetwas stimmte nicht. Was verstand Mutter unter einer »Stadt«?

»Wo sind wir, Meme?«, fragte ich.

»Dieser Stadtteil heißt Brakwater«, antwortete sie.

Das klang nicht gerade wie ein Name fürs Paradies! Brakwater, dreckiges Wasser. Was ich erblickte, war das Gegenteil einer Stadt. Kahle Büsche, dazwischen kleine Hütten, viel harte, rötlich gefärbte Erde. Rissig und ausgetrocknet. Der Minibus hielt vor einem Tor, Meme Kalimba stieg aus, hakte eine Kette aus der Verriegelung, schob das Tor auf, der Wagen fuhr hindurch, Kalimba stoppte, seine Frau schloss das Tor und stieg wieder ein. Wir fuhren über Sand, der hinter uns aufwirbelte. Riesige zylindrische Container aus Wellblech standen neben dem Weg im Busch.

Zumindest kann ich in diesen Swimmingpools baden, dachte ich.

Das ist unsere Deutsche

Neben einem flachen weißen Haus stoppte Tate Kalimba den Minibus, viele Afrikaner stürzten auf uns zu. Die Schiebetür des Wagens wurde ausgerissen. »Lucia!«, rief eine rundliche Frau von Mitte 30 und packte mich mit solch überrumpelnder Herzlichkeit, dass ich fast aus dem Auto gefallen wäre.

»Ich bin Meme Fudheni!« Sie strahlte mich so freudig an, als würden wir uns schon immer kennen. Aber ich hatte sie noch nie gesehen. Oder doch? Vielleicht damals, als ich noch ein kleines Kind im Dschungel Afrikas gewesen war? »Ich bin deine Cousine«, sagte Meme Fudheni.

Ich gab brav die Hand und lächelte verunsichert. Wie viele Cousinen mochte ich wohl noch haben? All die Menschen, die auf mich einstürzten, begrüßte ich auf Oshivambo. Aber ich spürte, dass etwas nicht stimmte. Sie guckten mich so seltsam an. Manche kicherten. Ich konnte mir darauf keinen Reim machen. Ich sah etwas anders aus als sie, trug modische Jeans und T-Shirt, meine Haare waren länger als ihre und geflochten. Vielleicht war meine Haut auch etwas heller als ihre.

»Lucia, ich zeige dir das Haus, damit du weißt, wo du wohnen wirst«, sagte Mutter.

Sie führte mich in den Flachbau hinein. Es gab ein Wohnzimmer mit einem Teppichboden, braunen Sesseln und einem Fernseher, wie ich erleichtert feststellte. Vor diesem Raum befand sich eine Veranda. Ich entdeckte noch drei andere Räume: ein Gästezimmer, einen Raum für Mutter und jenen, den sie mir zuwies. »Das ist dein Zimmer.«

Ich hatte ein richtiges Bett mit einem Gestell aus Metall. Und es war frisch bezogen. Allerdings stand in dem Raum noch ein zweites Bett, aber ich fragte nicht, wer darin schlief. Aus dem Fenster sah ich die Büsche der Farm. Mutter zeigte mir die Küche, die eingerichtet war wie eine deutsche Küche. Mit Herd, großer Anrichte, Kühlschrank und schwarz-weißem Linoleumboden. Es wirkte zwar anders als in Deutschland, aber nicht viel. Vor allem war alles sehr sauber. So, wie ich es aus der DDR gewohnt war.

Wir verließen das Haus für einen Rundgang über die Farm. Neben dem Haus befand sich ein kleines Steinhaus, in dem das Ehepaar Kalimba lebte. Daneben war eine Blechhütte, von der Mutter sagte: »Hier kannst du dich waschen.« Schräg gegenüber befand sich einer der zylindrischen Behälter, die ich für Swimmingpools hielt.

»Dort hinten«, meinte Mutter, »ist das Hühnerhaus.« Wieder sah ich nur eine kleine, umzäunte Blechhütte.

Gleich vor dem Haus begann ein großer Gemüsegarten. Doch alles wirkte ausgetrocknet. Ein Weg führte hindurch zu weiteren Blechhütten. »Hier wohnen die

Arbeiter.« Mutter stellte mir viele Männer vor, die mich alle fragten, wie es mir ginge. Sie guckten neugierig und ich konnte mir ihre vielen Namen und Gesichter kaum merken. Hinter den Wohnhütten lag ein großes steinernes Fabrikgebäude, in dem drei Frauen an Maschinen Strickpullover herstellten. Sie zeigten mir stolz ihre Arbeit, die sie in Windhoek verkauften. Ich befühlte das Material; es war aus fester Wolle gewirkt.

Wieder meinte Mutter, als sie mich mit einer der Näherinnen bekannt machte: »Das ist deine Cousine.« Meine Güte, dachte ich, bin ich denn mit allen Ovambos verwandt?

Wir gingen durch den Gemüsegarten zurück und ich spürte, dass das Leben in Brakwater harte Arbeit bedeutete. Ich beneidete Mutter nicht darum.

»Warum wohnst du hier, Meme?«, fragte ich.

Mutter sah mich aus ihren müden Augen lange an. »Weißt du, Lucia, als ich vor einem Jahr nach Namibia zurückkam, da war der Krieg zwar zu Ende. Aber es war schwer, ein normales Leben zu beginnen. Ich musste mit nichts anfangen. Die wenigen Sachen, die ich besaß, befanden sich im Haus meiner Mutter. Dort wohnte eine Verwandte, die sich weigerte, mir mein Eigentum zu geben. Ich lebte im Ovamboland, fand aber keine Arbeit. Schließlich ging ich nach Windhoek und wohnte bei einem Onkel. Wenn ich mich irgendwo vorstellte, hieß es, ich wäre überqualifiziert, weil ich in Moskau so eine gute Ausbildung als Tierärztin bekommen hatte. Dann kaufte die SWAPO Anfang des Jahres diese Farm und der Präsident bat mich, die Leitung zu übernehmen.«

»Das gehört alles der SWAPO?«, fragte ich. Ich wusste nicht, dass die Partei so viel Geld hatte.

»Ja, ich bin unserem Präsidenten sehr dankbar, dass er mir diese Chance gegeben hat«, sagte Mutter ernst. Woher sie Sam Nujoma so gut kannte und warum sie nichts von meinem Vater erzählte, das fragte ich nicht. Es war alles so neu für mich. So fremd. Nichts war, wie ich es erwartet hatte.

Ich ging zu dem Swimmingpool schräg gegenüber vom Haus der Kalimbas. »Meme, kann ich hier schwimmen?«

Mutter lachte mich aus. »Du musst nur aufpassen, dass die Schlangen dich nicht erwischen.« Schlangen? Ich hasste Schlangen! Swimmingpool ade! »Aber Tochter, das ist kein Swimmingpool. Man nennt das einen *dam*. Ein Tank für unser Wasser«, fuhr meine Mutter fort. Es gab noch andere dieser Tanks. Sie waren leer. »Es regnet zu wenig«, erklärte Mutter.

Ich war hungrig und meine Ma kochte für alle Gemüse und *Pap*. Es schmeckte gut, aber anders als der DDR-*Pap*, der nur mit Gries bereitet werden konnte. »Kannst du eigentlich kochen?«, fragte mich meine Mutter.

»Natürlich«, antwortete ich. Das war übertrieben. In Staßfurt hatte ich lediglich die Koch-Arbeitsgemeinschaft besucht, in der wir mit den namibischen Erzieherinnen gelegentlich *Pap* mit Fleisch zubereitet hatten.

Hundemüde zog ich mich in mein Zimmer zurück und schlief wie ein Stein. Zum Abendbrot gab es wieder *Pap*. Aß man denn hier gar kein Brot, fragte ich mich. War aber zu scheu, um das laut zu sagen. Ich warf immer wieder einen Blick auf den Fernseher. Doch als er nach dem Essen eingeschaltet wurde, gab es nur Reden von Politikern oder es wurden Sportereignisse vom Vortag gezeigt. Meine Güte, das ist ja langweilig, dachte ich und wollte umschalten.

»Wir haben nur ein Programm«, erklärte mir Meme Fudheni. Ich ging schlafen. Und wunderte mich: Das Zimmer, das Mutter mir als »meines« zugewiesen hatte, war gleichzeitig das von Meme Fudheni und ihrem kleinen Sohn Hafeni. Die beiden teilten sich ein Bett. Ich drehte mich zur Wand und war glücklich, wenigstens ein Bett für mich allein zu haben.

Am nächsten Tag erteilte Mutter mir die erste Lektion in Sachen Farmleben: frühes Aufstehen. Denn obwohl es noch Morgen war, waren schon viele Gäste gekommen. Menschen, deren Namen ich mir nicht merken konnte, behaupteten, sie wären in irgendeiner Form mit mir verwandt. Das Land war offensichtlich voller Cousins und Cousinen, Onkel und Tanten. Und alle wollten im Prinzip dasselbe von mir wissen: »Wie war es in Deutschland?«

»Es war super«, antwortete ich. »Ganz anders als hier.« Ich spürte, dass sie sich ein Leben in Deutschland ebenso wenig vorstellen konnten, wie ich mir eines in Namibia hatte ausmalen können. Vor allem fielen mir nicht die richtigen Worte ein, um alles zu beschreiben. Wenn ich etwas ausholen wollte, kamen mir ständig die deutschen Begriffe in den Sinn. Ich bremste mich, stotterte herum und dann kam's falsch raus.

»Lucia, bring unseren Gästen etwas zu trinken!«, rief Mutter.

Ich trug Mengen von Bier und anderen Kühlgetränken herbei. Besonders geschickt stellte ich mich dabei nicht an. Der Rummel und das Herumgerenne ließen mich in Schweiß ausbrechen. Außerdem war es plötzlich heiß geworden. Die ganze Sonne Afrikas schien mich ausgesucht zu haben, um ihre Wärme zu speichern. Mir fiel der Löderburger Schuldirektor ein, der uns kein Hitzefrei hatte geben wollen. Wie halten die Afrikaner bloß diese Hitze aus, fragte ich mich im Stillen, prustete und schnaufte.

Wieder stellte Mutter mich jemandem vor. »Das ist unsere Deutsche, sie kann nur richtig Deutsch sprechen. Englisch und Oshiwambo sind etwas knapp geraten«, sagte sie. Sie lachte mich dabei an. Aber ihre Worte schnitten mich so scharf wie ein Messer. Was konnte ich denn dafür, dass ich in der DDR aufgewachsen war?

»Lucia, wäschst du bitte meine Sachen?«, fragte mich Mutter am nächsten Tag. Ich war total überrascht. Eigentlich hatte ich erwartet, dass es andersherum sein müsste.

Aber gut, dachte ich, hier ist das eben so. Und wo ist die Waschmaschine?

Es gab sie nicht. Oh, selige Staßfurter Zeiten, in denen ich meine Schmutzwäsche, gezeichnet mit der braunen Neun, in einen Wäschesack gepackt hatte und in die Wäscherei hinter der Turnhalle marschiert war. In Brakwater musste ich Wasser in eine Schüssel füllen, die Kleidung mit Waschmittel einweichen, mit den Händen waschen, ausspülen, wringen und aufhängen. Es war ein wenig wie im DDR-Ferienlager, wo wir das genauso gemacht hatten. Am häufigsten schien Mutter mir ihr rotes, steifes

Kleid zu geben. Es war am schwersten zu waschen. Und ausgerechnet dies trug sie am liebsten. Nach jeder kleinen Arbeit war ich völlig erledigt. Das ungewohnte Klima saugte alle Kraft aus mir heraus. Bis aus mir eine richtige Afrikanerin werden konnte, schien es noch ein weiter Weg zu sein.

»Lucia, stehst du bitte auf? Wir müssen mit der Gartenarbeit beginnen.«

»Wie spät ist es denn, Meme?«

»Schon fünf Uhr, Tochter.«

Ich blinzelte schlaftrunken. Tatsächlich. Die Sonne ging gerade auf; doch mein Kreislauf blieb am Boden. Ich trat vors Haus und fror, weil es morgens noch empfindlich kalt war. Gemeinsam mit Mutter, Meme Fudheni und den Arbeitern aus den Wellblechhütten grub ich den harten Boden um und schleppte mit Gießkannen Wasser vom *dam* herbei. Wir pflanzten Möhren, Salate, Tomaten und alles mögliche andere. Es wurde immer wärmer und ich fühlte mich besser. Doch die Sonne kannte auch an diesem Tag mit mir, der eingedeutschten Tochter Afrikas, kein Erbarmen und prallte auf mich herunter, bis ich aufgab und in den Schatten des Hauses wankte.

Meine Mutter war schon früher ins Haus gegangen, um das Mittagessen zu bereiten. Sie kochte wirklich gut. Den berühmten *Pap*, ohne den kein Essen auszukommen schien. Mal mit Gemüse und Fleisch, mal nur mit Gemüse, mal ohne Gemüse und ohne Fleisch – und das dreimal am Tag. Mein Magen revoltierte, Durchfall legte mich völlig lahm. Wenn ich den *Pap* schon sah, musste ich aufs Klo rennen.

»Lucia, wir wollen, dass du kochen lernst«, sagte Mutter eines Abends und blickte ihre Mitverschwörerin Meme Fudheni an.

»Ich kann kochen«, stellte ich erneut klar. Mit dieser Behauptung waren sie nicht zufrieden zu stellen. Sie wollten Beweise. Ich wuchtete den mit Wasser gefüllten Topf auf den Gasherd, brachte das Wasser zum Kochen und schöpfte aus dem Riesensack Maismehl viele Tassen voll. Es war ein großer Topf für viele Menschen und ich hatte mit der traditionellen Holzkelle ordentlich umzurühren. Immer mehr Maismehl musste dazu, denn das Gericht hieß ja nicht umsonst *Pap*; es musste ein richtig zäher, fester Brei werden. Als ich meinte, der *Pap* wäre pappig genug, setzte ich das Ziegenfleisch auf. Während das Fleisch in einer Sauce vor sich hin schmorte, weichte ich einen großen geflochtenen Bastteller, den *Oshimbale*, in Wasser ein. Auf den feuchten *Oshimbale* kippte ich den meiner Ansicht nach fertigen *Pap* und deckte ihn mit einem Tuch zu. Das Ganze kam auf den Tisch. Ich legte Besteck bereit, schaute kurz nach dem köchelnden Fleisch und war zufrieden. Na bitte, dachte ich, ich kann's.

Ich sah rasch um die Ecke, wo der Fernseher lief, und kam auch gleich wieder zurück zum Fleischtopf. Doch ganz offensichtlich hatte ich mich zu lange ablenken lassen! Das gute Fleisch war schwarz und die Sauce seltsamerweise verschwunden. O weh! Ich schritt zur sofortigen Schadensbegrenzung. Beherzt warf ich das Fleisch weg. An diesem Tag musste es eben wieder *Pap* ohne alles geben.

Als Mutter in die Küche kam, war sie verständlicherweise entsetzt. »Wo ist das Fleisch?«, fragte sie.

»Hm«, machte ich, »das ist verbrannt.«

»Das hättest du abkratzten und abspülen können und dann weiterschmoren lassen, Tochter!«

Alle Farmbewohner, die sich wie stets nun zum Essen versammelten, starrten mich an, als wäre ich der dümmste Narr überhaupt. Vielleicht war ich das ja auch. Aber das war nicht alles. Mein *Pap* war nahezu ungenießbar. Ich hatte nicht richtig und wahrscheinlich auch nicht lange genug umgerührt. Überall war noch rohes Maismehl. Doch niemand beschwerte sich. Die Menschen hatten den ganzen Tag gearbeitet und Hunger. Keiner hatte Lust, mich zu kritisieren. Ich fühlte mich mies. Mir blieb nichts anderes übrig, als es jeden Tag aufs Neue zu versuchen. Doch es wollte mir einfach nicht gelingen, sämtliches Maismehl so mit der Holzkelle zu verrühren, dass alles vom Wasser aufgesogen wurde. Mir fehlte einfach die Kraft. Ich wurde auch nicht stärker, denn der *Pap* wirkte weiterhin abführend anstatt kräftigend. Während ich rührte, fühlte ich zudem Mutters Augen auf mir ruhen – was die Sache nicht unbedingt einfacher machte.

Meme Fudheni und meine Meme gaben sich wirklich Mühe, aus mir eine Köchin zu machen. Sie bereiteten das Essen vor und sagten dann: »Ach, Lucia, kümmere dich doch bitte mal ums Fleisch.«

Ich passte auf und diesmal brannte es nicht an.

Wenn Mutter kochte, saß ich neben ihr auf einem Hocker und sah genau zu.

»Lucia, in unserer Tradition muss ein Mädchen kochen können. Sonst wird sie keine gute Ehefrau sein«, erklärte sie ernsthaft.

Ich sagte zu ihr: »Mutter, ich kann aber kochen. Ich

denke, nur weil ich keinen *Pap* kochen kann, werde ich trotzdem jemanden heiraten und eine gute Ehefrau sein.«

Sie schaute mich an, lachte, während sie in dem Riesentopf rührte: »Die meisten Ovambo-Männer wollen jemanden haben, der ihnen *Pap* kochen kann. Dich heiratet keiner, wenn du das nicht kannst.«

»Ach«, erwiderte ich locker, »ich würde ohnehin keinen Ovambo heiraten.«

Meine Mutter ließ die Kelle einen Moment ruhen und es war, als ob sich ein Schatten über ihr Gesicht legte. Dann rührte sie weiter im *Pap*-Topf. Schweigend.

Meme Tuahafifua, wie Mutter respektvoll gerufen wurde, verstand sich mit allen auf der Farm offensichtlich sehr gut. Sie unterhielt sich häufig mit den Arbeitern, und wenn sie ging, dann lachten die Männer, weil Mutter sie zum Lachen gebracht hatte. Doch mir kam es so vor, als ob sie am liebsten allein wäre. Ihr Zimmer war ihr Heiligtum. War sie nicht darin, schloss sie es ab. War sie darin, schloss sie sich ein. Langsam kehrte die Erinnerung an Nyango zurück: Dort hatte sie es ähnlich gemacht. Sie hatte meine Geschwister und mich vor das Haus zum Spielen geschickt, um ihre Ruhe zu haben. Jetzt, wo ich zurückgekehrt war, fiel mir das umso stärker auf. Mutter schien eine geheimnisvolle Aura der Unnahbarkeit zu umgeben. Oft sah sie mich nachdenklich an und sprach kein Wort. Mir war das richtig unheimlich. Ich wusste keinen Weg, um an sie heranzukommen. Wie konnte ich ihre Liebe zu mir wecken? Was immer ich tat, machte ich falsch.

Ihr Schweigen sprang auf mich über.

Nachts, wenn alle schliefen, stellte ich leise den Fernsehapparat an. Bis um Mitternacht wurde ein Programm ausgestrahlt, danach gab es nur das starre Sendersignal des namibischen Staatsfernsehens NBC. Doch dazu wurde das NBC-Radioprogramm gespielt. Sie brachten die Hits, die ich mochte. Ich wähnte mich unbeobachtet und begann zu tanzen. Ganz allein, nur für mich. Ich übte die Schritte, die ich in unserem Klub und in der Staßfurter Disko so gern getanzt hatte. In diesen Momenten, vielleicht Stunden, war ich ganz weit weg. Ich sah die Gesichter meiner Freunde, hörte ihr Lachen, ihre dummen Witze. Ich stellte mir vor, ich wäre wieder in Staßfurt, in diesem seltsamen letzten Sommer. In dem alles so grün gewesen war. Wo ich Eis gegessen, nach Silvio Ausschau gehalten und mich gefreut hatte, wenn er wenigstens auf seinem Motorrad vorbeikam.

Manchmal, wenn ich so vor mich hin tanzte, hörte ich eine Tür gehen. Dann machte ich das Fernsehen schnell aus und schlüpfte in das Zimmer, das ich mit Meme Fudheni und ihrem kleinen Jungen teilte. Ich lag danach lange wach und konnte die Bilder aus der DDR nicht aus meinem Kopf verbannen. Wie mochte es all meinen Freundinnen gerade jetzt ergehen? Träumten sie so wie ich von vergangenen Tagen, die nie mehr zurückkommen würden? Wer mochte alles im Ovamboland gelandet sein? Ob es ihnen da noch schlechter ging als mir? Auf dieser Farm war ich abgeschnitten von allen, bekam keine Informationen, lebte wie auf einer Insel. Hatte keine Ahnung, was morgen sein würde.

Wenn Meme Fudheni sagte: »Lucia, wäschst du bitte Hafeni?«, dann badete ich den Einjährigen in einer Schüssel, cremte ihn ein und zog ihn an.

Sagte Mutter: »Sammle bitte Holz, damit Meme Fudheni und ich heute Abend ein heißes Bad nehmen können«, so tat ich auch das. Ich mühte mich, das Feuer zum Brennen zu bekommen. Doch es war ein alter Holzofen, den ich nicht gelernt hatte zu beheizen. Ein Lagerfeuer, ja, das hätte ich entzünden können. Teacher Jonas hatte uns hundertmal gezeigt, wie man mit zwei Stöcken Gras entzündete. Aber nicht, wie man einen bockigen Ofen zum Ziehen brachte.

War Mutters Zimmer irgendwann einmal nicht verschlossen, so huschte ich hinein. Neben ihrem Bett hing ein großer Spiegel. Der einzige im ganzen Haus. Ich drehte mich davor, ging nah heran und betrachtete mein Gesicht. War meine Haut von der vielen afrikanischen Sonne bereits dunkler geworden?

Wer war ich überhaupt? War ich so wie jenes Tierchen, vor dem ich mich als kleines Kind im sambischen Busch gefürchtet und das ich nie vergessen hatte? War ich ein *Fimbifimbi*? Ein Chamäleon? Mal weiß, mal schwarz? Welche Farbe sollte ich denn haben? Warum hatten sie mich zu einer Weißen gemacht, wenn sie jetzt eine Schwarze wollten? Warum wollten sie, dass ich zur *Elite von morgen* gehörte – wenn sie mich jetzt auf einer Farm vergaßen?

Meine Mutter weckte mich eines Morgens, damit ich, wie so oft, mithalf, den Garten zu bestellen. Sie berührte mich nur ganz sanft an der Schulter. Aber ich weinte vor Schmerzen. Mein Bauch tat weh, mein ganzer Körper.

Mutter legte die Hand auf meine Stirn. »Du hast Fieber. Bleib im Bett, Lucia«, sagte Mutter, die ich als Krankenschwester in Erinnerung hatte. Sie brachte mir Tee. Für meinen Bauch.

Wieder vereint

Nach ein paar Wochen sah Mutter ein, dass es so nicht weiterging. »Du musst eine Schule besuchen«, sagte sie. »Du hängst nur hier herum und tust nichts. Dafür warst du nicht in Deutschland.«

Sie sprach mir aus der Seele! »Aber ich möchte nicht ins Ovamboland«, erwiderte ich sofort. »Dort spricht bestimmt niemand Deutsch.«

Mutter betrachtete mich nachdenklich. Als ob sie eines ihrer Hühner ansah, das keine Eier legen wollte. »Ich kenne keine deutsche Schule, Tochter. Wie du weißt, bin ich selbst noch nicht lange in Windhoek.« Ein paar Tage banger Ungewissheit vergingen, dann meinte sie, während ich beim Kochen zu helfen versuchte: »Morgen werden wir dich an einer deutschen Schule anmelden.«

Am nächsten Tag saßen Mutter und ich dem Direktor der *Deutschen Höheren Privat Schule* (DHPS) in Windhoek in seinem großen hellen Arbeitszimmer gegenüber. »Wir haben schon ein paar Anfragen von Jugendlichen aus der ehemaligen DDR«, sagte Herr Müller, ein Mann in den

Fünfzigern mit Bart und grauem Haar. Insgesamt wirkte er freundlich auf mich. »Wie steht es um dein Oshivambo?«, fragte er auf Englisch.

»Ihr Deutsch ist wesentlich besser«, antwortete Mutter.

»Du solltest daran arbeiten«, erwiderte Herr Müller. Was eigentlich kein gutes Signal war. Wollte er mich nicht hier haben?

Er blickte mich an: »Du hast dein Zeugnis mitgebracht?«

Ich reichte ihm die braune Mappe mit meinen gesammelten Zeugnissen aus der DDR. In den 18 Halb- und Ganzjahreszeugnissen waren drei verschiedene Geburtsdaten angegeben.

»Welches stimmt denn nun?«, fragte Herr Müller verwirrt.

»Der 13. Oktober 1973«, antwortete ich schnell und verwies auf das Zeugnis der achten Klasse der Schule der Freundschaft. Somit wäre ich fast 17 gewesen. Ein gerade noch angemessenes Alter für die zehnte Klasse.

Jetzt sollte ich meine Mutter kennen lernen! »Lucia ist am 13. Oktober 1972 geboren«, verkündete sie in ungewohnt schroffem Ton und blickte mich giftig an: »Sonst wärst du ja der Zwilling deines eigenen Bruders.« Ich hätte platzen können vor Wut! Damals in der DDR hatte sie nicht den Eindruck erweckt, dass sie mein Geburtsdatum so genau kannte.

Herr Müller überging die Sache. »Wir laden alle Kinder, die aus der DDR kommen, zu einem Test ein, damit wir ihre Leistungen vor allem in Deutsch und Mathematik überprüfen können.« Mit flatternden Nerven verließ ich den Direktor und nahm mir vor, intensiv zu lernen, um die sich mir bietende Chance nutzen zu können. Die folgenden Tage verbrachte ich denn auch mit meinen alten Schulbüchern. Bis mich Mutter eines Abends vor den Fernseher zerrte.

»Du musst die Namen aller unserer bedeutenden Politiker auswendig wissen«, forderte sie. »Das kann wichtig werden.« Gut, dachte ich, das kriege ich noch irgendwo unter in meinem Kopf neben Geometrie und Grammatik.

Endlich traf die heiß ersehnte Einladung zum Test ein. Mutter begleitete mich zur DHPS. Ich atmete erleichtert auf, als ich als Erstes auf Anna traf! Wir fielen uns heulend in die Arme. »Wo lebst du?«, fragte ich.

»Meine Mutter wohnt in Oshakati«, erzählte sie. »Das liegt ganz weit oben im Ovamboland.« Ich erinnerte mich dunkel daran, dass Mutter mir zu meinem falschen achten Geburtstag erzählt hatte, dass dies meine Geburtsstadt war. »Aber ich kann nicht bei ihr wohnen«, meinte Anna. »Sie hat ganz viele andere Kinder, meine Halbgeschwister. Eine deutsche Pflegefamilie hat mich jedoch aufgenommen. Tom und Witta sind wahnsinnig nett. Sie wollen, dass ich hier zur Schule gehen kann.«

»Du hast es richtig gut getroffen«, erwiderte ich.

»Ich hatte Glück«, sagte sie. »Jetzt müssen wir nur hoffen, dass wir den Test schaffen.«

Auch meine Freundin Mila sowie Mona und Letti waren gemeinsam mit ihrem kleinen Bruder Petu gekommen. Ihre Familien waren nun wieder vereint, die Väter hatten außerdem in der Regierung eine gute Stellung. Doch richtig glücklich schienen sie dennoch nicht zu sein: »Wir verstehen uns nicht so toll mit unseren Eltern«, sagte Letti. Nach dem, was ich mit meiner Mutter erlebt hatte, konnte ich mir das halbwegs ausmalen.

»Wenn wir hier angenommen werden, haben wir Riesenglück«, sagte Mona. »Ich habe von Kindern gehört, die an der anderen deutschen Schule angefangen haben. Da gibt es sehr viele Weiße, die es überhaupt nicht toll finden, wenn Schwarze mit ihnen zusammen sind. Die machen unsere Leute richtig fertig.«

Abgeschirmt in Brakwater, knapp 20 Kilometer von der Innenstadt entfernt, hatte ich davon nichts mitbekommen können. Doch die letzten Monate in der DDR waren nicht vergessen. Es war zwar nicht wirklich schlimm gewesen. Steine, die gegen Zäune fliegen, machen jedoch ein Geräusch, das man nicht so schnell wieder vergisst.

Als Mona von dem Rassismus an der *Deutschen Oberschule Windhoek*, der DOSW, erzählte, betete ich darum, dass wir den Test an der DHPS bestehen würden. Doch jedem von uns war von Anfang klar, dass wir Afrikaner auch an dieser weißen Schule eindeutig in der Minderheit sein würden. Bislang hatte es dort keine Schwarzen gegeben. Dass diese Privatschule jedoch sehr viel Geld kostete, wusste ich in diesem Moment noch nicht. Ich gab mir alle Mühe den Test zu bestehen. Schon allein, um wieder mit Mila, Anna, Mona und Letti zusammen sein zu können.

Während ich in den nächsten Tagen auf das Ergebnis wartete, putzte ich die Farm mit einer Leidenschaft wie nie zuvor. Ich wollte meiner Mutter zeigen, wie dankbar ich war, dass sie mir die Chance gab, mich auf die beste Schule in ganz Namibia zu schicken. Sogar die Gartenarbeit morgens um fünf ging mir jetzt einigermaßen leicht von der Hand.

Schließlich fuhr Mutter in die Stadt, um sich nach dem Ausgang des Aufnahmeverfahrens zu erkundigen. Als sie zurückkam, lächelte sie mich an. »Lucia, die DHPS hat dich angenommen!«

Ich jubelte laut los und tanzte durch das Farmhaus. Endlich würde ich mit meinen Freundinnen wieder vereint sein. Mit jenen Mädchen, die mir meine wahre Familie geworden waren.

»Aber du musst noch einmal in die neunte Klasse gehen«, erklärte Mutter. »Für das zehnte Schuljahr ist es zu spät.«

Das war nicht mehr so schlimm. Es handelte sich nur noch um knapp drei Monate, dann würden die Sommerferien beginnen. Dieser Gedanke war etwas befremdlich; Sommerferien hieß nach meinem deutschen Kalender Winter, nämlich Dezember. Irgendwie stand in Afrika so manches auf dem Kopf.

»Wir müssen für dich Schulkleidung kaufen«, meinte Mutter. Sie machte dabei kein sehr glückliches Gesicht. Den Grund verstand ich, als wir in der Windhoeker Innenstadt shoppen gingen. Mutter trug eine Liste mit sich, auf der vermerkt war, was ich brauchte: weiße Bluse, kurzer grauer Rock, weiße Socken, blauer Pullover, lange graue Hose, blaue Jacke, Trainingsanzug, Turnschuhe. Ich sah die Preise! 50 Rand hatte ich als Startgeld bekommen. Nun wollte ich eine Schule besuchen, die dem Anspruch alter SWAPO-Zeiten entsprach: eine Elite-Schule. Wir stellten beide fest, dass man für 50 Rand eine Bluse und Socken bekam. Etwas wenig, um dem Standard einer Elite zu genügen. Mutter kratzte das Geld irgendwie zusammen und meinte: »Wir müssen ja nicht alles jetzt kaufen. Die warmen Sachen können warten.«

»Natürlich, Meme!«

Nachdem wir in sämtlichen Geschäften die Preise verglichen hatten, erstanden wir im günstigsten Laden das Nötigste. Und dann machte ich noch eine Erfahrung, die ich nicht kannte: die Steuer! Die Preise, die ich so schön kalkuliert hatte, stimmten nicht. Denn die Steuer wurde erst beim Bezahlen an der Kasse aufgeschlagen. Wir mussten weiter reduzieren, bis das Geld reichte. Wehmütig dachte ich an meine Wertbonkarten in der DDR!

Ich sah dennoch gut aus, als mich Tate Kalimba mit dem Minibus zu meinem ersten Schultag fuhr. Und ich war total aufgeregt! Wie würden die weißen Namibier auf uns reagieren? Würden sie uns so ablehnend aufnehmen wie jene an der staatlichen DOSW? Ich hatte richtig Angst und gab nicht Acht, wo Tate Kalimba überhaupt hinfuhr. Ich stieg aus dem Auto, sagte Tschüs und marschierte los.

Ich stutzte. Nanu? Wo war ich hier?

»Ist das die DHPS?«, fragte ich eine schwarze Frau.

Sie schüttelte den Kopf. »Nein, hier bist du falsch. Die DHPS ist zwanzig Gehminuten von hier entfernt.«

Ich blickte mich nach Tate Kalimba und seinem Minibus um. Der bog gerade um die Ecke! Ich war den Tränen nah! So ein Mist konnte auch nur der verträumten Lucia passieren!

Die schwarze Frau guckte mich verständnisvoll an. »Du bist wohl eines von den DDR-Kindern?«

304

DDR-Kinder? Das hatte ich noch nie gehört! Aber es traf zu. In diesem Augenblick mehr als je zuvor. Ich war keine Namibierin; ich war ein DDR-Kind. Die nette schwarze Meme begleitete mich den ganzen weiten Weg bis zu meiner Elite-Schule DHPS. Ich dankte ihr überschwänglich und ging mit hängendem Kopf und Demutsblick zum Schulleiter.

»Der Fahrer meiner Mutter hat mich falsch abgesetzt«, brachte ich kleinlaut hervor.

»Sag deiner Mutter, sie soll ihm einen Stadtplan kaufen«, meinte Herr Müller trocken. Er führte mich zu meiner neuen Klasse. Wo mich der nächste Schock erwartete: Es waren 30 Schüler und Schülerinnen in dem Raum. Meine bisherigen neun Schuljahre hatte ich gemeinsam mit elf anderen verbracht! Außerdem waren von den 30 Jugendlichen nur zwei schwarz: Boris, mit dem ich in all den Jahren wenig zu tun gehabt hatte, und ein Mädchen, das nicht aus der DDR kam. Und ich war hoffnungslos zu spät dran. Natürlich musste ich mich vorstellen, brachte das irgendwie hinter mich und suchte den letzten freien Platz auf.

Ich stellte rasch fest, dass meine Mitschüler mir zumindest nicht ablehnend begegneten. Die weißen blieben unter sich und wir unter uns. Anna, Mila, Letti und Mona hatten etwas mehr Glück als ich. Sie gingen zusammen in die Parallelklasse, aber wir trafen uns zumindest in den Pausen.

Wir gluckten ständig zusammen und lauschten kichernd den Erzählungen der Weißen. »Mann, das Wochenende war total lecker. Ich krieg lecker. Das ist moi. Sorry, Mann, das hab ich nicht so gemeint, hey.« Wir verstanden wirklich nur Bahnhof, wenn sich die Südwester, wie die deutschen Namibier genannt wurden, unterhielten. Aber es klang lustig. Im Unterricht ging es längst nicht so diszipliniert zu, wie wir es aus der DDR gewohnt waren. Es wurde geschwätzt, gemogelt und vorgesagt. Völlig die Waffen strecken musste ich in Französisch, das ich nicht konnte. Zu meinem größten Leidwesen versagte ich auch im Sport. Meine Lieblingsstrecke, die 800 Meter, konnte ich in der Hitze gar nicht durchhalten.

»Mach langsam, Mädchen«, sagte die Sportlehrerin, »sonst fällst du noch um.«

»Lucie, du bist total dünn geworden«, hatte Anna schon bei unserem ersten Wiedersehen gesagt. »Gibt es auf der Farm nichts zu essen?« Ich hatte ihr vom *Pap* vorgejammert. Ihre deutsche Pflegefamilie hatte sie hingegen mit deutscher Hausmannskost verwöhnt.

Ich gab mir viel Mühe mit meinen Hausaufgaben. Bis spätabends saß ich am Küchentisch und büffelte.

Eines Abends platzte Mutter in den Raum und legte eine Zeitung neben meine Schulbücher auf den Tisch. Sie war bereits ein paar Tage alt. »Hier, lies das«, sagte sie aufgebracht. »Das ist dein Vater!«

Ich blickte zu ihr auf. »Wie bitte?«, fragte ich. »Mein Vater? Was ist mit ihm?«

»Lies, Tochter!«

Völlig verunsichert blickte ich in die Zeitung. *Immanuel Engombe wegen Mordversuchs an Präsident Nujoma vor Gericht.* Der Artikel berichtete, dass er vorgehabt habe, ein Attentatsversuch im Ovamboland durchzuführen.

Ich konnte nicht weiterlesen. »Was?«, fragte ich. »Ich denke, er ist tot, Meme?!«

»Tot! Von wegen!« Mutter war außer sich. »Dein Vater soll am Ongulumbashe-Tag versucht haben, das Flugzeug des Präsidenten abzuschießen.«

Mir lief es kalt den Rücken hinunter. Das war exakt jener Tag, an dem ich aus der DDR in Windhoek angekommen war. Ausgerechnet dieses Datum sollte er sich für ein Attentat auf den Präsidenten ausgesucht haben? Das war schon sehr merkwürdig. Es klang genauso seltsam wie die Nachricht, dass er bei einer Demonstration ums Leben gekommen war. Wenigstens wusste ich nun, dass mein Gefühl mich nicht getäuscht hatte: Mein Vater war nicht tot. Ich war keine Halbwaise. Das zu wissen war viel wichtiger, als dass er des Präsidentenmordes verdächtigt wurde.

»Ist das wirklich er, von dem die Zeitung schreibt?«, fragte ich aufgewühlt.

»Natürlich ist er das«, bestätigte Mutter. »Wer hat dir denn gesagt, dass er tot ist?« Ich erzählte ihr, dass man mir das bereits in Bellin mitgeteilt hatte. Mutter schüttelte den Kopf. »Das ist Unsinn, Lucia. Dein Vater lebt seit vielen Jahren im Ovamboland.« Sie schien erschüttert zu sein, dass ich mich für eine Halbwaise gehalten hatte. Dennoch hinderte sie irgendetwas daran, mich jetzt zu trösten und zu beruhigen. Mutter schien richtig sauer auf Vater zu sein. Sie wirkte so einschüchternd auf mich, dass ich mich nicht mehr traute, sie auszufragen.

Nur noch eine vorsichtige Frage riskierte ich: »Meme, glaubst du denn, dass er wirklich versucht hat, den Präsidenten zu ermorden?«

»Es würde zu ihm passen«, meinte sie kurz angebunden. Ich wollte das so verstehen, dass sie es nicht für möglich hielt. Denn ich liebte meinen Vater jetzt, da ich wusste, dass er lebte, noch viel mehr. Ich wollte ihn mir nicht wieder nehmen lassen. Trotz allem war ich glücklich, aber an Schularbeiten dachte ich an diesem Abend nicht mehr. Ich musste Vater finden!

Küss Onkel Sam auf den Mund!

Meiner Mutter hatte ich bislang praktisch nichts mehr entlocken können, was meinen Vater betraf. So wusste ich auch nicht, warum die beiden nicht mehr zusammen waren. Ich konnte es mir nur anhand ihres Verhaltens in Bellin zusammenreimen, als sie Vater als »Verräter« bezeichnet hatte. In den vielen Jahren, die dazwischen lagen, hatte ich das verdrängt. Doch dies Wort war wie das schleichende Gift einer Schlange; die ganze Wirkung ist erst spürbar, wenn die Lähmung eintritt.

Der Zufall wollte es, dass Mila mich gerade in dieser Zeit zu sich nach Hause einlud. Meine Freundin wollte zwar nicht bei ihren Eltern wohnen und hatte sich entschieden, im DHPS-Heim zu leben. Jedes zweite Wochenende verbrachte sie jedoch bei ihren Eltern, die ein schönes Haus in einem der besseren Viertel Windhoeks hatten.

Mir war offensichtlich anzumerken, dass mich etwas bedrückte. Milas Vater fragte mich, was mit mir los wäre. Ich druckste etwas herum, denn Milas Papa war als Ingenieur einer der engsten Mitarbeiter des Präsidenten.

Mein Vater stand offenkundig auf der anderen Seite. Was sollte ich also sagen? Mein gequältes Herz riet mir zur Wahrheit und ich erzählte alles.

Milas Vater schwieg einen Moment. Dann meinte er: »Dein Vater war nicht in Ongulumbashe, Lucia. Was da behauptet wird, das stimmt nicht. Er hat gewiss kein Attentat auf den Präsidenten versucht.«

Ich war total verblüfft! Der bedeutende Berater des Präsidenten nahm einen »Verräter« in Schutz? Wie war das möglich? Stimmten die alten Indianerregeln von gut und böse nicht mehr? »Aber es steht in der Zeitung«, sagte ich.

»Es steht viel in der Zeitung, Lucia«, sagte Milas Vater. »Du darfst es nicht alles glauben. Dein Vater gehört einer Partei an, die sich SWAPO-Demokraten nennt. Sie sind die Opposition.« Ich hatte keine Ahnung, was das war! In meinem Weltbild gab es keine Opposition. Er erklärte es mir. »Während du in der DDR warst, hat dein Vater mit ein paar anderen Männern diese Partei gegründet. Das sind keine Verbrecher. Aber manche Menschen in diesem Land möchten sie dazu abstempeln.«

Ich dachte angestrengt nach. »Mein Vater ist ein Politiker?«

Milas Vater nickte. »Im Ovamboland ist er ein sehr bekannter Mann. Allerdings hat seine Partei bei den Wahlen vor einem Jahr schlecht abgeschnitten. Aber das ist normal in einer Demokratie.« Du meine Güte! Ich hatte viel nachzuholen! Gebannt lauschte ich den Ausführungen des gebildeten Mannes beim Essen. Warum hatte Mutter darüber nie ein Wort verloren? Wieso tat sie so, als wäre Vater immer noch ein Verräter? Die Zeiten des

310

Krieges waren vorbei. Es gab keinen Teacher Jonas mehr, der sie zu mir schickte, damit sie Vater schlecht machte.

»Das eine ist die Politik«, erklärte Milas Vater, »das andere das Privatleben. Vielleicht solltest du darüber einmal mit deiner Mutter reden.«

Völlig verwirrt kehrte ich nach Brakwater zurück. Meine Mutter war schlechter Laune. Sie kommandierte mich herum und ließ mich lauter Arbeiten auf der Farm verrichten. Gerade so, als ob sie das Gespräch mit mir vermeiden wollte. Als ich endlich mit ihr allein war, legte sie mir eine Zeitung vor.

»Dein Vater wurde im Ovamboland gesteinigt«, sagte sie.

»Mein Gott, ist er tot!?«

»Nein, Lucia, er lebt. Und ich danke Gott, dass es so ist.«

Ich blickte überhaupt nicht mehr durch. Einerseits ließ sie mich mit meinen Ängsten und meinem Unwissen allein, andererseits war sie froh, dass es ihm gut ging. Was ging in meiner Mutter vor? Doch ihre schroffe Art schüchterte mich ein. Ich las die Zeitung, die sie mir hingelegt hatte. Dort stand, dass der staatliche Rundfunk dazu aufgerufen hatte, Immanuel Engombe mit einem Knüppel oder einem Beil zu erschlagen. Daraufhin kam es vor seinem Haus zu einer Demonstration. Die aufgebrachten Menschen verlangten, dass mein Vater sich draußen zeigen sollte. Sie warfen Steine und Flaschen auf sein Haus. Die Zeitung schrieb, dass die Polizei erst nach drei Stunden gekommen wäre.

Mutter hatte abgewartet, bis ich zu Ende gelesen hatte. »Meme Fudhenis Mann lebt ganz in der Nähe«, erklärte sie. »Ich konnte mit ihm telefonieren. Er berichtet, dass dein Bruder Martin wegen seines Vaters in der Schule gehänselt wurde. Daraufhin kam es zu einem Kampf, bei dem Martin einen Jungen mit einem Messer in den Arm gestochen hat. Martin wurde von der Schule verwiesen.«

»So eine Gemeinheit!«, rief ich. »Mein armer Bruder! Er wollte doch nur unseren Vater verteidigen.«

Mutter brauste auf: »Ihr beide seid doch vom selben Holz. So ein dummer Junge. Wie kann er auf einen Mitschüler mit dem Messer losgehen?«

Ich war den Tränen nahe. Warum konnte Mutter nicht zu ihren Kindern stehen? Und weshalb nicht zu ihrem Mann? Was war mit dieser Familie los?

»Es kann dir passieren, dass du in der DHPS von ein paar Kindern auf diese Sache angesprochen wirst.« Sie deutete auf die Zeitung. »Darum habe ich dir das gegeben. Du sollst Bescheid wissen.«

Sollte ich jetzt auch in diese Auseinandersetzung verwickelt werden, mit der ich nichts zu tun hatte? Außer, dass ich meinen unbekannten Vater auf meine ganz einfache, unschuldige Art liebte? So wie ein Mädchen, das seinen Vater als Dreijährige verloren hatte. Seitdem hatte ich ja keine Gelegenheit gehabt, die Beziehung weiterzuentwickeln. Was ging mich jetzt die Politik an? Ich hasste diese Politik! Ich wollte keinen Politiker. Ich wollte einen Vater. Einen beschützenden Tate, der mich in die Arme nahm.

»Ich möchte meinen Vater kennen lernen. Darf ich ihn mal treffen?«, fragte ich schüchtern. Und erkannte schon an Mutters Blick die Ablehnung meines mir verständlich erscheinenden Wunsches.

312

»Du gehst dort nicht hin!«, rief sie empört.

Mir fehlte der Mut, mich gegen meine starke Mutter aufzulehnen. Ich war ihr dankbar, dass ich nicht im Ovamboland in die Schule gehen musste und stattdessen mit meinen Freundinnen zusammen sein durfte. Das vor allem zählte. Damit brachte ich mich gleichzeitig darum, meinen Vater zu suchen und Fragen zu stellen, die mir auf der Seele brannten.

Von dem Tag an, als der Präsident uns zum ersten Mal besuchte, erschien mir das ohnehin unmöglich. Mit zwei großen Mercedes-Limousinen, wie ich sie vorher noch nie gesehen hatte, rollte er auf die Farm. Wieder war er – so wie in Bellin – von Leibwächtern umgeben. Doch die hielten sich in Brakwater dezent im Hintergrund, waren kaum wahrnehmbar. Der Präsident bewegte sich auf der Farm, als wäre er dort zu Hause.

»Gib Onkel Sam einen Kuss auf den Mund, Lucia«, sagte Mutter.

Wenn es nach mir gegangen wäre, so wäre ich beim Anblick des gedrungenen, bärtigen Mannes am liebsten davongelaufen. Alle Anwesenden küssten ihn, auch Mutter. Nun gut, dachte ich, dann muss das wohl sein. So küsste ich den Präsidenten auf den Mund, den mein Vater angeblich ermorden wollte. Das Einzige, das mir dazu einfiel, tat ich sofort: Ich wischte mir heimlich über die Lippen.

In was für eine seltsame Welt war ich doch hineingeraten! Für mich war das zu viel. Das bekam ich nicht in meinen Kopf.

Der Präsident ging mit Mutter in ihr Zimmer. Sie

schlossen die Tür hinter sich. »Geh bitte nach draußen«, sagte Meme Fudheni. Ich verstand nicht. »Deine Mutter und Präsident Sam möchten ungestört sein«, sagte sie.

Widerwillig verzog ich mich auf das Farmgelände und wurde eine Stunde später von Mutter gerufen. »Bring Onkel Sam etwas zu trinken, Lucia«, bat Mutter. Sie wirkte gelöster als sonst. Ich eilte zum Kühlschrank und holte kalte Limonade. Ich brachte sie zu Mutter und *Onkel Sam*, die auf der Veranda saßen und sich gemütlich unterhielten. Dann ging Mutter mit dem Präsidenten über die Farm und erklärte ihm, welche Fortschritte ihre Arbeit machte.

Als die beiden großen Autos fortgefahren waren, war Mutter sehr ausgeglichen. Sie sprach von der Dankbarkeit, die sie für den mächtigsten Mann des Landes empfand. Mutter war regelrecht aufgekratzt: »Sam hat ein weiches Herz«, sagte sie. »Er ist ein guter Mensch.« Wieder legte sich dieser Schatten über Mutters Gesicht, hinter dem sie ihre wahren Gefühle verstecken wollte und der doch ihre Enttäuschung preisgab. »Er hat nur schlechte Berater.«

»Onkel Sam mag dich sehr gern, nicht wahr, Meme?«

Sie lächelte traurig und stolz zugleich. »Weißt du, Lucia, er wollte, dass ich Ministerin werde. Doch die Leute, die ihn beraten, haben das hintertrieben.«

»Du wärst Ministerin?« So eine bedeutende Frau war sie? »Was kam dazwischen?«

»Ich war mit Engombe verheiratet. Das kam dazwischen, Lucia. Die Berater sagten, die ehemalige Frau eines Dissidenten dürfe keine Ministerin sein. Sie sabotierten mich. Darum gab Sam mir diese Farm.«

Mit diesen wenigen Sätzen deutete meine Meme einen wichtigen Abschnitt ihres Lebens an, den ich nicht kannte. Sie enthielten Begriffe, mit denen ich damals nichts anzufangen wusste. Ich hörte nur heraus, was mich und die Beziehung zu meinem Vater betraf. »Du bist nicht mehr mit Vater verheiratet?«, fragte ich verunsichert. So klar war mir das nicht. Denn auch Meme Fudheni lebte mit ihrem kleinen Sohn in Brakwater, weil man im Umfeld der Hauptstadt besser Geld verdienen konnte. Während ihr Mann ebenso wie mein Vater im Ovamboland lebte.

»Wir sind seit Anfang 1987 geschieden«, sagte Mutter bitter.

Langsam begann ich zu verstehen, warum Milas Vater zu mir gesagt hatte, ich sollte mit Mutter über ihr Privatleben sprechen. Es war leider unmöglich, dieses Gespräch zu vertiefen – Mutter hatte gesagt, was sie zu sagen hatte. Für mich zerplatzte mit ihren dünnen Worten ein Traum, den ich gehegt und gepflegt hatte, seit ich denken konnte.

Die Familie Engombe gab es nicht mehr. Vielleicht hatte es sie nie gegeben.

Mit den Weihnachtsferien schloss ich zum zweiten Mal die neunte Klasse ab. Meine Noten waren nicht schlecht, aber auch nicht überragend. Eigentlich zählte nur, was Mutter darüber dachte: »Du hast ein gutes Zeugnis, Tochter.« Dann lächelte sie mich an: »Wir werden Weihnachten im Ovamboland sein.«

Obwohl mir meine Freundinnen erzählt hatten, dass das Ovamboland so rückständig wäre, war ich dennoch gespannt. Vor allem freute ich mich darauf, meinen einstmals kleinen Bruder Martin endlich wiederzusehen. Er musste inzwischen 17 Jahre alt sein, ein junger Mann?

Meme Fudheni, Mutter und ich fuhren früh am Morgen los. Der Kleinbus, mit dem wir unterwegs waren, war überfüllt mit Menschen. Es gelang mir kaum, einen Blick aus dem Fenster zu werfen. Das Land, das ich im Anflug auf Windhoek als karg und ausgedörrt wahrgenommen hatte, war jetzt grün. Und endlos weit. Schnurgerade zog sich die damals noch schmale Straße gen Norden. Niemals zuvor war ich so lange mit einem Auto unterwegs gewesen. Es wurde Abend, als wir nach mehr als 700 Kilometern Fahrt und einem kurzen Fußmarsch endlich am Haus von Meme Fudheni und ihrem Mann Pondo ankamen. In der Dunkelheit erkannte ich nur ein unfertig wirkendes weißes Haus, dem ein Stück des Dachs fehlte.

Endlich stand mir auch mein Bruder gegenüber. Neben ihm kam ich mir vor wie ein kleines Kind! Martin war jetzt einen Kopf größer als ich, enorm schlank, ja richtig dünn. Keine Fröhlichkeit ging von ihm aus; er wirkte sehr bedrückt. Wir gaben uns scheu die Hand. Ein wenig wie Fremde.

»Wie geht es dir?«, fragte ich.

»Nicht sehr gut«, meinte er.

Das sah ich. Er trug keine Schuhe, seine Hose glich einem Lumpen, sein T-Shirt war zerschlissen.

»Was machst du? Wohnst du hier?«

Er zeigte mir ein kleines Zimmer in dem Haus unseres Onkels, das er sich mit einem Cousin teilte. Ich war schockiert, dass mein Bruder so leben musste. »Ich arbeite für Tate Pondo. Ich helfe ihm, mache sauber und solche Sachen.« Pondo war ein großer kräftiger Mann, Soldat in der Armee, der zu Hause jedoch im Unterhemd herumlief.

Wir setzten uns auf Martins Bett. »Und deine Schule?«

Er hob die Schultern. »Seitdem sie mich rausgeworfen haben, gehe ich in keine.« Ich erinnerte mich an einen kleinen, pfiffigen Bruder. Ein Jahr jünger als ich und mir dennoch in vielen Dingen schon so weit voraus. Was war aus diesem klugen Jungen geworden? Er sagte, dass er in Angola gelebt hätte. All die vielen Jahre. Seit einem Jahr war er in Ondangwa, dieser Ortschaft vor den Toren der Ovambo-Hauptstadt Oshakati, 40 Kilometer vor der angolanischen Grenze. In dieser Zeit hatte ich in der DDR Einser und Zweier geschrieben, war auf eine Laufbahn als *Führer von morgen* vorbereitet worden.

Zwei Geschwister, zwei Welten.

Martin stellte den kleinen Kassettenrecorder an, der scheppernd Reggae-Musik spielte. »Kennst du Lucky Dube?«, fragte Martin. Zum ersten Mal lächelte er. »Lucky ist Südafrikaner, aber ein Schwarzer.« Er grinste. »Klar, Weiße machen keinen Reggae.«

»Ja, natürlich kenne ich den.«

Eigentlich unterhielten wir uns über nichts. Nichts, das unsere Vergangenheit betraf. Mir gefiel die Musik. Martin kannte den Text auswendig. Er sang die Worte mit. *»I'm going back to my roots. Yeah. Reggae Music is all that I need.«* Ich kehre zu meinen Wurzeln zurück. Ich brauche nur Reggae.

»Gehst du in die Kirche?«, erkundigte sich Martin.

»Weiß nicht«, antwortete ich. Ich hatte zu viele

schlechte Erfahrungen gemacht mit meinem Glauben an Gott. Verhöhnt, verlacht und bestraft hatte man mich deswegen. Auch jetzt versteckte ich Kalunga in meinem Herzen.

»Du musst in die Kirche gehen, Lucia«, sagte mein Bruder. »Gott gibt dir Halt und Zuversicht. Er ist immer für dich da.«

»*Big boys don't cry. And sometimes I cry, I cry, I cry.*« Große Jungs weinen nicht. Manchmal weine ich, ich weine, ich weine, sangen Lucky Dube und Martin gemeinsam.

»Ich würde gerne Musik machen. Reggae, weißt du«, sagte er und lachte. »Mein Spitzname ist Lucky.«

Lucky heißt der Glückliche. Wenn er sang, sah Martin tatsächlich glücklich aus. Ein hübscher Junge mit hohen Wangenknochen und gut geschnittenen Lippen. Die Mädchen schwärmten bestimmt für ihn.

Martin ließ sich auf seinem Bett zurückfallen und starrte mit hinter dem Kopf verschränkten Armen gegen die unfertige Decke. »Du musst mit Mutter reden, Lucia. Ich will hier weg. Ich will nach Windhoek.«

»Das mache ich. Es wäre schön, wenn wir wieder zusammen wären. Du und ich.« Ich hörte noch ein wenig Lucky Dube zu, dann ging ich schlafen. Ich musste mir ein Bett mit Mutter teilen. Wir hatten ein Moskitonetz, auch eine neue Erfahrung für mich, den Afrika-Lehrling. Es war stickig heiß, obwohl es Nacht war.

»Martin möchte nach Windhoek«, sagte ich.

»Ich gehe bald mit ihm in Oshakati einkaufen. Er braucht neue Sachen zum Anziehen«, antwortete Mutter. »Das ist sein Weihnachtsgeschenk. Aber sag es ihm nicht, es ist meine Überraschung für ihn.«

Am nächsten Tag zeigte Martin mir, wo ich mich befand. Die Gegend war völlig anders als rund um Windhoek. Der Boden bestand aus weißem Sand, der mich ans Ferienlager in Prerow an der Ostsee erinnerte. Es war ein wenig wie am Strand, nur viel weiter, endlos. Dazwischen standen hohe Palmen, Ziegen liefen herum, Esel starrten stur vor sich hin. Niemals hatte ich so viele Esel gesehen! Der Ort selbst zog sich entlang der Hauptstraße, die von Windhoek bis nach Angola hinauf ging. Davon zweigten viele Sandwege ab, an denen entlang verteilten sich die Häuser, alle umgeben von riesigen Sandgärten. Alles machte einen gepflegten Eindruck. Das Land der Ovambos, meine Heimat. Aber es war sehr ruhig, bis auf das gelegentliche Schreien eines Esels, das Meckern einer Ziege, das Gackern von Hühnern.

»Weißt du eigentlich, wo unser Vater wohnt?«, fragte ich.

»Ja«, sagte er. »Ich war einmal dort. Es hat mir bei ihm nicht gefallen.« Martin hob gelangweilt die Schultern.

»Mutter hat mir verboten, dass ich ihn besuche«, erzählte ich. »Wie ist er so, unser Vater?«

»Was soll ich sagen? Ich kenne ihn kaum. Er ist sehr groß, bisschen größer als ich.«

»Du hast dich seinetwegen geschlagen und bist von der Schule geflogen.«

»Ja, sie waren alle gegen mich«, sagte Martin. »Ich wollte niemanden verletzen.«

»Mutter war ziemlich sauer auf dich.«

»Sie mag mich ohnehin nicht. Sie hat mir verboten, dass ich Reggae-Musik mache.« Martin blickte traurig.

Obwohl er so weit von ihr entfernt wohnte, behandelte Mutter ihren einzigen Sohn so streng. Ich verstand das nicht. Wie ich die Ovambos überhaupt nicht begreifen konnte. Man schob seine Kinder hin und her und brachte sie bei allen möglichen Verwandten unter. Richtige Familien, wo alle unter einem Dach lebten, gab es wohl wenige. Ob das am Krieg lag? Bis zu dem Tag, an dem Vater uns verlassen hatte, waren wir eine Familie gewesen. Danach war ich in die DDR gegangen und Mutter zum Studium in die UdSSR. Martin war von Meme Fudheni aufgezogen worden. Und Jo und Pena waren in irgendwelchen Heimen gelandet. Auf die Suche nach ihnen musste ich mich auch noch begeben. Es war alles so verwirrend.

Mutter ging wirklich mit Martin einkaufen, aber mein Bruder hatte Schuhe bekommen, die ihm nicht gefielen. Aus meinem jungen Erfahrungsschatz im Umgang mit Mutter riet ich ihm: »Du musst ihr sagen, was du willst. Sonst wäre ich nämlich nicht in Windhoek in die Schule gekommen. Bitte sie, die Schuhe umzutauschen.« Martin beherzigte meinen Tipp und zeigte mir anderntags seine Traumschuhe. Manchmal haben große Schwestern durchaus Vorteile!

Weihnachten im Ovamboland hatte wenig gemeinsam mit DDR-Weihnachten: Martin und ich liefen bis zum Abend durch den warmen Sand, bis wir zu einem richtigen Kraal kamen. Die heiße Sonne setzte mir schwer zu. Mein Bruder stellte mich den dortigen Verwandten vor, Cousinen, Cousins … Ich blickte nicht durch, wie man zusammengehörte.

»Das ist meine Schwester aus Deutschland«, sagte Martin. Ich hatte mich an diese Formulierung inzwischen gewöhnt. Es machte alles leichter. Man fragte dann nicht mehr, warum mein Oshivambo so fehlerhaft war. Sie bestaunten mich, waren aber von unvoreingenommener Herzlichkeit. Zu unserem Empfang wurde eine der vielen Ziegen geschlachtet, die außerhalb des Kraals frei herumliefen.

Der Kraal bestand aus vielen kleinen runden Hütten, die aus Stein und Zement gebaut und mit langem Gras eingedeckt waren. Von der Sonne ausgebleichte, senkrecht in den Boden gerammte, dicht stehende Baumstämme bildeten einen Zaun, der nachts Mensch und Tier Schutz bot. Die kleine Anlage wirkte wie ein Miniaturdorf, geradezu gemütlich. Während wir im Gemeinschaftshaus saßen, das sich mitten im Kraal befand, erzählten meine Verwandten von einem harten Leben, das frühmorgens mit dem Gang zur Wasserstelle begann. Der karge Boden war schwer zu bestellen. Die Kinder mussten stundenlang laufen, bis sie die nächste Schule erreichen konnten.

»Was möchtet ihr zu Silvester essen?«, fragte mich der alte Hausherr, dessen freundliches, zerfurchtes Gesicht von der Sonne tiefschwarz gefärbt war.

»Ich vertrage keinen *Pap*«, sagte ich vorsichtshalber. Durchfall im Ovamboland, wo es keine Toiletten gab, war keine angenehme Vorstellung.

»Wir werden Makkaroni und Reis zubereiten«, erklärte der Hausherr. Die lange Planung war notwendig, da alles von weit her geholt werden musste. Die Kinder freuten sich über diese ungewohnte Abwechslung. Sie aßen tagein, tagaus das Gleiche: *Pap*.

In dieser und den folgenden Nächten schlief Martin in der Hütte der Jungen und ich in jener der Mädchen. Sie gingen morgens zum Brunnen, doch als Gast durfte ich nicht mithelfen. Das am offenen Feuer zubereitete Essen zur Jahreswende genossen alle sichtbar, Kinder wie Erwachsene. Erst jetzt wurde mir bewusst, wie verwöhnt ich bislang gelebt hatte. Selbst Mutter kochte inzwischen für mich anderes Essen, da sie eingesehen hatte, dass ich das Maismehl nicht vertrug.

Ein paar Tage später mussten wir nach Windhoek zurück. Martin blieb da. »Du kommst in ein paar Wochen nach«, sagte Mutter zu ihm.

Wir Geschwister umarmten uns. »Ich vergesse dich hier nicht, Martin. Ganz bestimmt werde ich Mutter an ihr Versprechen erinnern«, meinte ich.

Es war eine traurige Rückreise. Immer wieder sah ich das enttäuschte Gesicht meines Bruders vor mir. Er sehnte sich nach einem anderen Leben.

Im Nachhinein war ich froh, dass ich im Ovamboland gewesen war. Jetzt wusste ich wenigstens, was für ein Glückspilz ich war. Und wenn Mutter nun vom Präsidenten sprach, konnte ich sie besser verstehen: Ein Präsident, den die Tochter auf den Mund küssen durfte, machte das Leben leichter. Auch, wenn es ein hartes Leben blieb.

Für mich war klar, dass ich irgendwann wieder ins Ovamboland fahren würde. Dann jedoch würde ich es so anstellen, dass ich nicht auf Mutters Wohlwollen angewiesen war, wenn ich Vater sehen wollte. Und ich würde ihn sehen, irgendwann. Da war ich mir sicher.

Durchgefallen

Das zehnte Schuljahr begann mit einem Reinfall. Meme Kalimba hatte mir die Haare flechten sollen. Ich musste dafür extra 30 Rand von Mutter erbetteln. Doch die Frau des Farmfahrers machte meine Frisur nicht fertig. So saß ich die ganze Nacht auf meinem Bett und mühte mich mit den vielen Zöpfen ab. Verschlafen kam ich am ersten Schultag in die Klasse. Wenngleich mich das Lob für meine letzten Endes doch noch gelungene Haarpracht glücklich machte. Allerdings waren nicht meine Zöpfe das wirkliche Problem, sondern der Erlass der Regierung, dass nur noch auf Englisch unterrichtet werden durfte. Und zwar in allen Fächern! Ich dachte, ich würde ohnmächtig werden. Mein Englisch reichte für den Hausgebrauch, aber nicht, um Geographie, Physik oder Mathe damit zu meistern. Erst jetzt wurde mir richtig klar, wie sehr meine Mutter Recht gehabt hatte, als sie mich »unsere Deutsche« genannt hatte. Ich dachte auf Deutsch, träumte auf Deutsch und schrieb mein Tagebuch weiterhin auf Deutsch. Wenn ich bei der Umstellung des Unterrichts auf Englisch mithalten wollte, dann musste ich pauken! Alle meine Gewohnheiten umstellen und versuchen, das Deutsch aus meinem Kopf zu verbannen.

»Das wird hart«, klagten meine Freundinnen Mila, Anna, Mona und Letti. Sie sprachen im DHPS-Heim nur deutsch miteinander. Wenn ich zu Hause war, benutzte ich notgedrungen Oshivambo. Was meinen Kenntnissen der Muttersprache allerdings durchaus nutzte. Ich, die Deutsche, wurde afrikanischer. Untereinander gingen wir »DDR-Kinder« allmählich dazu über, unser Oshideutsch mit englischen Worten anzureichern.

Trotz aller Anstrengungen merkte ich, dass meine Noten den Bach runtergingen. Ich verstand oft nur noch Bahnhof, wenn die Lehrer uns etwas diktierten. Und dann, eines Tages, verschlief Kalimba. Erst nur einmal. Das war noch verzeihlich, wenngleich peinlich; ich hatte es schon immer gehasst aufzufallen. Aber der Mann verschlief wieder. Ich musste zum Direktor, um ihm alles zu erklären.

»Sag deiner Mutter, sie soll eurem Fahrer einen Wecker kaufen«, empfahl Herr Müller.

Mutter kaufte den Wecker. Kalimba verpennte dennoch.

»Sag deiner Mutter, sie soll eurem Fahrer zeigen, wie man den Wecker einstellt«, riet Herr Müller.

Mutter weckte Kalimba persönlich. Wir brachen rechtzeitig auf, doch unterwegs eröffnete Tate Kalimba mir: »Ich weiß nicht, ob das Benzin noch reicht. Wir haben kein Geld zum Tanken.«

Ich saß mit schweißnassen Händen hinten auf der Bank und betete, dass es reichen möge. Aber der Wagen blieb mitten in Windhoek stehen. Ich musste trampen, um in die Schule zu gelangen. Natürlich kam ich zu spät! Herr Müller, gleichzeitig unser Deutschlehrer, drohte schon zu explodieren, wenn er mich nur sah. Jeden Morgen schrak ich hoch und war den Tränen nah, wenn Kalimba es wieder nicht fertig brachte, mich rechtzeitig abzuliefern.

»Klappt das denn immer noch nicht mit dem Wecker für euren Fahrer?«, polterte Herr Müller und ich musste mich vor der gesamten Klasse rechtfertigen.

Manchmal war ich überzeugt, dass Kalimba das absichtlich machte, um mir zu schaden. Wir waren beide Schwarze, doch ich besuchte eine Schule, die bis 1990 den Weißen vorbehalten gewesen war. Vielleicht war er neidisch, dass ich eine Chance bekam, die er nie gehabt hatte.

Wenn Kalimba mich ausnahmsweise rechtzeitig hingebracht hatte, holte er mich nicht mehr ab. Ich wartete manchmal Stunden. Kam er endlich, dann machte er noch eine Fahrt nach Katutura. »Warte im Wagen«, sagte er und machte Erledigungen. Kam ich endlich spätnachmittags in Brakwater an, musste ich Meme Fudhenis kleinen Sohn versorgen und den Haushalt machen, kochen oder abspülen. Dann waren die Hausaufgaben dran. Alles in Englisch. Ich schlief über meinen Büchern fast ein. Meine Noten sackten nicht nur unter das Klassenniveau, sie wurden unterirdisch.

Endlich kam Martin zu uns nach Brakwater, bezog das Gästezimmer und ich hatte jemanden zum Ausweinen. Mein großer »kleiner« Bruder spielte nicht nur Reggae-Musik. Er brachte mir bei, dass Reggae eine stark religiöse Musik ist. Aber ich hatte Gott irgendwo tief in meinem Herzen versteckt. »Wo ist denn Gott?«, fragte ich meinen Bruder herausfordernd.

»Gott ist die Luft in dir«, antwortete Martin.

»Die schlechte Luft, die ich atme?«

»Gott ist der Geist in dir«, erklärte er ernsthaft.

»Beweise es mir!«, verlangte ich trotzig. Ich glaubte zwar an Gott, aber an einen, dem ich meine Sorgen seit meiner Kindheit wie einem Freund anvertrauen konnte. Martin sprach von der Kirche, die ich besuchen sollte. Auch Mutter ging jetzt oft dorthin, obwohl ich angenommen hatte, dass Glaube und SWAPO einander ausschlossen.

»Auch der Präsident glaubt an Gott«, sagte Mutter. Schade, dachte ich, dass Teacher Jonas das damals nicht gewusst hatte, als er mich anherrschte: »Gott gibt es nicht!« Seitdem war Gott etwas, das gleichzeitig da war und auch nicht. Ich spürte die Leere in meinem Herzen, die ich ausfüllen wollte. Und wusste nicht, auf welche Weise. Ich brauchte einen Sinn in meinem Leben. Etwas, für das es sich lohnte, geboren worden zu sein. Zehn Jahre lang war das der Glaube an die SWAPO gewesen, an diese große Kraft, die mir meine Sorgen abnahm. Ich hatte zwar vieles erlitten, Schläge und Demütigungen, aber ich hatte ein Ziel gehabt. *Seid bereit, immer bereit.* Das war mir in den letzten Monaten abhanden gekommen. Mir war das nicht wirklich bewusst. Ich spürte nur diese Leere, die durch nichts ausgefüllt wurde.

Wenn ich jetzt abends endlich in Brakwater eintraf, war der Strom abgestellt. Ich musste bei Kerzenlicht arbeiten, was kaum möglich war. »Wir haben kein Geld, um die Stromrechnung zu bezahlen«, sagte Mutter.

»Dein Schulgeld ist überfällig«, drängte DHPS-Direktor Müller. Er fragte nicht nur einmal, sondern immer wieder. Und ich wusste keine Antwort. Ich sah Mutter und alle anderen hart arbeiten, aber es gab dennoch kaum zu essen. Geregnet hatte es monatelang nicht mehr. Jeder *dam* war leer, die Gärten vertrocknet.

»Ach, wenn es doch wieder Regen gäbe«, sagte Mutter. »Dann hätten wir Frösche. Weißt du, Lucia, man kann sie essen. Sie schmecken wie Geflügel, sehr zart.«

Ich sah, wie sie und Meme Fudheni verzückt aussahen bei der Vorstellung, Frösche zu essen. Mich grauste allein schon vor dem Gedanken, einen Frosch auf dem Teller liegen zu sehen!

Mutter lachte mich aus: »Während der Regenzeit fangen wir sie. Aber man muss aufpassen. Es gibt welche, die beißen.«

»Frösche, die beißen? Meme, du machst dich über mich lustig!«

»Wenn der Regen kommt, wirst du es schon sehen«, meinte sie. Der Regen kam nicht und das Geld, das wir brauchten, auch nicht. Mutter musste Martin ins Ovamboland zurückschicken. Unter diesen Umständen war jeder Esser zu viel auf der Farm, eine Schulbildung für meinen »kleinen« Bruder erst recht nicht mehr bezahlbar.

»Vielleicht kann ich im Ovamboland Automechaniker lernen«, hoffte Martin und ich drückte ihm die Daumen, dass es ihm gelingen würde.

Diesmal war der Abschied noch schwerer für uns beide. Martin musste wieder zu Meme Fudhenis Mann, in ein Leben, das er nicht wollte; er hatte keine Wahl.

Meiner Mutter gegenüber hatte ich meine schlechten Zensuren lange verschweigen können. Doch irgendwann bestand sie darauf zu wissen, wie ich mich behauptete. Sie sah meine Fünfen und wurde unglaublich wütend: »Ich gebe so viel Geld für dich aus! Geld, das uns an allen Enden fehlt, und was machst du? Du machst mir Schande.«

»Ich kann doch nichts dafür«, versuchte ich mich zu verteidigen. »Tate Kalimba bringt mich zu spät hin und liefert mich zu spät hier ab. Bei Kerzenlicht kann ich keine Hausaufgaben machen.« In der Schule spotteten sie ohnehin schon über mich, das »arme Farmkind«. Die weißen Farmerkinder schienen keine Geldsorgen zu kennen. Sie lebten wie Anna, Mila, Mona und Letti im Heim auf dem Grundstück der DHPS und erzählten, wie gut es ihnen dort ginge. Sogar einen Swimmingpool hatten sie. Wir hatten nicht mal Wasser für unseren Garten. Wenn ein SWAPO-Mitarbeiter gelegentlich vom Ausland gespendetes Milch- oder Kartoffelpulver brachte oder Mutter einen Sack Mais organisieren konnte, wurden wir wieder satt. Meistens blieb es jedoch beim *Pap*.

Der Präsident besuchte uns weiterhin in unregelmäßigen Abständen. Dann wurde der Strom kurz zuvor wieder angestellt, der Kühlschrank lief und war auf geheimnisvolle Weise wieder gefüllt. Wenn Sam Nujoma frühmorgens mit seinen Leibwächtern erschien, empfing Mutter den Präsidenten im Morgenrock und zog sich sofort mit ihm in ihr Zimmer zurück. Ebenso wie alle anderen musste ich stets das Haus verlassen.

Obwohl Mutter auf meine damals noch ziemlich ausgeprägte Naivität setzte, wenn sie behauptete, der Präsident sei nur ein sehr guter Freund, musste ich mich nun zu einer Einsicht durchringen: Meme Tuahafifua und der Präsident hatten eine Affäre. Allerdings war es für mich so unvorstellbar, dass Mutter mit dem mächtigsten Mann des Landes Zärtlichkeiten austauschte. Der ja obendrein der politische Gegner meines Vaters war. Außerdem kannte und verehrte ich seine Frau, Meme Sissy. Mutters intime Beziehung zu Sam Nujoma wollte nicht in mein Weltbild passen. Wenn der Präsidenten-Tross nach Brak-water einrollte, versuchte ich mich unsichtbar zu machen. Doch tatsächlich verschloss ich nur die Augen vor der schmerzhaften Erkenntnis, dass ich Mutter nicht verstand.

Ging es Meme Tuahafifua um Liebe? Oder Politik? Gar ums nackte Überleben? Oder gehörte all das auf mir unbegreifliche Weise zusammen? Ich hätte Mutter gerne um Antworten gebeten. Gleichzeitig war es mir ebenso unvorstellbar, sie wegen etwas derart Intimem aushor-chen zu können.

Eines Tages kehrte Mutter aus der Stadt zurück. »Ich habe eine kirchliche Hilfsorganisation aufgesucht, die aus Deutschland Spendengelder für euch DDR-Kinder er-halten hat«, sagte sie. »Davon wird dein Schulgeld bezahlt werden, Lucia. Und sie übernehmen für das nächste hal-be Jahr die Kosten des DHPS-Heims. Aber du musst dir jetzt wirklich Mühe geben, dass du es schaffst. Du musst doch die Klassenbeste werden. In Deutschland warst du so gut.«

Ich war total glücklich, dass ich aus Brakwater fort durfte! Endlich konnte ich wieder mit meinen Freundin-nen zusammen sein. Mein Klassenkamerad Boris bot sich an, nachmittags mit mir Schulaufgaben zu machen, Letti war ohnehin eine meiner besten Freundinnen geworden und Anna stand auch bereit, mir zu helfen. Im DHPS-Heim bezog ich ein Zimmer gemeinsam mit Mona. Doch so sehr sich meine Freundinnen mit mir auch abmühten, ich hatte einfach zu viel verpasst und sah keine Möglichkeit mehr, das Versäumte aufzuholen. Ich schien gegen Windmühlenflügel anzukämpfen.

Alle zwei Wochen durfte ich das Heim verlassen und Mutter in Brakwater besuchen. Die Stimmung dort war sehr schlecht. »Wir haben seit drei Monaten keine Gehälter mehr bekommen«, sagte Mutter. »Meme Fudheni wird in ein paar Tagen ins Ovamboland zurückkehren und dort ein Geschäft aufmachen«, meinte sie. Ich freute mich, dass sie und ihr kleiner Sohn nun wieder bei Tate Pondo leben konnten. Womit ich die Situation völlig falsch einschätzte, denn Meme Fudhenis Familie war auf das Gehalt aus Brakwater angewiesen.

»Viele SWAPO-Angestellte werden entlassen, weil die Partei kein Geld mehr hat«, erklärte Mutter. Trotz ihrer guten Verbindungen zum Präsidenten betrafen diese Sparmaßnahmen auch sie. Ich kehrte wieder ins Heim zurück und genoss das unbeschwerte Leben. Hier konnte ich mit meinen Freundinnen am Pool herumalbern – wenngleich mich die Schule vor unlösbare Aufgaben stellte. Weihnachten und das Schreiben der Abschlussarbeiten rückten beängstigend schnell näher. Ich spürte, dass ich das Schuljahr nicht schaffen würde.

Das Unvermeidliche geschah denn auch; Herr Müller rief mich in sein Büro. »Lucia, du bist durchgefallen«, sagte er und ich spürte, wie sich der Boden unter meinen Füßen auftat.

»Und was jetzt?«, fragte ich.

»Ich kann dich nicht an der Schule behalten. Du bist zu alt«, sagte er. Denn er glaubte natürlich meiner Mutter, die mein Geburtsdatum auf das Jahr 1972 festgelegt hatte. Demnach war ich 19. Jetzt hatte mich die Wirklichkeit vollends eingeholt.

Ich fuhr nach Brakwater, um meiner Mutter alles zu gestehen. Doch es waren nur ein paar Arbeiter da, die mir sagten, Mutter wäre mit einer SWAPO-Delegation nach Sambia gefahren. Ich konnte es nicht glauben: Weihnachten stand doch vor der Tür. Wohin sollte ich denn gehen? Ich sollte das Heim verlassen, weil ich die Klasse nicht wiederholen durfte. Aber ein Zuhause hatte ich ebenso wenig. Ich war nicht nur durchgefallen; ich war ins Nichts gefallen.

So viele Cousins und Cousinen hatte Mutter mir in den vergangenen 16 Monaten vorgestellt! Doch jetzt konnte ich nirgendwo unterkommen. Ich überlegte, ob ich meinen Vater im Ovamboland suchen sollte. Allerdings besaß ich nicht mal das Geld für die Busfahrt in den Norden. Wieder hatte meine Mutter mich vergessen. Und das vor Weihnachten. Sie wusste einfach nicht, was das ist, eine Familie.

»Küss den Präsidenten«, hatte Meme Tuahafifua verlangt.

»Ihr seid die Elite«, hatte Teacher Jonas uns eingebläut.

Und nun das. Wie passte es zusammen? Was sollte ich in diesem Land?

Die netten Kapitalisten

Mir blieb nichts anderes übrig, als Herrn Müller meine ganze Niederlage einzugestehen. Er zeigte Mitleid: »Erst mit dem neuen Schuljahr muss ich dein Zimmer neu belegen. So lange kannst du bleiben.« Ich atmete auf. Es war eine Galgenfrist, mehr nicht. Ich verkroch mich für mehrere Tage ins Bett und zog die Decke über den Kopf. Bloß nichts von der Wirklichkeit mitbekommen!

Da tauchte Anna in meinem Heimzimmer auf. »Hey, Lucia, was ist los?«, fragte sie. Heulend gestand ich, dass ich nicht mehr weiterwusste. »Wir finden schon einen Weg. Es wird alles gut.«

Woher nahm sie nur ihre Zuversicht? Das Erstaunliche war, dass bei ihr tatsächlich immer alles gut ausging. Eine Weile saß sie neben mir, dann blickten mich ihre ausdrucksstarken Augen durch ihre große runde Brille an. »Ich fahre zwar zu meinen Pflegeeltern nach Oshakati. Aber mein Pflegevater Tom hat eine Schwester, die eine knappe Autostunde von Windhoek entfernt auf einer Farm lebt. Ich war schon ein paar Mal da. Es ist total schön dort! Weißt du was? Ich werde anrufen und Horst

332

und Regine fragen, ob du Weihnachten bei ihnen bleiben
kannst!«

Ich heulte vor Glück. Anna erschien mir wie ein En-
gel, der gekommen war, um mich zu retten. Nach ein
paar Telefonaten kehrte meine Freundin zu mir zurück:
»Es klappt! Sie holen dich in ein paar Tagen ab.«

»Einfach so?«, fragte ich. Das war kaum zu glauben.
Menschen, denen ich völlig fremd war, luden mich zu
sich nach Hause ein!

»Du wirst Horst und Regine gern haben«, versprach
Anna. »Sie sind hilfsbereit und ungemein freundlich.«

Als die beiden Deutschen dann vor mir standen, blickte ich in zwei lebenslustige Gesichter. Horst war ein großer, schwerer Mann mit einem dichten langen blonden
Vollbart, Regine eine Frau mit gemütlichen Rundungen,
der ich ansah, dass sie zupacken konnte. Ihre fröhlichen
Augen musterten mich kurz, dann deutete sie auf den
wartenden Geländewagen: »Komm, Lucia, steig ein.«
Der Satz beschrieb alles, was folgte: Sie nahmen mich mit
in ihr Leben.

Horst und Regine verwalteten zwei Farmen gleichzeitig, die östlich von Windhoek lagen. Sie brachten mich
zur Farm *Progress* in der Nähe von Seeis. »Dies ist eine
Jagdfarm«, erklärte mir Regine. »Ab und zu besuchen uns
Jäger. Horst fährt mit ihnen über das Gelände und sie
dürfen Wild schießen.« Und tatsächlich: In weiten Sprün-
gen hetzten flinke Springböcke über die riesigen trocke-
nen Farmwiesen. Zwischen den Büschen sah ich immer
mal wieder eines der schweren Kudus, in schwerfälligem
Galopp wogten Oryx-Antilopen vorüber, die pfeilgera-
den, spitzen Hörner in den Nacken gelegt.

»Man traut es ihnen nicht zu, aber die Kudus springen über zwei Meter hohe Zäune«, erzählte Horst. Seitdem ich in Afrika war, hatte ich noch kein Wildtier so aus der Nähe gesehen wie auf *Progress*. Im Ovamboland gab es solche Tiere nicht; der jahrzehntelange Krieg im Norden hatte den Wildbestand so gut wie vernichtet. Erst auf Horst und Regines Farm, wo die Weißen wohnten, schienen die bunten Bilder meines Englischbuchs, die ein Namibia voller wilder Tiere beschrieben, halbwegs zu stimmen.

Wir fuhren auf ein großes Anwesen zu, das mich mit dem reetgedeckten Haus, den vielen kleinen Nebengebäuden, den Ponys und den Hunden, dem Schweine- und dem Hühnerstall ein wenig an einen deutschen Bauernhof erinnerte. Mir fiel sofort der in einem grünen Rasen eingebettete Pool ins Auge mit seinen zwei Schatten spendenden Dattelpalmen. Ich blickte mich um und dachte, ich bin in einem Film gelandet. Solch ein paradiesisches Zuhause hatte ich noch nie in Wirklichkeit gesehen.

Regine begleitete mich zu einem der Gästehäuser. »Hier ist ein Zimmer für dich. Du wirst es dir mit Shelley teilen. Sie kommt morgen mit Pwele von der Farm *Excelsior*.«

Mein Herz machte einen Freudensprung. »Die beiden kommen auch?«

»Wir werden alle zusammen Weihnachten feiern«, meinte Regine. »Es wird schön werden, Lucia.« Sie nahm mich kurz in die Arme, denn sie spürte, dass ich noch nicht allzu viel Nähe zulassen wollte.

Gerade weil alles so perfekt war und so schön, fühlte

ich mich fremd und allein. Die Freundlichkeit von Horst und Regine erwiderte ich zwar, aber es kam nicht so von Herzen wie bei ihnen. Ich fühlte mich klein und unbedeutend, ein von seiner Familie im Stich gelassenes Mädchen. Sobald sich mir jemand näherte, lächelte ich, aber mein Herz weinte. Ich durfte gar nicht daran denken, was nach diesen schönen Tagen mit mir geschehen würde. Vielleicht könnte ich eine Arbeit finden. Ich hatte mal von einer Abendschule gehört, Genaues wusste ich aber nicht.

Shelley und Pwele hatte ich seit Staßfurt nicht mehr gesehen. Im Durcheinander der Ankunftstage in der PPS hatten wir uns aus den Augen verloren. Die beiden waren in einer Hauswirtschaftsschule außerhalb Windhoeks untergekommen. Sie schienen glücklich zu sein. Und ein wenig beneidete ich sie. Shelley und Pwele studierten Hauswirtschaft und Pwele wollte Kindergärtnerin werden. Das hatte zwar nichts mit einer Elite zu tun. Aber vielleicht war das auch besser so, zumindest bodenständiger. Mich auf die Elite-DHPS zu schicken, war möglicherweise ein Fehler gewesen.

Gemeinsam mit Horst und Regine saßen wir abends im großen Wohnzimmer, dessen Kamin der Kopf eines Kudu-Bullen zierte. »Wir wollten, dass hier Kinder leben«, erzählte das Ehepaar. »Da lasen wir in der deutschen Allgemeinen Zeitung, dass Pateneltern für euch DDR-Kinder gesucht wurden, und meldeten uns.« Regine lächelte. »So kamen wir auf Shelley und Pwele und mein Bruder und seine Frau nahmen Anna auf.« Sie berichtete, dass viele andere von uns in deutsche Familien, die in Namibia lebten, integriert worden waren.

»Du wirst einige Deutsche kennen lernen«, sagte Horst. »Bald kommt der Botschafter zu uns. Er ist einer unserer Jagdgäste.« *Progress* war bei den Deutschen sehr beliebt, weil es bis zur Hauptstadt Windhoek nur 55 Kilometer waren. Gelegentlich fuhren wir rasch zum Einkaufen in eine der *Malls*, der neuen Einkaufszentren. So auch kurz vor Weihnachten. Ich wollte meinen beiden Wohltätern unbedingt ein Geschenk machen, hatte aber kein Geld. Horst schenkte mir 20 Rand, die für einen gläsernen Glücks-Elefanten reichten.

Weihnachten backten wir Plätzchen und es war wieder ein wenig so wie früher in der DDR. Der Tannenbaum war allerdings ein Dornbusch, an dem der Plätzchen-Schmuck etwas eigentümlich wirkte. Wir Mädchen wurden mit großen weichen Badehandtüchern beschenkt und ich schwamm das erste Mal in meinem Leben am Weihnachtstag in einem Pool. Was für ein Geschenk! Wie konnte ich all das nur in den Kopf von »Kind Nr. 95« hineinbekommen? All diese Wechselbäder zwischen großem Glück und tiefem Fall?

Ich begleitete Horst, wenn er mit seinem Geländewagen die Farm abfuhr, die Zäune kontrollierte und mit den schwarzen Arbeitern sprach. Ich öffnete ihm unzählige Tore zwischen den einzelnen Farmabschnitten und schloss sie hinter dem Wagen. Runter von der Ladefläche und wieder rauf. Ständig, und das bei dieser Wahnsinnshitze. Das Paradies musste ebenso wie Brakwater mit Schweiß bezahlt werden.

Horst und Regine nahmen uns drei Mädchen mit zu verschiedenen deutschen Freunden, die atemberaubende Häuser in den besten Gegenden Windhoeks bewohnten.

Mit großen Augen staunte ich, wie die Weißen in grünen Gärten Grillabende feierten, die sie *braai* nannten. Unmengen von Kudu-, Springbock- oder Oryxsteaks kamen auf den Grill und schmeckten sehr lecker.

Die deutschen Frauen kleideten sich völlig anders als in der DDR, viel eleganter, trugen schönen Schmuck und achteten auf ihre schlanke Figur. Sie erzählten, dass sie joggten und ins *Gym* gingen, um fit zu bleiben. Ich stand verschüchtert daneben und hielt mich an meinem Glas Fruchtsaft fest.

Das also waren die reichen Leute, von denen es in der DDR so abfällig geheißen hatte, sie wären Kapitalisten. Keine Frage: Dachte ich ans Ovamboland und an Brakwater, dann wäre ich lieber ein »Kapitalist« gewesen.

Unter Horst und Regines reichen Freunden – vielleicht waren es auch nur Jagdkunden, das konnte ich nicht beurteilen – war auch die Familie Hohner. Sie hatten eine Tochter, Natalie. Ich war nur mit Pwele bei Hohners, Shelley hielt sich auf der Farm *Excelsior* auf. Als Herr Hohner uns seine 16-jährige Tochter vorstellte, tuschelten wir beiden: »Wieder so eine reiche Göre.«

Wir beide wussten nicht so richtig, was wir auf dem Fest der feinen Leute sollten. Plötzlich kam Natalie auf uns zu: »Wollt ihr mal mein Zimmer sehen?« Sie hatte es hübsch. Ihr Fernseher brachte nicht nur zwei Programme, sondern unzählige, die rund um die Uhr sendeten! »Kommt über Satellit«, erklärte Natalie. Dann zeigte sie uns ihre CD-Sammlung, damals etwas Exotisches.

»Ich langweile mich oft«, sagte Natalie. »Ich habe keine Geschwister. Das ist total schön, dass ihr jetzt mal da seid. Immer nur Erwachsene mit ihren langweiligen *braais*, das geht ganz schön auf den Geist.« Sie lachte uns an. »Habt ihr Lust schwimmen zu gehen?«

Pwele und ich wechselten einen langen Blick. »Wir haben keine Badeanzüge.«

Natalie winkte ab. »Wir haben einen Haufen davon! Ich leih euch was.«

Wir hüpften in den Pool und die Grillgäste staunten, was drei Mädchen für einen Lärm machen können, wenn sie glücklich sind. Beim Abschied war ich traurig, aber Natalie meinte locker: »Wir sehen uns bestimmt bald wieder.«

Wie sollen wir uns wohl wiedersehen, dachte ich resigniert. Du lebst in deiner reichen Welt und ich stehe vor dem Nichts.

»Arbeiten und Abendschule?« Regine sah mich entsetzt an. »Das ist keine gute Idee, Lucia. Dafür bist du zu jung. Du musst deine Matrik machen.« Matrik war der Abschluss nach der zwölften Klasse. Für mich hätten das drei weitere Schuljahre bedeutet.

»Wo soll ich denn zur Schule gehen, Regine?«, fragte ich.

»Wir werden alle Schulen abklappern, die infrage kommen. Wenn das nicht funktioniert, kannst du immer noch die Abendschule besuchen«, antwortete Regine. Und dann fuhren wir eines schönen Morgens von der Idylle der Farm hinein in die große Stadt, wo mich zunächst keine Schule haben wollte. Schließlich versuchten wir es bei der DOSW, praktisch meiner letzten Chance. Obwohl Freundinnen gewarnt hatten, dass die Weißen dort keine Schwarzen mochten. Ähnlich wie die Staßfurter Schule

338

der Freundschaft war die DOSW ein aus vier modernen, großen gelben Blöcken bestehender Gebäudekomplex.

»Wir können dich nur annehmen, wenn gleichzeitig ein Platz im Wohnheim der DOSW frei ist«, sagte der Schulleiter und setzte hinzu: »Zunächst einmal brauche ich sowieso deine Geburtsurkunde.«

»Die reichen wir nach. So wahr ich hier vor Ihnen sitze«, verkündete Regine. Der Schulleiter sah Regines entschlossenen Gesichtsausdruck. Eine Frau, die zwei Farmen managt und »nebenbei« noch ein paar DDR-Kinder betreut, kann sehr überzeugend wirken.

Der Schulleiter gab nach: »Gut, ich vertraue Ihnen.«

Doch dann gab der Leiter des Wohnheims uns zu verstehen, dass alle Zimmer belegt seien. Wieder drohte alles zu scheitern!

»Nein«, protestierte Regine, »das kann einfach nicht sein. Das Mädchen muss einen Abschluss machen. Ich rühr mich nicht von der Stelle, bis Sie nicht in Ihren Belegungsplänen eine Möglichkeit gefunden haben.« Ich hätte Regine umarmen können. Diese Frau war einmalig! Der Heimleiter wälzte seine vielen Bögen hin und her, schüttelte den Kopf. Es war ein heißer Sommertag. Regine schwitzte, aber ich sah ihr an, dass gegen den Willen dieser Frau kein Heimleiter ankam.

Schließlich nickte der Mann. »Eine Möglichkeit gibt es. Sie müsste sich ein Zimmer mit zwei anderen teilen.« Was für mich überhaupt kein Problem darstellte!

Als wir endlich draußen standen, meinte Regine zu mir: »Jetzt fahren wir zu deiner Mutter und du klärst endgültig diese Geschichte mit deinem Geburtsdatum.« Ich hatte ihr inzwischen davon erzählt.

339

Zu meiner Überraschung war Mutter sogar in Brakwater. Und zu ihrer Verwunderung kreuzte ich mit einer ihr fremden weißen Frau auf. Wir debattierten die mittlerweile immer unerfreulichere Geburtstagsfrage auf Oshivambo, das Regine nicht verstand.

»Ich werde mich ans Ministerium wenden. Dann bekommst du deine Geburtsurkunde«, versprach Mutter. Wir hatten uns nicht mehr viel zu sagen und ich verabschiedete mich bald von ihr. Offensichtlich hatten viele DDR-Kinder die gleichen Probleme wie ich, denn die DOSW akzeptierte meine Aussage, dass ich erst 1973 geboren worden bin. Regine besorgte mir die unerlässliche Schuluniform, bei der das bisherige Grau statt mit Blau mit Rot kombiniert werden musste. Blieb bloß noch die Frage, wer Schule und Heim bezahlen sollte. Regine schlug sich siegreich durch den Formulardschungel, bis für mich Spendengelder aus Deutschland bereitgestellt wurden. Dann saß ich gemeinsam mit Monsieur in einer Klasse, in der alle jünger als ich waren.

Mein neues Zimmer im DOSW-Heim teilte ich mit zwei Mädchen, die in den Gruppen 3 und 4 gewesen waren. Doch ich verstand mich mit den beiden ebenso, wie ich mit allen anderen DDR-Kindern immer auf Anhieb gut ausgekommen war. Und ich traf meine Freundin Lilli wieder, der ich damals Bellin und später Staßfurt gezeigt hatte, als sie und Nati neu eingetroffen waren. Nun war es die inzwischen 14-jährige Lilli, die mir die Regeln meines neuen Zuhauses erklärte: »Morgens um fünf ist Aufstehen angesagt, eine halbe Stunde später gibt es Frühstück.«

Ich wollte es nicht glauben und hörte tatsächlich morgens um fünf das durchdringende Signal einer Klingel, die mich aus dem Bett scheuchte. Manches schien die DOSW den DDR-Internaten abgeschaut zu haben. Es hieß zwar nicht mehr *Pflegeobjekt machen*, sondern: »Zur Strafe zupfst du das Gras zwischen den Gehwegplatten!« oder: »Du jätest heute Unkraut im Schulgarten.« Wer seine Fingernägel wachsen ließ, musste sie abschneiden, und Nagellack hatte auf der Stelle entfernt zu werden. Und den guten alten, längst vergessenen Mittagsschlaf lernte ich auch wieder zu hassen.

Wahrscheinlich brauchte ich diesen Drill; meine Leistungen in der Schule wurden so gut wie schon lange nicht mehr. Vor allem aber hatte ich Glück mit den Lehrern. Plötzlich stand unter meinen Tests: hundert Prozent. Das war eine Eins. Und auch in Englischer Grammatik und Literatur schaffte ich das. Und oft bekam ich zu hören: »Lucia ist eine Streberin.« Ausgerechnet ich! Das war lachhaft, es machte mir nur Spaß, gute Noten zu haben. Ich lernte weder für unseren Präsidenten noch für Mutter. Sondern einzig und allein für mich. Es war mein Leben, das hatte ich nun endlich erkannt.

Dass manche weiße Mitschüler uns schwarze nicht mochten, das nervte. Vor allem das Duschen war problematisch. »Iiii, wenn du da drin warst, gehe ich da nicht mehr rein!«, kreischte eine weiße Farmertochter.

»Die kennen Schwarze nur als Arbeiter«, beruhigte mich Regine, als ich ihr an einem Wochenende davon erzählte. Ich rief oft bei ihr und Horst an und fragte, ob ich kommen dürfte. Sie stimmten fast immer zu. Regine versuchte mir das Kochen beizubringen, aber die afrikanische Hitze lähmte mein Interesse. Regine konnte schöne deutsche Gerichte zubereiten. Wenn ich zu Mutter nach

Brakwater fuhr, erwartete mich das genaue Gegenteil. Die Stimmung zwischen uns wurde auch jetzt nicht besser. Anstatt dass ich afrikanisch wurde, entwickelte ich mich wieder zu einer Deutschen. In der Schule und im Heim aber war ich keines von beidem.

»Ihr seid die frechen DDR-Kinder«, hieß es allerorten. Aber wir mussten uns behaupten gegen die Weißen. Eine der Unsitten an der DOSW regelten wir mit vereinter DDR-Power: die Bevorzugung der Zwölftklässler, der so genannten Matriker. Die großen weißen Mädchen kamen in unseren Fernsehraum und herrschten uns an: »Du sitzt auf meinem Stuhl.« Es schien ihr traditionelles Vorrecht zu sein. Schließlich sprachen wir uns alle ab, und als die Matriker den Raum stürmten, blieben wir Schwarzen einfach sitzen.

»Wer zuerst kommt, mahlt zuerst«, sagte eine von uns. Von da an war dies das neue Gesetz.

Es waren die kleinen Dinge, die das Leben schwer machten, die aber alle aus der Welt zu schaffen waren. Ich wurde auch von einem weißen Jungen brutal geschlagen und man drängte mich dazu, den Burschen anzuzeigen. Doch auf der Polizeiwache bat er mich um Entschuldigung und ich verzichtete auf die Anzeige.

»Warum hast du den *Oshilumbu* einfach davonkommen lassen?«, empörten sich viele DDR-Kinder. Ein *Oshilumbu* war ein *schlechter Weißer.*

»Er hat einen Fehler gemacht, aber er hat ihn eingesehen«, antwortete ich. Ich hätte auch gewollt, dass man mir bei einem Fehler verzeihen würde. Für mich war das keine Frage der Hautfarbe.

Als ich wieder mal Regine anrief, sagte sie: »Natalie

342

Hohner möchte so gern, dass du sie am Wochenende besuchst. Hast du Lust?« Ein bisschen Angst hatte ich schon vor der fremden Welt der reichen Weißen. Doch ich stimmte zu, weil ich Natalie wirklich gern mochte und mich freute, dass sie mich nicht vergessen hatte.

Natalie und Frau Hohner holten mich mit einem teuren BMW ab. Ich sank in die edlen Ledersitze, hörte der Musik aus dem Radio zu. Natalie alberte ungezwungen mit ihrer Ma herum, wie es mir mit Meme Tuahafifua nie in den Sinn gekommen wäre. »Meine Mutter ist cool. Sie ist wie meine Freundin«, sagte Natalie.

»Was machen deine Eltern eigentlich?«, erkundigte sich Frau Hohner. Die Frage war mir etwas peinlich. Denn Brakwater und der feinste Bezirk Windhoeks, in dem die Familie wohnte, waren völlig gegensätzlich.

»Meine Mutter leitet eine Farm und mein Vater lebt im Ovamboland«, sagte ich. Frau Hohner spürte wohl meine Befangenheit und sprach von Horst und Regine. Eigentlich sollte ich im Gästezimmer wohnen, aber Natalie protestierte: »Du musst in meinem Zimmer schlafen.« Ich genoss den Luxus des schönen Hauses und die Möglichkeit, mit Natalie rund um die Uhr fernsehen zu können. Sie nahm mich mit zu ihren deutschen Freunden, die zu einer Party eingeladen hatten.

»Die Eltern der meisten hier sind Geschäftsleute oder sie sind Kinder von Botschaftern«, meinte Natalie. Auf dieser Party war ich plötzlich das einzige schwarze Mädchen. Und niemand störte sich daran.

Große Erwartungen

Mit dem Ende des zehnten Schuljahrs drohten wieder einmal die langen Weihnachts- beziehungsweise namibischen Sommerferien. Da sagte meine gar nicht mehr so kleine Freundin Lilli, mit der ich oft zusammen war: »Es gibt einen Bus eigens für uns DDR-Kinder. Der fährt rauf zum Ovamboland, damit wir unsere Familien besuchen können.«

»Fährst du auch mit?«, fragte ich.

»Klar«, sagte Lilli, »wohin soll ich sonst?« Ich hatte mich schon so an die Wochenenden bei Natalie oder Regine und Horst gewöhnt, dass ich ganz vergessen hatte, wie gut es mir verglichen mit Lilli ging. »Komm doch mit«, bettelte Lilli.

Martin wiederzusehen wäre eigentlich schön, dachte ich. Zu meiner Mutter zog es mich überhaupt nicht. Ich hatte zwar großen Respekt vor ihr, denn mir war klar, dass der Präsident nur eine besondere Frau zur Ministerin machen würde. Mein Herz wärmte diese Erkenntnis nicht.

»Ich habe kein Geld, um nach Ovamboland zu fahren«, meinte ich.

»Das kostet nichts«, sagte Lilli. »Der Bus und der Fahrer werden mit Spenden aus Deutschland bezahlt.« Sie sah mich neugierig an. »Wolltest du nicht deinen Vater suchen?«

Seit meinem letzten Aufenthalt im Ovamboland waren zwei Jahre vergangen. So viel war seitdem passiert, dass ich mein Vorhaben fast wieder vergessen hatte. Ich nahm all meinen Mut zusammen und ging dann schließlich doch mit Lilli und vielen anderen zu diesem Bus. Der Fahrer wartete schon.

»Kennen Sie einen Immanuel Engombe im Ovamboland?«, fragte ich.

»Den kennt doch jeder!«, meinte der Fahrer. »Steig nur ein, ich bringe dich da schon hin.« Meine Güte, dachte ich, so einfach sollte das sein? Dann hätte ich Vater schon längst besuchen können. Stundenlang fuhr der Bus gen Norden und mir wurde immer mehr bange. Wie würde mein Vater aussehen? Würde er sich überhaupt freuen, wenn ich käme? Er hatte eine neue Familie, hatte Martin gesagt. Ob ich dort störte? Ein Kind nach dem anderen setzte der Busfahrer ab. Schließlich kamen wir nachts in der Ovambo-Hauptstadt Oshakati an.

»Ich bringe dich morgen nach Hause«, sagte der Fahrer. »Schlaf im Bus.« Ich ärgerte mich grün und blau über diesen ungehobelten Kerl. Auch am nächsten Morgen hatte er überhaupt keine Lust, mir weiterzuhelfen. Ich saß auf meiner Reisetasche, die Regine mir geschenkt hatte, und wusste nicht weiter. Plötzlich hörte ich eine vertraute Stimme.

»Lucia, was machst du denn da?« Es war Melli! Ich konnte es kaum glauben. Überall waren wir DDR-Kinder verstreut. Nachdem ich ihr von mir erzählt hatte, sagte sie, dass sie mittlerweile 25 Geschwister von sich kennen gelernt habe. »Es ist total lustig«, lachte sie. »Lern mal die Namen von 25 Brüdern und Schwestern! Manche sind Erwachsene mit eigenen Kindern, andere sind selbst noch Babys.«

»Mal sehen, wie das bei meinem Vater sein wird«, sagte ich.

Melli half mir noch ein Taxi zu suchen und wir wünschten uns schöne Weihnachten. »Bei uns gibt es Ziege«, meinte Melli. »Ziege ist cool.«

Endlich wurde ich in einem Ort namens Ongwediva abgesetzt und fand mich vor einem Grundstück an der Hauptstraße von Windhoek nach Oshakati wieder. Das hellblau gestrichene, mit rot blühenden Kletterpflanzen bewachsene Haus lag versteckt hinter einem mit Gestrüpp zugewucherten Zaun und einem großen alten Baum. *Shopping Center* hatte jemand ordentlich über die blinde Schaufensterscheibe neben ein Coca-Cola-Zeichen gemalt. Wie ein Einkaufszentrum wirkte dieser kleine Supermarkt keineswegs. Hühner pickten im Sand, Küken flitzten herum. Ein friedliches, verschlafenes Fleckchen Erde. Ich konnte mir beim besten Willen nicht vorstellen, dass es jemand mit Steinen bewarf.

Mein Herz raste. Ich versuchte mich an den Vater zu erinnern, den ich einmal gehabt hatte. Ich wusste in diesem Moment nicht, wie lange es her war, seitdem ich ihn verloren hatte. Ich erinnerte mich nur noch daran, dass er im Dschungel einen Unfall gehabt hatte, mit einem Lastwagen wegtransportiert worden war. Dann fiel mir schon das Wort »Verräter« ein. Aber ich hatte all die Jahre ein verschwommenes Gefühl von Liebe für ihn empfunden. Mutter hatte zu meinem achten Geburtstag behauptet, er wäre Schulleiter gewesen in Oshakati. Jetzt sollte er Politiker sein. Wer war mein Vater nun wirklich?

Ich raffte mich auf und ging auf den Supermarkt zu. Er war mit einer dicken Kette verschlossen. Doch links davon befand sich eine schmale Blechtür, die auf einen Hof führte, in dem mehrere Häuschen standen. Ich bewegte mich wie eine Traumwandlerin. Niemand schien zu Hause zu sein. Ovambos stehen früh auf, dachte ich. Sie sind vielleicht zur Arbeit. Rechts von mir, hinter dem Supermarkt, stand eine Tür offen. Ich sah Regale, die sich unter der Last unzähliger Bücher bogen, europäische Wohnzimmermöbel, einen verschlissenen, roten Teppich auf dem Zementboden. Plötzlich kamen mir drei Kinder entgegen. Zwei waren noch sehr klein, ein Mädchen, wohl etwas jünger als ich, schien auf sie aufzupassen.

Ich fragte das älteste Mädchen auf Oshivambo: »Ist Tate Engombe nicht zu Hause?«

Sie war sehr hübsch und ein wenig kleiner als ich, etwas scheu. »Er ist in der Stadt. Bei der DTA.« Die Demokratische Turnhallenallianz war mir als größte Oppositionspartei inzwischen ein Begriff. Also doch, dachte ich: Politiker.

»Wer bist du?«, fragte das älteste Mädchen.

»Ich bin Lucia, Tate Engombes Tochter.«

»Hmm«, machte sie, »ich werde ihn anrufen.«

Sie ging und ich sah mich um. Es gab einen Fernseher, was ich schon mal ganz gut fand. Eine Bibel lag griffbereit auf dem Wohnzimmertisch. Schwarz verrußte Töpfe standen herum. Also wird auf offenem Feuer gekocht, kombinierte ich und hoffte, hier nicht so wie bei Mutter meine hausfraulichen *Pap*-Talente beweisen zu müssen.

Das junge Mädchen kam zurück. »Tate Engombe ist nicht im Büro«, sagte sie.

Sie zeigte mir das Haus. Es war modern gebaut mit einem hohen, großen Wohnraum und vielen kleinen Nebenräumen, in denen Verwandte wohnten, die aber nicht da waren. Gekocht wurde unter einem Vordach auf offenem Feuer, man wusch sich in einem separaten Häuschen und es gab ein Plumpsklo. Alles war ein wenig europäisch und gleichzeitig afrikanisch. Das Grundstück war sehr groß, Orangen, Guaven und Papayas wuchsen auf vielen Bäumen.

»Das hat Tate Engombe alles angepflanzt«, sagte das Mädchen. Sie klang, als wäre sie selbst davon beeindruckt.

Ich kehrte in den Wohnraum zurück, setzte mich in einen der Sessel und kämpfte mit meiner kaum erträglichen Nervosität. Die kleinen Kinder beobachteten jede meiner Bewegungen.

An der Wand hing eine Schwarzweißfotografie. Ich stand auf und sah mir das Bild genauer an. Es zeigte einen alt gewordenen, schlanken Mann in Anzug und Krawatte. Er hatte wache, kritisch blickende Augen, einen elegant gestutzten Schnurrbart und dieselben hohen Wangenknochen wie Martin und ich. Kein Zweifel: dies war mein Vater.

Mich fröstelte, obwohl es warm war. Irgendwie kam er mir bekannt vor, als ob ich ihn schon mal gesehen hätte. Und dennoch war er mir fremd. Vor allem der Ausdruck seiner Augen, die mich körperlich zu berühren schienen, ließ mich nicht los. Hatte dieser fremde Mann mich jemals im Arm gehalten?

Draußen hörte ich Motorengeräusche. »Tate Engombe kommt«, sagte das junge Mädchen, dessen Namen ich noch nicht erfragt hatte und dessen Rolle in diesem Haus ich nicht kannte. Bei den Ovambos liefen immer Kinder herum, die irgendjemandem gehörten. Das Mädchen eilte zu seiner Begrüßung hinaus.

Wenige Augenblicke später betrat Immanuel Engombe den Raum. Was sollte ich tun? Ihn umarmen? »Hallo Vater« sagen? Ich blieb wie angewurzelt sitzen, ja, wie gelähmt. Ich wollte vor Freude heulen, auf ihn zurennen und ihn umarmen können. Einfach das empfinden, was eine Tochter in diesem nie wiederkehrenden Moment wohl fühlen mochte.

Aber ich spürte nichts! Gar nichts! Es war Leere in mir. Totale Leere. Man hatte mir irgendwann das Wertvollste geraubt, es mit Füßen getreten und mir gesagt, du brauchst es nicht, es taugt nichts. Jetzt spürte ich: Es war ihnen gelungen, die Gefühle für meinen Vater zu zerstören. Langsam schob ich mich aus dem Sessel. Mit Beinen hölzern wie Stöcke ging ich ein paar Schritte auf ihn zu. Nach fast 17 Jahren standen wir uns erstmals wieder gegenüber.

»Oh, Lucia, du bist gekommen?«, fragte er in Oshivambo.

»*Eeh, tate.*« Drei Silben. Mehr entrang sich nicht meinen Lippen.

Schon im nächsten Augenblick wendete er sich dem jungen Mädchen zu: »Kanaso, warum hast du mich nicht im Büro angerufen? Du hättest mir sagen müssen, dass meine Tochter gekommen ist!« Sie verteidigte sich, sie hätte angerufen. Mir war es peinlich.

Vater stellte mir das fremde Mädchen nicht vor und auch nicht die beiden kleinen Kinder. Nach und nach kamen immer mehr Menschen, gerade so, wie ich es von den Ovambos kannte. Namen wurden genannt, die ich mir nicht merken konnte. Verwandte eben, ich wusste ja, dass es viele gab. Wahrscheinlich waren alle Ovambos Cousins und Cousinen, dachte ich. Man begutachtete mich und Vater ließ eine Ziege für seine heimgekehrte Tochter schlachten.

Es war nicht einfach, in Vaters Nähe zu kommen. Die vielen Menschen schienen ihn von mir fern zu halten. Und er war überall und gleichzeitig nirgendwo. Ich sehnte mich nach einem Gespräch mit ihm, aber es war unmöglich. Meine großen Erwartungen schienen sich nicht zu erfüllen. Ich wurde immer stiller und hörte, wie sich manche Besucher über mein nach wie vor fehlerhaftes Oshivambo lustig machten.

Warum kam Vater nicht auf mich zu? Ich hatte so einen weiten Weg zu ihm zurückgelegt. Warum hatte er eigentlich mich nie gesucht? Hätte ich gar nicht hierher kommen sollen? War es besser, man träumte von einem Vater, als dass man enttäuscht wurde?

Ich fand an diesem ersten Abend keine Antworten auf meine Fragen. Doch ich mochte die Ziege, die es zum Essen gab.

Am nächsten Morgen begegnete Vater mir vor dem Haus mit einer jungen Frau meines Alters. Sie war sehr hübsch, mit hohen Wangenknochen und enorm schlank. Er sagte zu ihr: »Das ist Lucia aus Deutschland.« Das hatte er schon zu vielen Besuchern gesagt. Es klang, als wüsste er nicht so recht, was er mit mir anfangen sollte. »Meine Tochter Lucia« hätte viel warmherziger geklungen.

»Ich bin Johanna, früher hast du Jo zu mir gesagt.« Sie hatte Tränen in den Augen. »Ich bin deine Schwester.«

»Jo!«, rief ich, »das kann doch nicht möglich sein. Wo kommst du denn her? Ich dachte, du bist im Kongo!«

Dies war allerdings nicht der Moment der Erklärungen, sondern für Umarmungen. In Nyango hatte man uns oft verwechselt. Wäre Jo mir jetzt auf der Straße begegnet, ich hätte sie nicht erkannt. Ich hätte nach einer Frau Ausschau gehalten, die größer als ich war. Weil ich 13 Jahre zuvor kleiner gewesen war als sie.

Jo fragte mich aus und dann war sie an der Reihe zu erzählen. »Jetzt wohne ich in einem Internat in Oshakati. Dort wurde ich aufgenommen, nachdem ich zum Unabhängigkeitstag 1990 aus dem Kongo heimgekehrt war.« Sie lächelte mich an. »Im Kongo hat es mir gut gefallen. Da gibt es so viel Natur, riesige Wälder. Nicht so wie hier. Und die Leute sprechen französisch.« Sie sagte ein paar Sätze mit schwerem Akzent; es klang ganz anders als das, was ich mühsam in der Schule lernte.

»Übrigens soll ich dich von unserer Mutter grüßen«, meinte Jo. »Sie sagt, sie vermisst dich.« Sie sprach Oshivambo und das Wort »vermissen« kannte ich nicht. Sie musste es mir umständlich erklären.

»Dann ist Mutter über Weihnachten wieder aus Windhoek gekommen?«, vermutete ich.

»Ja. Ich muss jetzt zurück und ihr helfen. Heute ist Heiligabend.«

»Ich begleite dich ein Stück«, sagte ich und meldete mich bei Vater ab. »Ich bin gleich wieder zurück, *tate*.«

»Geh nur«, sagte Vater.

Jo und ich schlenderten Seite an Seite durch den weichen, warmen Sand, vorbei an vielen Kraals. Wieder überkam mich dieses Gefühl, zu Hause angekommen zu sein. Ich mochte dieses Land, seine Weite und Offenheit. Diese seltsamen Esel, die so stur in der Landschaft standen. Die Eselskarren, die gelegentlich vorbeifuhren. Die vielen Kinder, die einen anlachten. Das Land und seine Bewohner wirkten heiter. Hier sah ich, wie befreit die Menschen nach 30 Jahren Krieg waren. In Windhoek war davon wenig zu spüren; die armen Leute waren arm geblieben, die Reichen reich. Dort hatte sich wenig geändert, hier war die ersehnte Freiheit eingezogen. Dafür hatten die Ovambos gekämpft, gelitten und Ehemänner, Mütter, Kinder, Freunde und Verwandte begraben.

Wir gingen immer weiter und wollten nicht aufhören, uns etwas zu erzählen. Es war so schön, meine Schwester bei mir zu haben, dass ich Vater völlig vergaß. Auf einmal standen wir vor einem Haus, ich blickte mich um und wunderte mich, weil mir alles vertraut erschien. Es war Meme Fudhenis und Tate Pondos Haus. Inzwischen war es fertig gebaut und wirkte sehr elegant, kein Vergleich mit der Bauruine von vor zwei Jahren.

Jo deutete auf ein unverputztes, graues kleines Haus, das durch einen schmalen Sandweg von Fudhenis Haus getrennt wurde. »Das da hat Mutter bauen lassen, damit sie im Ovamboland wieder ein Zuhause hat. Im Moment benutze ich es, wenn ich am Wochenende das Internat verlassen darf. Außerdem lebt Martin jetzt hier«, sagte meine Schwester.

Es freute mich, dass unser Bruder nicht mehr unter Tate Pondos Einfluss war. Gleichzeitig verwirrte mich etwas anderes: »Unsere Eltern wohnen so nah beieinander?« Wir waren von Vaters Haus vielleicht eine halbe Stunde weit gelaufen. Ich ärgerte mich, dass Mutter mir damals nicht gesagt hatte, wie nahe ich Vater gewesen war. Stattdessen hatte sie mir einfach verboten, Vater zu sehen.

»Komm, ich zeige dir das Haus«, sagte Jo. »Mutter ist noch nicht da und Martin ist über Weihnachten bei Verwandten im Busch.« So nannte man alles, was weder Dorf noch Stadt war.

Ich war enttäuscht, meinen Bruder nicht treffen zu können. »Was macht Martin? Ist er Automechaniker geworden?«

Jo deutete auf die vielen Pflanzen, die rings um Mutters neues Haus wuchsen. »Er lernt Gärtner und ist sehr geschickt. Mutter wollte nicht, dass er Mechaniker wird. Er sollte einen richtigen Beruf erlernen.« Ich wunderte mich nicht schlecht; die Ovambos liebten Autos, wer Geld hatte, kaufte sofort eines. Martin hatte Mutters Haus zusammen mit Tate Pondo gebaut und es war ihnen wirklich gut gelungen. »Martin ist glücklich mit seiner Arbeit«, versicherte Jo und wir gingen ins Haus.

Mutters bescheidenes, aber gemütlich wirkendes Heim hatte viele kleine Zimmer. Martin hatte sein eigenes, dessen Bett er selbst gezimmert hatte. Wir setzten uns darauf und Jo holte Fotos, die sie im Kongo zeigten. Plötzlich kicherte sie. »Du, ich habe übrigens einen

Freund. Aber sag Mutter nichts davon. Sie ist dagegen.«
Jo war 21.

»Versprochen«, sagte ich und wir quasselten über Jungs,
bis Mutter schließlich heimkehrte. Jo war so geblieben,
wie ich sie in Erinnerung gehabt hatte. Nicht äußerlich,
aber ihr Herz war so gut wie damals in Nyango, als wir
Kinder waren.

Viele Menschen besuchten Mutter und brachten ihr
Weihnachtsgeschenke. Es wurde immer später und irgendwann waren alle fort und es war dunkel. »Bleib
doch«, sagten Mutter und Jo gleichzeitig. Wir saßen die
halbe Nacht draußen. Endlich erlebte ich meine Mutter
entspannt. Wir lachten viel, hörten Musik von Whitney
Houston und Mutter tanzte sogar. Sie wirkte viel jünger.
Wahrscheinlich, dachte ich, gehörte sie hierher und nicht
nach Brakwater, wo sie den Präsidenten küsste.

Irgendwann fragte Mutter mich auch nach Vater. Aber
ich wusste eigentlich nichts, was ich hätte erzählen können. »Warum gehst du nicht selbst zu ihm und fragst ihn,
wie es ihm geht?«, sagte ich kurz angebunden.

»Er hat jetzt ein ganz junges Mädchen, das bei ihm
wohnt«, sagte Mutter. Aber ich hörte nicht richtig hin.

Eine zerstörte Familie

»Wo warst du so lange?«, fragte Vater, als ich am Tag nach Weihnachten in sein Haus zurückkehrte. Ich erzählte nicht viel, um ihn nicht eifersüchtig zu machen. Ich beobachtete, wie die Kinder mit Tate Immanuels kleinem, struppigem weiß-grauem Hund spielten, den ich erst jetzt wahrnahm. Der Hund hieß Shapita, der »Davongekommene«, weil er den Zusammenprall mit einem Auto überlebt hatte. Seitdem hatte er ein lahmes Bein. Ich half Kanaso bei der Hausarbeit und hielt sie inzwischen für das Hausmädchen. Kurz vor Silvester fuhr Vater mit mir in seinem Geländewagen zu einer Bar in der Nähe, wo wir eine ehemalige Kollegin von Vater trafen, die Lehrerin Sarah. Sie war eine sehr dicke Frau, die viel Bier trank.

In ihrer Gegenwart wurde mein Vater etwas lockerer und erzählte von seiner Zeit als Direktor der Schule von Oshakati. »1971, ich war 31 Jahre alt, haben sie mich entlassen«, sagte Vater. »Ich wollte die Menschen über das Unrecht aufklären, das die Südafrikaner ihnen antaten. Sie sperrten mich dann ins Gefängnis.« Er sah mich an:

»Ich wurde erst zwei Monate vor deiner Geburt entlassen.«

»Dann kennst du meinen Geburtstag?«, fragte ich.

Er lachte. »Aber ja, natürlich, es ist ein Tag, den ich nie vergessen werde. An diesem Tag kam der damalige UN-Beauftragte Alfred Escher nach Oshakati. Das war der 13. Oktober 1972.« Also stimmte es doch, was Mutter behauptet hatte. Aber noch etwas anderes fiel mir auf: Vater brachte diesen Tag mit der Politik in Verbindung.

»Im Juni 1974 musste ich aus Namibia fliehen. Ich wäre sonst wohl nicht mehr am Leben. Aber ich ließ deine Mutter mit euch sofort nachkommen«, sagte er. Da war ich keine zwei Jahre alt, Martin nicht einmal ein Jahr alt und Jo gerade drei geworden. Langsam begann ich zu verstehen, wieso diese Familie keine Familie war. Werden konnte.

Vaters Erzählungen von unserer tausend Kilometer langen Flucht quer durch Afrika erinnerten mich an Mutters kargen Bericht, den sie mir kurz nach meinem falschen achten Geburtstag in Bellin gegeben hatte. Doch mein Vater sprach offener, als sie es damals getan hatte.

»Wir haben damals schreckliche Zeiten durchgemacht. Die SWAPO brachte uns in Lagern unter, in denen Menschen Lepra hatten, und es gab nichts zu essen. Wir mussten verkaufen, was wir am Leibe trugen. Schließlich fuhren sie uns zu einem Flüchtlingscamp in Sambia. Die *Old Farm* lag 30 Kilometer von der Hauptstadt Lusaka entfernt. Deine Mutter war damals schwanger und sehr krank. Trotzdem musste ich an die Front, um gegen die Südafrikaner zu kämpfen. Als ich zurückkam, wurde deine jüngste Schwester Pena geboren. Das war im Juni

1975. Ich danke Gott, dass Tuahafifua damals nicht sterben musste. Es gab keine Medikamente und keine Nahrung.« Er starrte schweigend vor sich hin; die Bilder von einst offensichtlich vor Augen. »Ihr Kinder weintet und flehtet uns mehrmals am Tag um Essen an. Aber wir hatten nichts, was wir euch geben konnten.«

Ich sah, wie sich seine großen schlanken Hände ohnmächtig zu Fäusten ballten. Verlegen blickte ich auf die spärliche Beleuchtung der Bar und sah, wie Vaters einstige Kollegin noch ein Bier bestellte. »Konnte euch die SWAPO nicht helfen?«

»Sie waren überfordert von den zehntausenden von Flüchtlingen, die Namibia verlassen hatten«, meinte Vater bitter. »Meine Freunde und ich warfen der SWAPO-Führung Unfähigkeit vor. Denn wir wussten, dass das Ausland damals sehr viel Geld spendete, um den Flüchtlingen zu helfen. Doch von diesen riesigen Summen und von den Lebensmittellieferungen kam nichts bei uns an. Es verschwand in dunklen Kanälen. Meine Freunde und ich beschwerten uns. Zur Strafe schickten sie uns nach Nyango.«

»An Nyango kann ich mich noch erinnern«, sagte ich. »Das lag mitten im Urwald. Eigentlich fand ich es dort ganz schön, wenn ich bloß nicht immer so viel Hunger gehabt hätte.«

»Du solltest Hunger haben, Lucia. Das war die Strategie der SWAPO.« Mein Vater sah mich traurig an und ich verstand kein Wort. »Die *Old Farm* war schon schlimm, Lucia. Aber Nyango war die Hölle. Sie nannten es ein *Health and Education-Camp*«, ein Lager für Gesundheit und Erziehung, berichtete er. »Für das Ausland klang das beruhigend. Nyango war 600 Kilometer von Lusaka entfernt mitten in den Urwald hinein gebaut worden, um die Kritiker der SWAPO zum Schweigen zu bringen. Und weißt du wie?« Ich schüttelte den Kopf. »Durch den Hunger. Die Hälfte der 2000 dort untergebrachten Flüchtlinge waren Kinder wie du und deine Geschwister. Wir Eltern sollten die Tränen in euren Augen und die aufgequollenen Bäuche sehen. Sollten euch jeden Tag mehrfach sagen hören: ›Ich habe Hunger! Meme, Tate, gib mir Essen.‹ Und wir hatten nichts.«

»Wusste der Präsident das?«, fragte ich und fühlte »Onkel Sams« bärtigen Mund auf meinem. Instinktiv wischte ich mir wieder über die Lippen. Wie konnte Mutter so intim mit ihm umgehen, wenn er uns doch Jahre zuvor so etwas Grausames angetan hatte? Ich war völlig verwirrt.

»Natürlich wusste Sam Nujoma das. Er hatte es doch angeordnet«, sagte mein Vater. »Ich war sehr enttäuscht von diesem Mann, auf den ich Jahre zuvor meine ganze Hoffnung gesetzt und mit dem ich die SWAPO gegründet hatte. Meine Freunde und ich sahen nur eine Möglichkeit: Die alte Führung der SWAPO musste abgesetzt werden. Wir hatten gute, fähige Leute, die im Ausland ausgebildet worden waren. Aber sie wurden so wie ich kaltgestellt. Der SWAPO-Führung ging es um das viele Geld, mit dem sie vom Ausland unterstützt wurde.« Der müde gewordene, nahezu fremde Mann neben mir stöhnte leise. »Dann hatte ich diesen Unfall. Kannst du dich daran erinnern?«

Ich nickte. Er meinte den Brückenpfosten, der ihm einen Zahn ausgeschlagen hatte. »Mutter hat uns immer erzählt, dass du deswegen nicht zurückkämst.«

Mein Vater nickte verstehend. »Das musste sie euch so sagen. Anfangs war ich tatsächlich in Lusaka in der Klinik. Danach traf ich einflussreiche politische Freunde. Wir mussten etwas unternehmen. Ich konnte nicht einfach zu euch zurückkehren und zusehen, wie der Hunger euch quälte. Wir warfen Nujoma und seinen Leuten öffentlich Verrat, Unterschlagung und Korruption vor und verlangten ihren sofortigen Rücktritt. Die sambische Polizei verhaftete uns daraufhin im Mai 1976. Gemeinsam mit zehn anderen wurde ich nach Tansania gebracht. Zeitweise saß ich in der Todeszelle. Es gab niemals eine Anklage oder gar ein Urteil. Als ich freikam, wurde ich zunächst nach Athen abgeschoben, dann reiste ich nach Deutschland und kehrte im November 1978 hierher nach Oshakati zurück und wurde später Hilfslehrer.«

Nichts von all dem hatte ich gewusst. »Hast du nicht nach deiner Familie gesucht?«, fragte ich.

»Ich habe von Namibia aus versucht, politisch gegen die SWAPO vorzugehen. Es sollten schon Ende 1978 Wahlen stattfinden. Sie wurden abgesagt. Ich blieb hier und wartete auf euch, aber deine Mutter kam nicht zurück.«

»Sie musste in die UdSSR«, sagte ich.

»Die SWAPO hat sie zu diesem Studium gedrängt. Sie war überzeugt, dass man ihr sonst euch wegnehmen würde. Kannst du dich noch an Meme Frieda erinnern, Lucia? Sie und ihr Mann Andreas waren damals unsere besten Freunde. Andreas war mit mir zusammen in Gefangenschaft, Frieda bei euch in Nyango. Frieda wurde ins Gefängnis gesteckt, weil sie nicht mit der SWAPO zusammenarbeitete. Deine Mutter wählte einen anderen

Weg, wie du weißt. Deshalb ist alles so gekommen, wie es gekommen ist.«

Mein Vater war verbittert, wenn er von dieser Zeit sprach. Ich hatte es immer geahnt, nun bestätigte sich, was ich gefühlt hatte. Die SWAPO hatte unsere Familie auseinander gebracht.

Ich erinnerte mich, als sei es gestern gewesen. Ich sah Teacher Jonas und Mutter im Gruppenraum miteinander sprechen und hörte sie anschließend zu mir sagen: »Dein Vater ist ein Verräter. Du darfst ihm nicht schreiben.« Zwölf Jahre später begann ich endlich die Hintergründe zu ihrem Verhalten zu verstehen.

»Wusstest du, dass ich in der DDR war?«, fragte ich.

Er nickte, langsam und bedächtig. »Ja, Lucia, ich wusste es.«

»Warst du dafür?«

Vater schüttelte den Kopf. »Deine Mutter und ich haben uns ein einziges Mal im August 1981 getroffen. Das war in Finnland. Ein deutscher evangelischer Pastor, ein Flüchtlingsseelsorger, hatte diese Begegnung vermittelt. Zehn Tage lang blieben wir gemeinsam bei der Schwester des finnischen Außenministers ...« Er brach mitten im Satz ab, den Blick gesenkt. Mein aufgewühlter Vater brauchte einen Moment, um sich zu sammeln.

Die Bar war leer. Warum waren wir eigentlich hier, fragte ich mich. Warum erzählte er mir das nicht bei sich zu Hause?

Mein Vater setzte seinen Bericht fort: »Deine Mutter hatte sich als Bäuerin verkleidet, um von Petersburg zu diesem kleinen Ort in Finnland zu reisen. Ich erschrak, als ich sie sah. Sie war so dünn.«

1981 – hatte er gesagt. Ich rechnete nach und jetzt erschrak ich. Das war jenes Jahr, in dem ich im März meinen falschen achten Geburtstag gefeiert hatte. Da hatte
sie Vater mir gegenüber doch noch als Verräter dargestellt!

»In welchem Monat war es, dass du Mutter 1981 getroffen hast?«, fragte ich atemlos.

»Im August«, antwortete er und mir gefror das Blut in
den Adern. »Ein paar Monate zuvor war sie bei dir gewesen. Sie erzählte mir in Finnland, dass du in der DDR in
einem Kinderheim der SWAPO leben würdest.« Er
blickte mich traurig an. »Ich dachte damals, sie würden
dort dein Gehirn waschen.« Vater konnte nicht weitersprechen.

Ich war so schockiert, dass mir die Worte fehlten. Das
war mein Leben, von dem er sprach! Mein Gehirn, das
die SWAPO *gewaschen* haben sollte.

Hatte die Partei das tatsächlich? War es ihr gelungen?

»Hast du nicht versucht, mich wieder aus der DDR zu
holen? Und Mutter nicht gebeten, bei dir zu bleiben?«,
fragte ich nach einer Ewigkeit bedrückten Schweigens.

»Doch, Lucia, natürlich habe ich das. Meine Familie
war alles, das mir etwas bedeutete. Seit drei Jahren hatte
ich in meinem leeren Haus gesessen und auf euch gewartet. Als ich deine Mutter traf, war ich so glücklich, weil
ich das Gefühl hatte, dass sie mich noch liebte. Aber sie
hatte nicht den Mut, sich gegen die Partei zu stellen. ›Die
SWAPO hat die Kinder‹, sagte sie. Ich wusste genau, wo-
von sie sprach: Unsere Freunde Andreas und Frieda
kämpften seit Anfang 1980 um ihre Kinder Deo und
Mecky. Deo war in Angola und Mecky in der DDR.«

Wieder lief eine Gänsehaut über meinen Rücken. »Mecky aus Gruppe 1?! War das die Tochter deines Freundes Andreas?«

»Du kanntest sie?«, fragte Vater.

»Ja, ich habe so gern mit ihr gespielt und ihr Märchen vorgelesen. Aber eines Tages war sie weg. Und niemand konnte mir sagen, wohin Mecky verschwunden war.« Ich überlegte. »Das muss Ende 1981 gewesen sein, ich war gerade in Zehna eingeschult worden.«

»Ja, das stimmt«, bekräftigte Vater. »Im Oktober 1981 gelang es Andreas und Frieda endlich, ihre Kinder aus Angola und der DDR zurückzubekommen. Fast zwei Jahre lang hatten sie um Deo und Mecky gekämpft.« Mein Vater sah in die Ferne. Er sprach nun mehr zu sich selbst: »Andreas und Frieda hielten zusammen. Gemeinsam waren sie stark. Frieda ist lieber ins Gefängnis gegangen, als sich der SWAPO zu beugen. Über die Karibik war sie zu ihrem Mann nach Schweden ins Exil gereist. Sie schalteten die Vereinten Nationen, Menschenrechtsorganisationen und die Kirchen ein. So schafften sie es letzten Endes.« Er blickte mich an. »Soweit ich weiß, waren sie die einzigen Dissidenten, denen das gelang.«

Ich erzählte Vater, wie Mutter ihn vor Teacher Jonas und allen Kindern als »Verräter« bezeichnet hatte.

»Was hätte sie machen sollen, Lucia?«, gab mein Vater zu bedenken. »Sie wusste keinen Ausweg. Das ist genau das, was ich mit Gehirnwäsche meine. Die Partei wollte, dass du mich hasst, weil ich ein politischer Gegner war. Du kannst von Glück reden, dass sie nicht behauptet haben, ich wäre tot. Denn das war der Stil der SWAPO.«

Ich starrte ihn an. Genau das hatten sie ja getan.

Mein Vater sah so traurig aus. Das, was er mir erzählte, war die Bilanz eines verlorenen Lebens. »Die SWAPO hat unsere Familie gegeneinander ausgespielt und zerstört«, sagte ich. »Hat das noch etwas mit Politik zu tun?«

Mein Vater lächelte kraftlos. »Das Private ist für diese Leute gleichzeitig das Politische. Sie kennen keine Grenze, die dazwischen verläuft.«

Seine Kollegin Sarah, die unser Gespräch schweigend verfolgt hatte, meldete sich nun zu Wort: »Was mit eurer Familie geschehen ist, ist schrecklich. Und es ist dir wahrscheinlich kein Trost, wenn ich dir sage, dass ich viele Familien kenne, die von der SWAPO in zwei Teile gerissen wurden. Die Frauen waren immer diejenigen, die am schlechtesten dastanden. Sie mussten sich um die Kinder kümmern und wussten nicht, wie sie sie satt bekommen sollten. Wer in eine Situation geriet wie deine Mutter, hat sich in aller Regel ähnlich wie sie verhalten. Sie hat versucht, euch zu beschützen.« Sie hob ihr Glas. »Eine scheußliche Situation. Sie konnte es nur falsch machen, egal wie sie es anstellte.« Ich hatte das Gefühl, sie mochte meine Mutter, obwohl sie mit Vater befreundet war. »Komm mich mal besuchen, Lucia. Mein Haus ist nicht weit von dem deines Vaters entfernt«, sagte sie.

Nach dieser Aussprache verstanden Vater und ich uns besser. Ich wohnte in einem der vielen Zimmer seines Hauses, das ich mir mit zwei Kindern und Kanaso teilte. Ich vertrug mich mit Kanaso allerdings nicht besonders gut. Das etwas jüngere Mädchen war fast immer da und schien zu niemandem zu gehören. Doch in dem großen Anwesen meines Vaters erschien mir das normal. Einige andere Kinder konnte ich inzwischen zuordnen; sie gehörten zu Vaters Kollegin Sarah und spielten mit Vaters Hund Shapita.

Ein paar Tage nach Silvester hörte ich das Quietschen von Bremsen und einen dumpfen Aufprall. Die Kinder rannten los. »Shapita ist überfahren worden«, riefen sie. Ich lief ebenfalls zur Straße. Diesmal war der kleine Hund nicht davongekommen; Shapita war tot. Die Kinder trugen ihn fort.

»Sollen wir Shapita im Garten begraben?«, fragte ich meinen ebenfalls herbeigeeilten Vater.

»Ich habe ihn Sarahs Kindern versprochen«, antwortete Vater.

Ich verstand nicht, was er meinte. »Was wollen sie mit dem toten Hund?«

Vater blickte mich seltsam an. »Ich konnte es ihnen nicht abschlagen.«

»Was denn, Vater?«

»Hast du noch nicht davon gehört, dass Ovambos Hunde essen?«, fragte er etwas gereizt.

»Sie … machen was?« Ich stürmte los zu Sarahs Haus. In der Hektik fand ich es nicht sofort. Als ich endlich eintraf, war es schon zu spät. Der kleine, wahrscheinlich schon ziemlich alte Hund war im Kochtopf gelandet. Ich war so geschockt, dass ich kein Wort mehr hervorbrachte.

Ich wendete mich schweigend ab und dachte an Regine und Horst, an die Familie Hohner und Natalie. Dann murmelte ich vor mich hin: »Ovambos essen totgefahrene Hunde.« Das konnte ich niemandem von der Clique in Windhoek erzählen. Sie hätten mit Fingern auf mich gezeigt.

Gerade als ich aus Sarahs Hof herausschlich, rief sie nach mir. Sie bat mich in ihr Wohnzimmer, wo ein mit einer Autobatterie betriebener Schwarzweißfernseher lief. »Ich wollte dir etwas sagen, Lucia«, begann sie. »Du kennst doch das große Mädchen, das bei euch zu Hause wohnt?«

»Du meinst Kanaso«, sagte ich arglos. »Sie ist wohl eine Verwandte meines Vaters.«

Sie lachte und meinte: »Setz dich mal.« Dann blickte sie mich merkwürdig an. »Was denkst du, macht das Mädchen bei euch?«

»Sie macht sauber, kocht und passt auf die Kinder auf. Warum fragst du?«

»Weißt du, wo sie schläft?«, erkundigte sich Sarah.

Die ist aber neugierig, dachte ich arglos. »Bei mir und den Kindern im Zimmer.« Jetzt, wo ich es sagte, fiel es mir erst auf. Kanaso schlief nicht immer bei uns. »Meistens jedenfalls«, schränkte ich ein.

Mir kam es so vor, als hörte ich plötzlich die Stimme meiner Mutter. Sie hatte Weihnachten etwas gesagt, dem ich keine Beachtung geschenkt hatte: »Er hat jetzt ein ganz junges Mädchen, das bei ihm wohnt.«

Mein Kopf schien zu explodieren und mein Herz raste. Sarah beobachtete mich. Dann sagte sie: »Sie schläft bei deinem Vater. Sie wird deine Stiefmutter werden.«

»Das ist nicht wahr«, wehrte ich ab. »Kanaso ist ein Kind.«

Sarah lächelte wissend. »Wohl nicht mehr.«

»Ich glaube dir kein Wort. Die ist doch nicht älter als ich.«

»Wenn du mir nicht glaubst, frage deinen Vater oder Kanaso«, riet Sarah und ich machte, dass ich hinauskam.

365

Ich schlurfte über den feinen weichen Sand zu Vaters Haus und fühlte mich beschissen. Was für einen Vater hatte ich? Einen Mann, der mit Kindern schlief? Ich kam mit dieser Welt nicht zurecht. Erst der Schock mit Shapita und gleich darauf diese Enthüllung: Vater, ein *Sugar-Daddy*, der Mädchen meines Alters nachstellte!

Jetzt war mir auch klar, warum er mit mir in die Bar gefahren war, um sich auszusprechen: Kanaso sollte über seine Vergangenheit nicht Bescheid wissen!

Als ich bei seinem Haus eintraf, lief mir Kanaso prompt über den Weg. »Sag mal«, fragte ich sie, »weißt du eigentlich, wann du geboren bist?«

Sie blickte mich herausfordernd an. »1974«, sagte sie.

»Dann bist du zwei Jahre jünger als ich. Wusstest du das?«

Sie schüttelte den Kopf. In mir kochte die Wut. Ich war sauer auf Kanaso, obwohl es eigentlich mein Vater war, dem ich hätte zürnen müssen. Aber Vater war bis auf dieses eine Gespräch in der Bar immer unerreichbar geblieben. Und so ging ich in meinem Zorn auf die falsche Person los.

»Stimmt es, dass du mit meinem Vater schläfst?«

»Das geht dich nichts an!«, schrie sie, bückte sich und schleuderte mir Sand ins Gesicht. Ich wich ihr zwar aus, aber für mich war klar, dass ich meinem Vater nicht mehr in die Augen sehen konnte. Ich verkroch mich in mein Bett und zog die Decke über den Kopf. Nein, hier wollte ich nicht mehr bleiben. Ich stand auf und packte meine Sachen hastig in Regines Reisetasche. Es war schon dunkel, als ich im Hof stand.

»Wohin willst du?«, fragte Vater.

»Fort«, sagte ich. »Mit euch kann ich nicht leben.«

Vater hielt mich auf. »Du kannst jetzt nicht gehen, Lucia. Sei vernünftig.«

»Du schläfst mit einem Kind. Mit so einem Vater will ich nichts zu tun haben!«

»Kanaso ist 18! Da ist man doch kein Kind mehr. Ich habe sie aus dem Busch geholt, ich biete ihr ein gutes Leben bei mir. Jetzt bleibe bitte hier.«

Ich wollte nicht auf ihn hören und befand mich bereits am Hoftor.

»Nachts ist es gefährlich auf den Straßen. Räuber können dich anfallen. Es treibt sich allerlei Gesindel herum, das von der nahen Grenze zu Angola ins Land kommt. Hast du nicht gehört, dass immer wieder Menschen ausgeraubt werden? Und du willst mit einer Reisetasche herumlaufen? Was glaubst du, wie weit du kommst?«

Resigniert hielt ich inne. Ich beging wohl wirklich gerade eine Dummheit. Also kehrte ich um und blieb. Mein Vater erklärte mir aber auch am folgenden Tag nichts.

Gewiss hatte ich in Staßfurt erlebt, wie schon Siebtklässlerinnen schwanger geworden waren. Doch ihre Freunde waren junge Burschen gewesen. Mein Vater jedoch gehörte einer anderen Generation an. Ebenso wenig wie ich begreifen konnte, dass meine Mutter gelegentlich mit dem Präsidenten schlief, konnte ich Vaters Beziehung zu einem blutjungen Mädchen nachvollziehen. An Verständnis für Kanaso fehlte es mir gleichfalls. Wenn auch nicht ganz so sehr; sie wollte wohl einen Mann, der sie versorgte. Und ich musste das akzeptieren, wie es war.

Vaters Bekannte Sarah bemerkte meine Grübelei. Sie

nahm mich beiseite. »Dies ist das Ovamboland«, sagte sie. »Die Menschen sind hier anders als in der Stadt.« Sie sah mich verständnisvoll an. »Vor allem sind sie anders als in Deutschland. Ein Vater muss sich seiner Tochter gegenüber nicht rechtfertigen. Gib euch beiden Zeit, dann werdet ihr euch irgendwann lieben. Wohl nicht so, wie du es dir gewünscht hast. Aber eben so, wie es möglich ist.« Sie legte die Hand auf meinen Arm. »Und das wäre doch sehr viel wert, findest du nicht?«

Mutters Geheimnis

Ich hatte noch zwei Jahre auf der DOSW hinter mich zu bringen. Meine schulischen Leistungen waren immer gut, wenngleich ich glücklicherweise nicht mehr Streberin genannt wurde. Ich genoss die Wochenenden bei Horst und Regine oder zog mit Natalies Clique durch Windhoek. Einige meiner Freundinnen aus der DDR bekamen in dieser Zeit ihre ersten Kinder. Die meisten waren sehr glücklich, jemanden zu haben, dem sie ihr Leben widmen konnten. Von keiner einzigen hörte ich: »Ich werde mein Kind später auch mal im Internat aufwachsen lassen.« Einige junge Mütter taten sich zusammen und wurden neue kleine »Familien«. Während ich mein letztes Schuljahr absolvierte, gingen die ersten »unserer« Jungen zum Studium nach Südafrika. Einige kehrten auch schon wieder nach Deutschland zurück, um dort eine Lehre zu beginnen, die ihnen durch deutsche Stiftungen oder private Initiativen vermittelt worden waren.

Und ich? Ich machte mir Hoffnungen, dass sich meine Eltern hin und wieder mal um mich kümmern würden.

Mein Vater startete einmal einen Anlauf und versprach mir, mich in Windhoek zu besuchen, um mich dann ins Ovamboland mitzunehmen. Ich wartete vergeblich und erfuhr erst viel später, dass er in dieser Zeit Vater von Kanasos erstem Kind geworden war. Mutter wiederum ging auf Vermittlung von Sam Nujoma ins Ovamboland, um die Leitung eines Buschkrankenhauses zu übernehmen. Unser Kontakt brach ab.

Ende 1994 machte ich einen guten Abschluss an der DOSW, die Matrik. Von meiner Familie kam niemand. Aber ich feierte übermütig mit meinen Freunden. Wir schlugen irgendwo in der Wüste ein Camp auf und ich trank zum zweiten und gleichzeitig letzten Mal viel zu viel Alkohol. Wir hatten die Schulzeit hinter uns gebracht.

Irgendwie war es bezeichnend, dass das Camp von einem verheerenden Sandsturm verwüstet wurde, vor dem wir Reißaus nehmen mussten. Es war, als wollte mir jemand sagen: Geh jetzt hinaus in die Welt, Lucia, und werde erwachsen.

Das alles ist nun bald zehn Jahre her. Ich bin nicht mehr ganz dieselbe wie damals. Daran hat auch meine Schwester Pena einen großen Anteil. Sie traf ich erst im September 1997 wieder, 18 Jahre nachdem wir uns in Nyango aus den Augen verloren hatten. Zunächst waren wir uns fremd, doch im Lauf der Jahre wurde sie meine beste Freundin. Wir zogen in Windhoek zusammen in ein kleines Apartment. Eines Tages räumte sie auf und reichte mir das Bild einer sehr hübschen Afrikanerin.

Mutter Tuahafifua Katarina Kaviva als junge Kranken-schwester stand auf der Rückseite.

»Wir haben sie gar nicht richtig gekannt«, sagte ich zu Pena.

»Du studierst doch jetzt Journalismus«, meinte sie. »Recherchier doch mal über sie.«

Ich nahm mit sehr vielen Menschen Kontakt auf, die Mutter und Vater kannten, und so fand ich schließlich auch jenen evangelischen Pastor, der einst Vater in Griechenland getroffen und es ihm ermöglicht hatte, meine Mutter in Finnland wiederzusehen. Der Pastor schickte alte Briefe und einige Unterlagen, aus denen hervorging, dass meine Mutter neun Monate nach dem Treffen mit meinem Vater im Mai 1982 ihr fünftes Kind bekommen hatte. Der kleine Siegfried starb kurz nach seiner Geburt in Moskau. Niemand aus unserer Familie hat Siegfried jemals gesehen.

Ich konnte nicht herausfinden, warum das Baby starb. Doch die Frau eines »Verräters« dürfte größte Probleme gehabt haben, die Existenz eines »Verräterbabys« zu rechtfertigen. Die Welt, in der Mutter lebte, war wohl einfach zu kalt, um das Kind einer verbotenen Liebe aufzuziehen. Mutter hatte das Geheimnis um Siegfried mit in ihr Grab genommen, als sie 1998 im *State Hospital* von Katutura nach langer Krankheit gestorben war.

Doch selbst wenn ich früher von Siegfried erfahren hätte, dem Beweis, dass Mutter meinen Vater geliebt hatte, obwohl sie ihn in Teacher Jonas' Anwesenheit einen »Verräter« genannt hatte, so bin ich dennoch sicher: Sie hätte geschwiegen. Erst jetzt begriff ich, welche inneren Kämpfe damals in ihr getobt haben mochten.

Den Verrat hatte sie begangen – an sich selbst. Ich hatte ihr zu lange Unrecht getan. Heute liebe ich sie für die Stärke, mit der sie ihre Liebe geopfert hatte, um mich zu beschützen.

Dank

Ich danke Gott, meinem Beschützer und Freund, für seine Geduld und die Liebe, die er mir gab, als ich nicht an das Mögliche geglaubt habe. Ich weiß, ich bin nicht perfekt, aber der Herr macht mich ganz und erfüllt mich.

Von den vielen Menschen, die mir geholfen haben, kann ich hier nur ein paar erwähnen: Danke – Horst und Regine, für eure Liebe und Unterstützung; Vater, weil du an mich glaubst; Pena, weil du mich stark gemacht hast; meiner großen namibischen Familie, weil ihr mich die Traditionen lehrtet, obwohl ich ein schlechter Lehrling war; Tate Theofe und Meme Anna, weil ich auch noch nachts anrufen durfte, wenn ich nicht weiterwusste; Ailly, weil du mir Mut gemacht hast; Niita, weil du mir vertraust; Anna, weil du immer da warst, wenn ich dich brauchte; Theresia, Fenny, Veronika, Christina, Mary, Nali, weil ihr meine Freunde seid; Naita, weil du mir mit Rat beigestanden hast; Hendrik, weil ich mit dir stundenlang diskutieren durfte; Nixon, weil du mich zum Lachen gebracht hast; Selma, weil du mich unterstützt hast; Familie Schockenhoff und Familie Dorna, weil ihr mir eine Familie gegeben habt; Natascha, weil du meine Schwester wurdest; Ceci und Beni, weil ihr mir beigestanden habt; Anne und Cara, weil ihr mich ins Herz geschlossen habt; Ilona und Peter, weil ihr mich sein ließet, wie ich bin; Susie, weil dein Glaube mich überallhin begleitet; Mario, weil du mir beigestanden hast.

Den Weg zurück zu Gott hat Pastor Bobka mir gewiesen.

Monika Staedt, du bist meine mütterliche Freundin bis heute. Rosemarie Wortmann war mir eine echte *Meme*. Monica Shikwambi, ohne dich hätte ich Mutter nicht gefunden. Ohne Hallo Hopf hätte ich oft nicht weitergewusst; ihr mein Dank für ihre Geduld mit mir: der Ossi-Klub lebt!

Pastor Siegfried Groth sei aus ganzem Herzen gedankt: Er hat nicht nur meinem Vater in schweren Zeiten beigestanden, sondern jetzt mir geholfen, Licht in das Schicksal meiner Familie zu bringen. Herbert Zinke stellte ebenso wie Monika Staedt wertvolles Recherchematerial und Fotos zur Verfügung und beide halfen, längst vergessene Zusammenhänge wieder herzustellen. Ein Dank auch an Frieder Rabe und Klaus Gürgen.

Ein Gruß an alle, die einst DDR-Kinder genannt wurden: *Also nye ihr seid sehr cool. Ame andimu wünschen ashishe shi gehen nawaInamu kala sauer man, nye ihr müsst eshi nicht so hart nehmen.*

Wie sich die Schicksalslinien des deutschen und des namibischen Volkes kreuzen

1883 Der Bremer Kaufmann Adolf Lüderitz erwirbt von einem Nama-Häuptling umfangreichen Landbesitz in Südwestafrika zwischen Atlantik und Namib-wüste.

1884 Lüderitz lässt seine Ländereien unter den Schutz des Deutschen Wilhelminischen Kaiserreichs stellen.

1889 Die erste deutsche Schutztruppe trifft in Walvis Bay ein, dem einzigen Hochseehafen Südwestafrikas.

1890 Reichskanzler Bismarck erklärt das Deutsche Schutzgebiet zur Kolonie.

1903–06 Großer Aufstand der Herero und Nama gegen die deutschen Schutztruppen.

1904 In der »Schlacht am Waterberg« besiegen die Deut-schen die Herero. Nachdem Kommandeur von Trotha den Befehl gab, »keine Gefangenen« zu ma-chen, werden die Herero in die Wüste getrieben. Etwa 60 000 von ihnen sowie 10 000 Nama sterben. In den Folgejahren entstehen durch deutsche Ein-wanderer auf Herero- und Nama-Land riesige Far-men, von denen noch heute zahlreiche existieren.

1908 Fund des ersten Diamanten bei Lüderitz.

1915 Kapitulation der deutschen Truppen. Südwestafrika wird Protektorat der Union von Südafrika.

1919 Am 28. Juni, im Vertrag von Versailles, verliert Deutschland sämtliche afrikanischen Kolonien (außer »Südwest« sind dies die heutigen Staaten Kamerun, Tansania und Togo). Südwestafrika wird zum Mandatsgebiet des Völkerbundes unter südafrikanischer Verwaltung erklärt.

1934 Namibia wird zur fünften Provinz Südafrikas.

1951 Die südafrikanische Apartheidgesetzgebung wird auf Namibia übertragen.

1958 Gründung der *Ovamboland People's Organisation* (OPO) unter Sam Nujoma. Die Volksgruppe der Ovambo stellt rund 50 Prozent der Bevölkerung Namibias.

1960 Um die Interessen aller rund ein Dutzend ethnischen Gruppen zu vertreten, wird die OPO durch im Exil lebende Namibier als SWAPO (*South West Africa People's Organisation*) neu gegründet. Sam Nujoma wird deren Präsident und gleichzeitig Chef der Befreiungsarmee PLAN (*People's Liberation Army of Namibia*). SWAPO setzt sich für die Gründung von Gewerkschaften und die Belange der Arbeiter ein und erhält auf diese Weise großen Zulauf.

1966 Am 26. August: Erste militärische Kämpfe zwischen der Armee Südafrikas und der PLAN bei Ongulumbashe/Ovamboland. (Dieser Tag ist heute namibischer Nationalfeiertag.)
Die Vereinten Nationen entziehen Südafrika am

27. Oktober das Mandat über Namibia. Südafrika ignoriert diesen Beschluss. Der bewaffnete Kampf der SWAPO gegen Südafrika beginnt als Buschkrieg im Norden Namibias, in der Heimatregion der SWAPO, dem Ovamboland.

1968 Die UN benennt Südwestafrika »auf Wunsch der Bevölkerung« in Namibia um und bezeichnet den bewaffneten Kampf gegen die südafrikanische Besetzung als legitim.

1971 Der Internationale Gerichtshof verurteilt Südafrikas fortgesetzte Besetzung Namibias.

1973 Die UNO erkennt die SWAPO als »authentischen Repräsentanten des namibischen Volkes« an.

1974 Mehrere Zehntausend Namibier flüchten nach Angola. Die DDR unterstützt die SWAPO direkt mit Hilfsgütern (»Solidaritätssendung«), die in ein angolanisches Flüchtlingslager gehen.

1975 Ende der Kolonialherrschaft Portugals über das nördlich von Namibia gelegene Nachbarland Angola. Die SWAPO nutzt Angola von nun an, um von hier den bewaffneten Kampf gegen die südafrikanischen Truppen in Namibia zu führen.

1977 Nach einem Besuch Sam Nujomas in Ost-Berlin werden Waffen für 1,15 Millionen Valutamark (entspricht D-Mark), 10 000 Tarn-Uniformen sowie 50 IFA-LKWs bereitgestellt.

1978 Südafrikanische Truppen überfallen am 4. Mai das Flüchtlingslager Cassinga, das rund 250 Kilometer nördlich der namibisch-angolanischen Grenze gelegen ist. Rund 600 Menschen (vor allem Frauen und Kinder) sterben; der Angriff wird international verurteilt. Die DDR nimmt zahlreiche Verletzte auf, die im Klinikum Buch in Ost-Berlin behandelt werden.

1979 Die ersten 80 namibischen Kinder im Alter von drei bis sieben treffen gemeinsam mit 15 namibischen Erziehern aus Angola kommend am 18. Dezember in Ost-Berlin ein (die Gruppe der so genannten »79er«) – unter ihnen Lucia Engombe – und werden im Kinderheim Bellin untergebracht.

1980 Anfang der 80er-Jahre erhält die SWAPO von der DDR jährliche Militärhilfe zwischen einer und drei Millionen Mark.

1982/83 Zirka 30 Vorschulkinder kommen aus Angola nach Bellin.

1983 Die DDR-Kinderzeitschrift *Bummi* fordert dazu auf, Spielzeug für Namibia zu stiften. Es kommen 950 000 Teile zusammen.

1985 Weitere 50 Kinder treffen in Bellin ein, die vier ältesten Gruppen ziehen nach Staßfurt um, darunter Lucia Engombe.

1988 Nach dem Waffenstillstand am 1. November beginnt Südafrika seine Truppen aus Namibia abzuziehen.

1989 Juni bis Oktober: 41 787 namibische Exilanten kehren nach Namibia zurück, darunter auch Präsident Nujoma.

Juli/August: Je 100 Kinder werden direkt aus Angola und Sambia nach Bellin und Staßfurt gebracht. Vom 7. bis zum 11. November finden freie Wahlen in Namibia unter internationaler Kontrolle mit 97 Prozent Wahlbeteiligung statt. Die SWAPO ge-

winnt 57 Prozent der Stimmen der Verfassungge-
benden Versammlung.

Die Freigabe der Reisemöglichkeiten für DDR-
Bürger führt am 9. November zum Fall der Berliner Mauer.

1990 Nach Wahlen zur Volkskammer der DDR arbeitet
am 18. März eine Koalition aller großen Parteien
unter Führung Lothar de Maizières auf die Vereini-
gung mit der Bundesrepublik hin.

21. März: Sam Nujoma wird von UNO-General-
sekretär Pérez de Cuéllar als erster Präsident der
Republik Namibia vereidigt (Tag der namibischen
Unabhängigkeit).

26. April: Air Namibia eröffnet seine erste trans-
kontinentale Route mit der Strecke Windhoek-
Frankfurt/M.

28./31. Mai: Nahas Angula, namibischer Minister
für Erziehung, Kultur und Sport, verhandelt mit
dem DDR-Minister für Volksbildung, Prof. Hans-
Joachim Meyer, in Berlin über die Rückführung der
namibischen Kinder in ihre afrikanische Heimat.

26./31. August: 425 namibische Kinder werden mit
insgesamt vier Flügen der Air Namibia aus der
DDR nach Namibia zurückgeflogen. Lucia En-
gombe (Nr. 95) landet mit dem ersten Flug am
Sonntag, dem 26. August, dem Ongulumbashe-
Tag, in Windhoek.

27. September: Deutschland gewährt Namibia 60
Millionen Dollar Entwicklungshilfe.

3. Oktober: Wiedervereinigung von DDR und
BRD.

1994 Im Dezember wird Sam Nujoma in seinem Amt als Präsident der Republik Namibia bestätigt.

1999 Eine Verfassungsänderung ermöglicht Präsident Nujoma eine dritte Amtszeit.

2000 Der Häuptling der Herero klagt vor dem Internationalen Gerichtshof in Den Haag auf Entschädigung der Herero für die Übergriffe der deutschen Schutztruppe. Mit der Begründung, nur Staaten dürften klagen, wird die Klage abgewiesen.

2004 Im Januar verlangen Führer der Herero anlässlich des 100. Jahrestags der Schlacht am Waterberg erneut von Deutschland eine Wiedergutmachung. Die Regierung Namibias schließt sich diesen Forderungen nicht an, da die deutsche Entwicklungshilfe allen Bevölkerungsgruppen zugute komme. Die Bundesrepublik Deutschland wiederum betont ihre »besondere Verantwortung« für die ehemalige Kolonie. Im August erklärt das Ministerium für wirtschaftliche Zusammenarbeit, dass Namibia jährlich mit 11,5 Mill. Euro unterstützt wird. Umgerechnet auf die Bevölkerungszahl seien dies die höchsten Entwicklungsleistungen in ganz Afrika. Entwicklungsministerin Heidemarie Wieczorek-Zeul bittet am 14.8. während einer Waterberg-Gedenkfeier um »Vergebung unserer Schuld«. Bei Parlamentswahlen im November erhält die SWAPO 75 % der Stimmen.

2005 Am 21.3. übergibt Sam Nujoma nach 15-jähriger Präsidentschaft sein Amt an Hifikepunye Pohamba. Premierminister wird Nahas Angula (61), bis 1989 als SWAPO-Sekretär für Erziehung zuständig für die »DDR-Kinder«.

Literatur

Groth, Siegfried: Namibische Passion, Wuppertal 1996

Jähnichen, Gisa und Zinke, Herbert: Uunona Imbeni! Namibian Children Songs and Dances, Berlin/ Aschersleben 1994

Kenna, Constance: Die »DDR-Kinder« von Namibia – Heimkehrer in ein fremdes Land, Göttingen/ Windhoek 1999

Lucke-Gruse, Anneliese; Schkutek, Ursula: Freundesland Deutsche Demokratische Republik, Berlin 1983

Malam, Johan S.: Die Völker Namibias, Göttingen/ Windhoek 1998

Nathanael, Keshii: A Journey to Exile, Stockholm 2002

Rüchel, Uta: Wir hatten noch nie einen Schwarzen gesehen, Schwerin 2001

Scheunpflug, Annette; Krause, Jürgen: Die Schule der Freundschaft. Ein Bildungsexperiment in der DDR, Hamburg 2000

Schleicher, Hans-Georg: »DDR-Solidarität mit dem Befreiungskampf« in: Vom Schutzgebiet bis Namibia 2000, Göttingen 2002

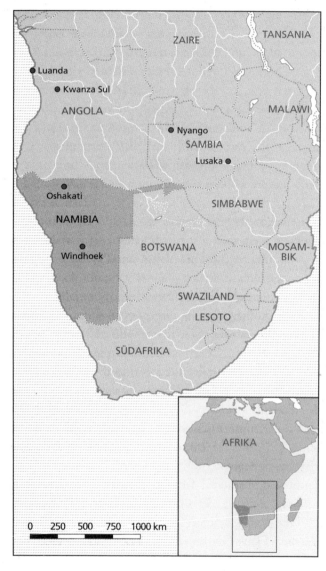

Wo Lucia in Afrika lebte

Wo Lucia in Deutschland wohnte